做更好的父母

——中学生"家校共育"创新实践探究

王守松　主编

山东教育出版社

图书在版编目（CIP）数据

做更好的父母：中学生"家校共育"创新实践探究 /
王守松主编．—济南：山东教育出版社，2019.12
　　ISBN 978-7-5701-0947-0

　　Ⅰ．①做…　Ⅱ．①王…　Ⅲ．①初中 - 学校教育 - 合
作 - 家庭教育 - 文集　Ⅳ．①G636 - 53

中国版本图书馆CIP数据核字（2019）第297529号

ZUO GENG HAO DE FUMU
——ZHONGXUESHENG "JIA-XIAO GONGYU" CHUANGXIN SHIJIAN TANJIU

做更好的父母

——中学生"家校共育"创新实践探究　　　　王守松　主编

主管单位：山东出版传媒股份有限公司
出版发行：山东教育出版社
　　　　　地址：济南市纬一路 321 号　邮编：250001
　　　　　电话：（0531）82092660　网址：www.sjs.com.cn
印　　刷：济南万方盛景印刷有限责任公司
版　　次：2019 年 12 月第 1 版
印　　次：2019 年 12 月第 1 次印刷
开　　本：710 毫米 × 1000 毫米　1/16
印　　张：16.5
字　　数：238 千
定　　价：35.00 元

（如印装质量有问题，请与印刷厂联系调换）印厂电话：0531-88985701

本书编委会

主　编　王守松

副主编　贾传军　王明山

编　委　范继梅　韩树军　王　玲　潘正林

序　言

　　2015 年 10 月 11 日，教育部印发了《关于加强家庭教育工作的指导意见》。该意见提出，要充分认识加强家庭教育工作的重要意义，明确家长在家庭教育中的主体责任，充分发挥学校在家庭教育中的重要作用，进一步提升家长素质，提高育人水平。这是在新形势下国家层面加强家庭教育的规范性文件，充分说明了家庭教育将和学校教育一样，成为基础教育的重要组成部分，应当引起教育行政部门、学校、家庭和社会的高度重视。

　　早在 2010 年，以长清区第一初级中学王守松校长为负责人的研究团队，就已在本校开展家庭教育的调查研究，从分析本校家庭教育的基本现状、存在问题、家长需求开始，到 2011 年 6 月申报山东省教育科学"十二五"规划课题"搭建家校共育平台，提升教育教学质量的研究与实践"，再到 2016 年 4 月课题顺利结题，逐步形成具有本校特点的"家校共育，立德树人"学校德育工作新模式。历时八年的研究、实践、总结、提升所取得的丰硕成果，最终形成了《做更好的父母》一书。我认为，本书以"尊重教育"理念为依据，深刻阐释了新时代家庭教育的功能、作用和意义，准确、全面、科学地提出了家校共育的方法和途径，为促进学校开展家庭教育提供了权威指导和重要遵循。纵观全书，其特点主要体现在以下五个方面。

一是秉承"尊重教育"理念。长清区第一初级中学的办学目标是"打造尊重教育品牌，创建省内特色强校"。什么是尊重教育？王守松校长认为，尊重教育就是以信任为基础、以尊重为前提、以"家校共育，立德树人"为目标的促进学生全面发展的一种主题教育。其主要内涵是：在教育中尊重，"让学生站在教育的中央"，核心是尊重学生；在尊重中教育，让"好习惯成就美好人生"，引导学生尊重教师、尊重父母、尊重他人；在实践中学会尊重，培养尊重意识，按教育教学规律施教。尊重是成长之基、品德之源，是一个人品行素质的自然显露。尊重教育作为一种教育理念，用简洁朴素的语言表达了现代教育的主流思想和主张，把家校共育的目标定位在"立德树人"的位置上，有力地彰显了家校共育的核心精神和灵魂所在。

二是突出问题导向。教育的根在哪里？这是大家经常讨论的问题。往往一提教育的根，人们就想到是学校。其实，孩子从呱呱坠地开始，就来到了他们的"学校"，那就是他们的家，父母就是他们的第一任老师。孩子能否顺利地成人成才，家庭教育是关键。为了有针对性地开展家庭教育，本书研究团队进行了大量调查，从家长学历到家长对子女学业的期望，从家长教育理念到家庭教育方法，从家庭教育内容到家长的教育诉求，全面了解并掌握第一手资料，从问题切入，开展了有的放矢的研究，进行了家校共育的顶层设计，提出了提升家庭教育水平必须更新家长的教育观念，帮助家长掌握家庭教育知识，拓宽家庭教育空间，搭建家校共教平台，实现"立德树人"目标的基本思路。这种思路是科学的，研究是务实的，成效也是显著的。

三是尊重教育规律。如何把家校共育落到实处？其关键是必须尊重教育规律和学生的身心发展规律。本书研究团队的基本做法就是从培养学生的良好习惯开始，架起学校与家庭沟通的桥梁，在相互尊重的前提下，家长陪伴孩子成长，为孩子做好榜样，引领孩子健康成长。为了让家长及时了解学校的教育教学情况，掌握孩子的行为表现和学习状况，长清区第一初级中学请家长走进学校、走进班级、走进课堂，与学生交流、与教师座谈、与学校领导见面，共商学校发展之策，共探学生教育之路，实现了家校共育无缝隙。这种大胆的创新之举和成功的做法，为其他学校开展家校共育提供了借鉴，也使本书更具针对性、指导性和可操作性。

四是深化课堂教学改革。王守松校长认为，任何教育教学改革如果没有真正触动课堂的话，那么这种改革就不能说是彻底的；课堂不仅是学校教育的主渠道，也是家校共育的主阵地。因此，他倡导课堂教学改革必须具备三要素：互相尊重的课堂环境、合作互助的学习氛围和家长参与的教学生态。长清区第一初级中学大力推进课堂教学改革与创新，每天每个班级至少邀请一位家长到学校听3节课，近距离观察教师教学和孩子表现；每位家长与3名任课教师座谈，倾听教师的心声；每位家长与孩子所在小组的3名同学交流，了解同伴眼中的孩子，形成了具有本校特色的"三三制"课堂改革新模式。通过家长进课堂，学校的新型家校共育关系雏形渐显，家长由教育的观察者转化成家校共育的同盟军，家长成为学校教育教学的理解者、支持者、合作者，学校与家庭形成了教育合力，避免了教育真空。

五是搭建家校共育平台。有人说，人的一生要接受三方面的教育，即家庭教育、学校教育和社会教育。家庭教育作为人生接受教育的一个起点，是影响时间最长的一种基本教育形式，在学生成长过程中起着十分重要的作用，是不能由学校教育所替代的。在家庭教育中，家教知识缺失、家教方法失当、家长行为失范是严重影响家庭教育质量与效果的重要因素。为此，长清区第一初级中学通过"家风论坛""专家讲座""家校联系卡""家委会微信群""书香家庭建设"等形式，搭建家校共育新平台，传播家庭教育新理念，让家长系统掌握家庭教育新方法，用正确的思想、正确的内容、正确的行动教育孩子。这些做法先后被《山东青年报》《齐鲁晚报》《济南日报》等多家媒体宣传报道，学校办学的美誉度、赞誉度日渐提高。

"家校共育，立德树人"永远在路上。作为学校教育工作者对家校共育的研究与探索，本书没有像诸多理论著作一样去建构系统的理论体系，其难能可贵之处在于，研究团队从日常教育教学和学校管理实践入手，坚持问题导向，深入调查研究，不断创新实践，所取得的研究成果显现出学校领导和教师坚持研究、实践、创新的全过程。通过本书也可以了解长清区第一初级中学在"打造尊重教育品牌，创建省内特色强校"的道路上追求卓越的艰辛历程。本书具有很强的可读性和实用性，对一线教师、学校管理者和学生家长具有指导和借鉴意义，所以我十分乐意为本书作序，将本书推荐给大家。

亓殿强

2019 年 11 月

（亓殿强，中国人生科学学会创新教育专业委员会理事长，山东省人民政府督学，山东省教育督导学会会长，山东省教育科学研究院研究员。）

前言

　　济南市长清区第一初级中学申报的山东省教育科学"十二五"规划课题"搭建家校共育平台，提升教育教学质量的研究与实践"于2011年立项，2016年顺利结题，课题的研究主要聚焦三个要素，解决两个问题。三个要素是家庭、学校和学生；两个问题是"家长如何参与学校管理"和"学校如何帮助家长提升家庭教育水平"。

　　在课题专家组的指导下，"家校共育"项目已经坚持做了8年，针对第一个需要解决的问题"家长如何参与学校管理"，我们采用了邀请家长进学校、进班级、进课堂的做法，总结为"家校共育，走进班级，重温课堂，陪伴成长"，其核心做法称为"三三制"，就是每天每个班级至少邀请一位家长到学校听3节课，近距离观察自己孩子的课堂表现；每位家长与3名教师座谈，了解老师眼中的孩子；每位家长与孩子所在小组的3名同学座谈（学校课堂教学采用4人合作小组），了解同伴群体眼中的孩子。通过家校共育活动，每位家长形成了对自己孩子的全面了解——有课堂的表现，有老师的评价，有同伴群体的见证，然后家长有针对性地给孩子写一封信《爸爸妈妈对你说》。孩子们看到这些信后都深受触动，许多孩子是流着泪读完父母的心声的。所以，家校共育活动受到了家长的广泛欢迎和大力支持，也在社会上产生了很大的影响，《济南日报》

《济南时报》《齐鲁晚报》《山东青年报》等媒体都曾整版报道过该项目。

　　针对第二个需要解决的问题"学校如何帮助家长提升家庭教育水平",我们前期做了大量的调研工作。我们学校有57个教学班,每天会有几十位家长到学校,学校会向家长发放调查问卷,了解他们教育孩子的方式方法,了解他们对学校管理的诉求,了解他们对"家校共育"项目的看法。通过数据分析,我们发现家长们面临着一个共同的问题:教育孩子往往摸着石头过河,没有经验可循。家长们希望能获得家庭教育方面的指导,提高家庭教育的能力。于是,我们就着手研究我校家庭教育的现状,分析家庭教育的需求,通过问卷调查、数据分析,汇总出家长最关注的五个话题,分别是"孩子的习惯如何培养""父母如何与孩子沟通""家长如何陪伴孩子成长""面对青春期的孩子,家长应该怎么做""如何为孩子树立成长的榜样",然后组织教师进行专题分析、案例讲解,给家长朋友们一些可借鉴、可操作的理念和做法。参与项目研究的教师都是学校的优秀班主任,从教几十年,接触过成百上千的学生,培养了众多的优秀学子,也转化过许多的"问题学生",还有两位是学校的心理咨询师,接触过许多的学生个案。他们将自己多年教育学生、教育子女的实践经验进行提炼升华,编写了"家校共育"创新实践探究方面的优秀家庭教育案例,供家长借鉴,期望家长朋友们能做得更好。因此,我们将书名定为《做更好的父母》。

　　《做更好的父母》这本书再现了孩子们在成长过程中可能出现的形形色色的问题,同时针对这些问题,给予了具体的教育方法指导。可借鉴性、可操作性是本书的最大特点。期望本书能引导家长们成为"学习型、智慧型"的父母,成为孩子们人生中称职的优秀的第一任导师。

编　者

2019 年 11 月

目录

序言 / 1

前言 / 1

一　家校共育研究概述 / 1

"家校共育，立德树人"课题成果概述　　王守松　贾传军 / 2

二　创新实践活动报道 / 11

让学生站在教育的中央　　济南日报记者　史春勇 / 13

家校共育　立德树人　　大众网通讯员　于　娟 / 19

因为，我们是一家人！　　山东青年报记者　李　青 / 24

三　家校共育专题探究 / 29

专题一　习惯 / 30

导读：养成良好习惯，成就精彩人生　　王明山 / 30

教育需要惩戒　　王守松 / 32

"谁"的责任　　范继梅 / 38

二胎妈妈育儿记　　王明娟 / 41

好习惯成就美好人生　　李　刚 / 44

我和女儿的"战争"　　刘绪忠/48

点燃孩子心中的火种，助孩子腾飞　　吕相云/52

与孩子一起成长　　郝兆安/55

唤醒家庭的未来　　张洪亮/59

用心助推孩子幸福成长　　张志成/63

坚持，让孩子越来越优秀　　李守国/67

孩子成长过程中的教育故事　　孔庆礼/69

专题二　沟通/73

导读：架起亲子沟通的桥梁　　范继梅/73

该以"谁"为中心　　贾传军/76

三思而后行　　王荣光/80

聊天交流，不是"盘"他　　董燕/83

孩子，也是需要尊重的　　刘书平/86

家长的理解支持助推学生健康成长　　孔敏/91

两个电话　　张健/94

用行动诠释爱与责任　　赵霞/98

家长的"魔咒"　　王玲/101

亲子沟通，铸就成功　　宋祥国/104

用爱和智慧守望孩子成长　　赵梅/108

因为爱，所以爱　　李倩/111

遇见孩子，遇见更好的自己　　庄峰/114

和谐的家庭是孩子成长的乐园　　赵丽/119

专题三　陪伴/123

导读：陪伴孩子成长是爱的最好方式　　韩树军/123

多年父子成兄弟　　王明山/126

时间是"挤"出来的　　邓明国／131

孩子成长过程中的教育故事　　刘其祥／135

陪伴孩子，耐心教育　　韩树军／138

牵着蜗牛去散步　　庞　敏／142

孩子，让爸妈陪你长大　　孙乐飞／145

陪伴是最长久的鼓励和温暖　　董德清／149

"爸爸妈妈，我恨你们"　　齐　凯／153

有一种爱叫放手　　董德清／156

最好的教育是陪伴　　刘玉东／159

新手妈妈也说家庭教育　　孙小花／162

成长的路上，有风雨，有彩虹　　崔　莹／165

你的参与将照亮孩子成长的路　　刘　晶／167

和孩子一起战胜困难　　袁静平／170

如何面对孩子的失败　　孙光乾／174

专题四　青春期／178

导读：遇见青春期，让青春绽放成最美丽的花朵　　王　玲／178

家有"青春期"的孩子　　王　玲／180

网络双刃剑，我们抓"剑柄"　　潘正林／184

儿子"爱"上了邻班女生　　张　健／187

每一朵花都需要呵护　　卢庆荣／191

执着行动，静待花开　　董淑娟／195

从一个电话谈起　　程　展／198

手机风波　　聂玉美／200

让爱走进孩子的心灵　　王振宇／204

成长路上的那些事　　邵学强／208

"父母请懂我的心"　　刘　玲 / 212

"借力打力"　　刘　玲 / 216

专题五　榜样 / 221

导读：长大后我就成了你　　潘正林 / 221

如何做最好的父母　　房　杰 / 224

破茧成蝶的故事　　卢庆荣 / 228

树立榜样，让父母成为孩子心中的学习典范　　孙德美 / 233

父母好好学习，孩子天天向上　　焦玉华 / 236

以身作则，传承良好家风　　王　欣 / 241

以身作则，身正为范　　房立强 / 243

那眼眸里的一汪春水　　董文华 / 247

后记 / 251

一

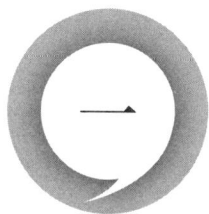

家校共育研究概述

"家校共育，立德树人"课题成果概述

王守松　贾传军

济南市长清区第一初级中学的办学目标是"打造'尊重教育'品牌，创建山东省特色强校"，围绕这一办学目标，学校制定了"125"发展规划。

"1"是一个目标，"打造'尊重教育'品牌，创建山东省特色强校"。"2"是两个分解目标，以"做研究型教师"为教师发展目标，以"培养身心良健、习惯良好、家国情怀、国际视野的一初学子"为学生发展目标。

"5"是五个项目推进，项目一"家校共育，立德树人"，项目二"全员运动，终身体育"，项目三"打造'134'高效智慧课堂"，项目四"强化习惯养成，成就美好人生"，项目五"课程设置，选课走班"。

"家校共育，立德树人"项目是我校的重点推进项目之一。

一、"家校共育，立德树人"课题的提出背景

开展"家校共育，立德树人"课题研究源于2010年学生教育管理中遇到的一个案例。当时初二年级有一个班，管理、成绩一直上不去，在教师研讨会上，有的老师就说：哪个学生要是完不成作业，就让家长来陪着做；哪个学生要是不认真听课，就让家长来陪着听。这种带有强制性的做法当然不行，但其中透露出的信息让我们觉察到：教育学生、转变学生离不开家长的大力支持，只有家校联手，才能形成合力。于是，我们主动开展家访，与家长交流孩子的管理问题，寻求与家长形成合力的方式方法。

这些家访收获巨大，不仅获得孩子在家的许多信息，还了解到许多家长的困惑：有的是对孩子进入青春期的叛逆无所适从；有的是对孩子痴迷于手机游戏无可奈何；有的是对孩子周末学习时间与生活时间的分配不满意；等等。最重要的一个信息是：家长不知道该采取什么样的方法去管理教育孩子，更不知道从哪些渠道获得教育孩子的方法指导。

基于家访的情况分析，我们决定做一次问卷调查，全面地了解家庭教育过程中存在的问题和家长的需求，科学地分析家校共育过程中需要我们做哪些工作。我们从初一、初二、初三三个年级中各随机抽取了100名家长，进行问卷调查，最后的调查结果分析是这样的。

（1）从家长的学历来看，我校学生家长具有硕士学历的约占2%，具有大学学历的约占22%，具有高中及以下学历的约占76%。从家长的职业来看，来自机关、事业单位的约占21%，小型企业职工或个体经营者约占54%，无固定职业的约占19%，其他约占6%。

分析：我校学生家长接受过大学教育的约占1/4，未受过大学教育的约占3/4。结合孩子的性格特点、学习品质、学业成绩、学习志向来分析，父母受过高等教育的学生，其成绩普遍比父母受教育水平较低的学生好，同时，前者的学习品质（比如自主探究能力、合作交流能力）也较后者为佳，学习志向也更高。例如，父母受过高等教育的学生中具有读研究生抱负的学生所占的比率，比父母只受过初等教育的学生中想考研的学生所占的比率多4倍。之所以出现这种情况，主要还是由于文化修养层次的不同，导致了家庭教育的不同，诸如家庭文化生活、学习指导、父母对孩子教育的态度以及教养方式等。例如，文化修养较高的父母注重家庭的民主和谐气氛，倾向于使用赞许、表扬、温情、引导、鼓励、探索等教育方式对待子女，这就有助于培养孩子的自信及其在同伴群体中的适当行为，并促进他们形成高学业动机。同时，文化修养较高的父母能更好地理解子女的需要，对子女的期望水平也比较适宜，平时更注重与子女的沟通，因而对子女的学业评价更客观、准确，很少给子女的精神造成压力或伤害；反之，文化修养较低的父母在家庭教育方面做得要差一些，也就容易产生消极影响。

同样，父母职业的差别也是影响家庭教育的一个客观指标。不同的职业，因其有不同的特点，会带来不同的家庭环境、学习条件、学习气氛等，所以就会对学生的心理发展产生不同的影响。

（2）从调查中发现，目前绝大多数家长对子女的学业期望值很高，但对学生的在校表现情况了解程度不同。"很了解"的约占4%，"基本了解"的约占30%，"不太了解"的约占66%。

分析：这组调查数据反映出家长对孩子教育细节的忽略以及无法进行针对性家庭教育的现象严重。

（3）约有15%的家长认为家庭教育做得很好，约有73%的家长属于当孩子出了问题时才教育的情况，约有12%的家长几乎不加教育。

分析：可以看出很多家长对孩子的家庭教育没有长远规划，大多是问题修补型的教育。

（4）家长获得家庭教育方法的途径："家庭教育专著"约占8%，"社会家庭教育"约占12%，"学校家庭教育指导"约占37%，"自己探索"约占43%。

分析：可以看出很多家长对孩子的家庭教育还处在自己摸索阶段，缺少外在的科学有效的指导。

（5）家长的教育理念："对孩子严格要求"约占55%，"对孩子教育要民主、平等，要给孩子一个宽松、自由的发展空间"约占35%，"树大自然直，不加教育"约占4%，"棍棒底下出孝子，不打不成才"约占6%。家长心中的家庭教育方式："平等交流"约占18%，"严格要求"约占27%，"表扬鼓励"约占19%，"以身作则，榜样作用"约占21%，其他约占15%。

分析：可以看出家长对孩子的教育理念差别很大，导致教育方式多元，真正遵循孩子的成长规律，把孩子当成一个鲜活的、自由的生命个体的家长只约占1/3。

（6）家庭教育内容："感恩"约占30%，"习惯培养"约占37%，"诚信"约占21%，"尊重"约占11%，其他项目所占比重极低。

（7）家长所需要的家庭教育指导："青春期叛逆"约占28%，"与孩交流沟通"约占24%,"如何陪伴孩子"约占19%,其他项目所占比重较低。

（8）家长最想得到的家庭教育指导的内容及方式:"介绍学生身心发展规律的讲座"约占19%,"介绍家庭教育基本知识和方法的书籍"约占22%,"针对孩子的具体问题进行指导的案例"约占42%,"建设交流的平台、热线、QQ群、沙龙等"约占17%。

分析:表明各位家长对于针对孩子的具体问题进行指导的案例需求较高,对于从心理、生理上去了解孩子的需求较少。

面对一组组冰冷但又真实的数据,我们实实在在地感受到:家庭教育确实是一个艰巨的课题,不同层次的家长都表现出不同程度的家庭教育焦虑和家庭教育缺失。在家庭教育中,部分家长仍旧使用"高压"政策,不重视家长言传身教的示范作用,极度缺乏科学合理而针对性强的家庭教育方式方法。在盲目而无序的教育中,孩子的个性被压抑,潜能得不到很好的开发。家长对孩子的身心特点和成长规律缺少了解,一旦孩子出现了问题,家长就变得惊慌失措,家庭教育就会苍白无力。所以,我们在全体学生家长会上向家长呼吁:家庭教育很重要!每一位家长都要了解孩子,都要学习教育孩子的方法!只有家校形成教育合力,才能让教育效果最佳!

在这种情况下,家校共育与学生发展成为我校研究与实践的重要课题。2011年6月,我校申报了山东省教育科学"十二五"规划课题"搭建家校共育平台,提升教育教学质量的研究与实践",并于2016年4月顺利结题。通过课题研究,学校建立了一套有利于学生健康发展的、适合校情班情的家校合作育人模式。

二、"家校共育,立德树人"课题的研究过程

"家校共育,立德树人"课题的研究主要聚焦三个要素,解决两个问题。三个要素是家庭、学校和学生;两个问题是"家长如何参与学校管理"和"学校如何帮助家长提升家庭教育水平"。

根据家校两个因素的互相作用关系,我们确立了两个研究方向:一是"请进来",把家长请进学校,走进班级,重温课堂,陪伴成长,研究家长对学校管理的促进作用。二是"送过去",学校通过专家讲座、案例分

享等形式把先进的方法和理念送到家长手中，研究学校对家长家庭教育的指导作用。

（一）把家长"请进来"

1. 开展"家校共育、走进班级、重温课堂、陪伴成长"活动

让学生家长走进学校、走进班级、走进课堂的"三进活动"，我们称为"三三制"。具体的流程是：家长走进教室陪伴孩子听课，每人次至少听3节课，掌握孩子在学校里、在课堂上的真实表现；与3名任课教师座谈，了解老师眼中的孩子；跟3名学生交流，深入了解孩子在学校生活中的真实情况。在听课过程中，家长填写听课记录表，撰写"家长感言""爸爸妈妈对你说"。家长将自己对孩子的期望讲给所有的孩子，并用自己的成长故事、奋斗历程教育孩子珍惜时间、刻苦学习、立志成才，这就弥补了不同学历、不同职业的家长之间的教育理念差异。家长们一致认为，通过入班听课活动，可以全面细致地了解孩子的在校表现，促进了孩子的发展。

有这样一些真实的案例：初二（2）班王颖家长听完赵老师的课，打出了一个接近满分的成绩。"之前，我从来没有来孩子学校听过课，老师讲的这篇课文我也很陌生，但赵老师充满激情的讲述，让我很直观地知道了文中的内容。"王颖家长说，他读书的时候，印象中的语文课大多是学生读课文，"现在走进孩子的课堂，感觉他们的语文课上得真生动"。

初三（4）班米安然家长听完课，对杨老师的教学提出了意见："课堂有互动性，但我觉得课堂学习偏少，字词掌握还需要突出。"

还有一位家长在课堂上发现，有的孩子的坐姿、写字姿势不太端正，她在评价表上提出："希望老师在课堂上加强关注孩子坐姿、写姿。"

家长走进学校、走进班级，对老师是无形的督促，对学生是极大的促进。这也成为老师、学校进一步提高自身工作水平的尺子。

2. 充分利用家长资源，开发课程

为了丰富学生的第二课堂，我校积极开发校本课程，除了发挥老师的爱好和特长，还充分利用家长资源。例如，在林业局工作的家长与教师一道，开展校园周围鸟类生活研究的主题活动；做旅游业务的家长，协助教

师开发与研学相关的课程；具有种植、编织、养殖等方面技能的家长，则可以开发与种植、编织、养殖等相关的主题活动；对京剧、武术、中医等中国传统文化有专长的家长，则与老师一道开发相应的课程资源。

家长的资源是丰富的，只要我们努力开发，就能充分发挥家长的作用，让家长站在学生的面前。这样就极大地丰富了我校的校本课程，当然，得益的是我们的学生。

3. 家长"监督"课堂，助推课改展开

家长进课堂听课，给老师们带来了压力，也带来了动力。老师们自我加压，力争把每一堂课都上成精品。老师们都纷纷争取外出学习，争取自身业务素养的提高，因此带动了我校的课改。为此，学校成立以校长为组长，以教务处、教科处主任为副组长的领导小组，及时汇总家长反馈的课堂意见，将课堂的专业标准转化成易看易操作的课堂特征，让家长据此评判课堂效果。比如："自主交流"看学生手上有没有学案，老师有没有批阅；"合作探究"看学生是否积极与组内其他学生分享；"捆绑评价"看教师是否在黑板上的小组评价表内打分；等等。这一举措有力地保证了课改的开展与持续进行，并取得了令人满意的效果。

4. 建好家校交流平台，畅通家校共育渠道

（1）建立家长委员会微信群、QQ群。校长、各部门负责人也要加入此群，并随时与家委会委员们针对出现的问题进行沟通和有效答复，实现沟通的无障碍。

（2）用好家校联系卡。将学生的课堂表现、作业情况、操行评语、考试成绩、各种活动信息和家庭教育专家提出的家庭教育方式以书面形式通知家长，家长可给班级提建议，实现家长、学校之间的双向互动，协同教育。

（二）给家长"送过去"

1. 开展家庭教育系列专家讲座

学校每学期组织一次心理专家、家庭教育专家报告会，用正确的家庭教育思想，引导家长树立正确的育人理念，掌握科学的教育子女方法。尤其针对目前家庭教育中普遍存在的过度看重学习成绩以及对孩子的过度期望等一些误区，进行针对性指导。让家长充分认识到：先成人后成才，成

人比成才更重要！教育孩子成人，父母是最好的榜样！父母须要不断学习提升自我，和孩子共同成长进步，才能成为称职的家长。

2. 开展"家风论坛"活动

家风家训不单是对子孙立身处世、持家治业的教诲，更是一个家庭、一个家族的传统风尚，同时也是社会文明程度的缩影、社会健康发展的前提。我们要弘扬和传播好家风家训，将社会的正风正气发扬光大；把好家风家训传承下去，使之成为我们立身处世、持家治业和道德教育的传家宝。我校每学期组织一次"家风论坛"，让那些家庭教育优秀的家长从家风的角度介绍经验，提高全体家长的家庭教育管理水平。

3. 开展"书香家庭"评选活动

家庭教育要重视学习的互动性，父母言传身教，子女知书达理，则学习效果比较明显。我校将每周的周一、周三、周五定为"亲子共读"时间，家长和孩子共同拟订读书计划，按计划读书。家长要教育并引导孩子多读书，读好书。通过"书香家庭"评选活动，增强了各个家庭之间的学习交流，更促进了家长与孩子之间的亲子互动。

三、"家校共育，立德树人"课题的社会效应

（一）搭建家校共育平台，培养了全面发展的一初学子

家校共育平台的搭建，为学校开展社团活动提供了更多的师资。在学校社团课程开发过程中，我们积极借助家长的支持和帮助，开发了多彩的"长清区第一初级中学社团课程"。各种社团的开展，给学生提供了全面发展的舞台，使学生的德智体美劳等方面都得到了全面发展。

（二）搭建家校共育平台，提升了家长的教育水平和公民素养

首先，家长的家庭责任不断提升。我校学生家长唐先生说，他是一个生意人，为了公司的发展，以前经常应酬至深夜才回家，第二天到中午才醒，很少见到孩子；现在，他要求自己每天尽早回家陪孩子，每天早上一定陪孩子吃完早餐，利用这些时间跟孩子沟通交流，加强亲子关系。他说，现在觉得很幸福，也很踏实。

其次，在丰富多彩的实践活动中，融洽了家庭关系。家长卢女士说，

以前自己的先生很少利用节假日陪同女儿参加活动，在学校与电视台合作的"家庭大挑战"活动中，一家人通过层层比赛，进入总决赛，家庭的凝聚力、向心力有了极大的提高，因此他们不仅积极参加学校开展的各种活动，还成为核心骨干，甚至老人家们也参与进来，爷爷奶奶还要成立学校交通疏导义工队，为孩子们创设更和谐平安的校园环境。

第三，家长们之间建立了良好的感情基础，共同促进，形成了互助团体。"爸爸联谊会"是学校家校共育工作的一大特色。在各种活动中，一批热心教育、关爱孩子的男家长逐渐涌现出来，他们隔周开会一次，共同策划某项家校活动、探讨教育子女问题或作为一次闲聚，邀请妈妈们、孩子们参加，他们之间的互助关系也拓宽了各自工作的外延。妈妈们也说，这些联谊活动对家庭教育起到了积极的作用。

第四，家长教育子女的方式方法不断优化。通过各种层次的家长讲座、各种类型的体验活动，家长们改变了单纯依靠学校完成整体教育任务的意识，形成了新的家庭教育理念，学会了发挥家庭的育人功能，使教育子女的方式方法不断得到优化。黄女士是初一年级的学生家长，在一次"心灵下午茶"的家长导师课中，她准备上一节生命教育课。她认真地查阅了我国12～13岁孩子的情况，选择了"生命从哪里来"作为主题，并找到了德国、新加坡和我国的相关课件，挑出最合适的课件辅助讲课。她说，这堂课让自己认识到，在女儿成长路上不仅要关注她的学习，更要关注她的生理和心理发展，而且自己会更深入地学习，成为女儿成长路上最贴心的伙伴。

第五，家长参与家校合作教育的体验过程，提升了家长在孩子心中的影响力。刘先生是"心灵下午茶"的导师，他说，他在班上上课时，孩子看他的眼神是非常自豪的，这是从来没有过的；孩子回家后还不停地跟妈妈说爸爸多么厉害，他几乎成了孩子的偶像；他也很注重跟孩子交流，注重在孩子面前树立爸爸的榜样作用。此后，孩子都很服他，很听他的话。

（三）搭建家校共育平台，既加快了教师的专业成长，也提升了家长的教育水平

家长走进学校、走进班级，不仅要关注孩子，而且要关注课堂。学

校提供的评课表，用直观易操作的标准引导家长评价课堂，无形之中带给老师们一定压力。在家长面前，每位老师总是尽可能把自己最好的一面展现给家长，也使学生获益更多。而通过"送过去"的活动，很多家长表示学到了很多与孩子交流的方法和技巧，对和孩子的交往起到了很好的引领作用。

（四）搭建家校共育平台，开创了学校管理工作新局面

搭建家校共育平台，开创了我校管理工作的新局面。所有家长已经不再是旁观者，而是学校管理的参与者，是对学校建言献策的重要来源。"家校携手建设和谐校园，师生同行谱写教育华章"成为所有家长的共识。近年来，我校家校共育的经验做法先后被《山东青年报》《济南日报》《济南时报》《齐鲁晚报》《新长清》等多家媒体宣传报道，我校的办学美誉度日渐提高。

"家校共育，立德树人"是我们努力的目标，让学生得到全面发展，成为身心良健的学生是我们努力的方向。在促进学生全面发展的道路上，让家长参与其中，享受其中，让家长成为教育孩子成长的中坚力量。

二

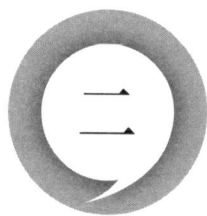

创新实践活动报道

做更好的父母
——中学生"家校共育"创新实践探究

民生 周刊 B1-B6 热点关注
2018年5月24日 星期四

济南日报
齐鲁壹版网 www.aisd.com.cn

▲家长代表走进课堂为学生授课。

家校共育激活教育磁场,让家长由学校的"客人"变为"主人",成为学校教育的"同盟军",长清区第一初级中学

让学生站在教育的中央

以往教育往往局限于学校的院墙之内,成了教育部门的"独角戏"。现如今,家长的学历越来越高,素质越来越高,对教育的关注度越来越高,对学校教育的诉求也越来越高。如何让"四高"家长成为办学的"动力源",让家长由学校教育的旁观者转变为学校教育的"同盟军"?8年前,长清区第一初级中学开始"试水"家校共育,邀请家长走进学校、走进班级、走进课堂,通过搭建"家校共同体",让家长由学校教育的"客人"变为"主人",成为学校教育的"同盟军",激活了家校教育磁场,实现了"让学生站在教育的中央"的教育"小目标"。

让家长进班级听课,就是要敢于亮丑,让家长监督,在此期间,家长可献策指导,也可参与校园管理,有了家长的参与,学校工作才会不断进步。

5月10日早上7点,长清区第一初级中学初二学生王磊和爸爸和爸爸一起到学校之后,王磊并没有像往常一样上课,而是带上"听课证",与妻子一起走进了课堂。

家长与孩子不能点对点交流、接触,也就无法向孩子真实的状态,邀请家长进课堂与学生一起听课,看到孩子原生态的课堂表现,更便于发现和查找问题。

家长进课堂,促进了学校的教学、管理工作,学校也要反哺家庭,搭建起家长成长平台,让家长成为"更好的父母"的同时,有了专业指导。

家长走上讲台,让家长中的课程资源由零散变为系统,由闲置变为实用,由被动变为主动,最大限度地发挥其价值,为学生成长服务。

(本报记者 史春勇 实习生 仲少华 通讯员 刘书平)

与其将家长关在门外 不如把他们请进学校
●记者手记

12

让学生站在教育的中央

济南日报记者　史春勇

　　家校共育激活教育磁场，让家长由学校的"客人"变为"主人"，成为学校教育的"同盟军"，长清区第一初级中学——让学生站在教育的中央。

　　以往教育往往局限于学校的院墙之内，成了教育内部的"独角戏"。现如今，家长的学历越来越高，素质越来越高，对教育的关注度越来越高，对学校教育的诉求也越来越高。如何让"四高"家长成为办学的"动力源"，让家长由教育的旁观者转变为学校教育的"同盟军"？

　　8年前，长清区第一初级中学开始"试水"家校共育，邀请家长走进学校、走进班级、走进课堂，通过搭建"家校共同体"，让家长由学校的"客人"变为"主人"，成为学校教育的"同盟军"，激活了教育磁场，实现了"让学生站在教育的中央"的教育"小目标"。

　　让家长进班级听课，就是要敢于亮丑，让家长监督，在此期间，家长可献策指导，也可参与校园管理，有了家长的参与，学校工作才会不断进步。

　　2018年5月10日早上7点，长清区第一初级中学初二学生家长王磊早早便和孩子一起出了门，把孩子送到学校之后，王磊并没有像往常一样去上班，而是戴上"听课证"，与孩子一起走进了课堂。

　　这一天，作为家长代表，工磊变身"学生"，坐进教室，与孩子们一同上课。让家长走进学校、走进班级、走进课堂的"三进活动"是学校一直坚持在做的事情。每天每个班级都会有至少一位家长，走进教室听至少三节课，与三名任课教师座谈，跟孩子合作学习小组的三名学生交流。

"之前，我从来没有来孩子学校听过课，能够走进学生课堂，近距离感受上课过程，这种形式与开家长会的感觉很不一样。"王磊告诉记者，一上午时间，他听了数学、生物等三节课，感觉老师的讲解很透彻、很认真，也非常生动，听了之后觉得将孩子交给这样的老师很放心。

初三（4）班米安然家长听完课后表示："课堂有互动性，但我觉得课堂学习偏少，字词掌握还需要突出。"还有一位家长发现课堂上有的孩子的坐姿、写字姿势不太端正，她在评价表上提出："希望老师在课堂上加强关注孩子坐姿、写姿。"

"让家长进班级听课，就是要敢于亮丑，让家长监督，在此期间，家长可献策指导，也可参与校园管理，有了家长的参与，学校工作才会不断进步。"学校校长王守松告诉记者，家长走进学校、走进班级，对老师是无形的督促，对学生是极大的促进。这也成为老师、学校进一步提高自己工作水平的尺子。"家长们没有标准的听课技巧，但是可以监督老师们上课是否接打手机了？是否提前3分钟候课了？这些显性的表现，家长们可以呈现在听课记录表上，这也是对学校教学工作的一种监督。"

"现在每天都会有家长来校听课，每班每天两到三人，每人半天，一位家长每学期至少参加两次，很难有学校能够坚持做到这样。"王守松介绍说，学校专门设计了"家校共育、走进班级、重温课堂、陪伴成长"的活动内容，让学生家长走进学校、走进班级、走进课堂，这样家长不仅能了解自己孩子的情况，还能充分感知班级氛围是否融洽上进，给家长的感受更为直观。下课后，家长还要结合课堂笔记，将听课情况和自身感受写下来反馈给学校，这种方式目前已形成了常态化。

家长与孩子不能点对点交流、接触，也就无法充分了解孩子真实的状态，邀请家长进课堂与学生一起听课，看到孩子原生态的课堂表现，更便于发现和查找问题。

如果要追溯"家长开放日"活动的伊始，还要从2010年说起。那一年，长清区第一初级中学的前身长清一中初中部"东迁"，时任学校教务处主任的王守松，带领学校初一和初二两个年级作为先行军率先入驻新校区。

"那时候，我还兼任初一和初二两个年级的级部主任，从那时起，我就有了家校共育的想法。"王守松告诉记者，当时初二年级有一个班，管理、成绩一直上不去，有的老师就说：哪个学生完不成作业，就让家长来陪着做；哪个学生不认真听课，就让家长来陪着听。"这种做法当然不行，但其中透露出的信息让我们觉察到：教育学生、转变学生离不开家长的大力支持，只有家校联手，才能形成合力。"

"对于学习困难的学生而言，仅凭任课老师单方做工作收效甚微，如果请家长加入进来，通过他们了解学生的教育背景和成长环境，三方努力就相对容易找出应对问题的办法，进而有效提升学习成绩，这是一个很好的切入点。"王守松介绍，学校为此设置了很多活动，其中的"重头戏"就是定期邀请家长走进教室听课，这一形式得到了家长的大力支持，积极踊跃参与，反响非常好，当时的社会效应也很轰动。

以往，家长与老师碰面只能在家长会上，一个班四五十名学生，短短几个小时的家长会，家长很难与老师进行单独交流，更别说近距离观察孩子的课堂学习了。"家长与老师，孩子与父母不能点对点交流、接触，家长也就无法充分了解孩子在校的学习情况。"在家长赵霞看来，学校邀请家长进教室与学生一起听课，让家长亲身感受课堂气氛，看到孩子原生态的课堂表现，充分了解孩子的学习状态，更便于发现和查找问题，"这也是一个很好的深度交流沟通的契机，增进家长与学生之间的感情，拉近彼此的距离，我已经第二次来学校听课了，与第一次相比，孩子的精气神和课堂表现都有了明显改善。"

王守松告诉记者，"三进活动"从不同角度、最大限度向来校参加活动的家长们呈现学校的教育理念、教师的教学水平、班改课改成果，同时搭建起家校互通新平台，提高家长与教师、学校的沟通效果，实现家庭教育科学化，促使家长的教育理念发生了转变。

家长进课堂，改善了学校的教学、管理工作，学校也要反哺家庭，搭建起家长成长平台，让家长在成为"更好的父母"的同时，有了专业指导。

2018年5月8日，长清区第一初级中学报告厅内座无虚席，家庭教育心理专家、国家二级心理咨询师李连菊围绕科学地帮助孩子减压、营造和谐的亲子沟通氛围、以亲子双赢的良好心态备战中考等内容，通过现场提问互动、角色转换体验等方法，为初三学生家长呈现了一场别开生面的考前辅导讲座。

在角色互换体验活动中，有六名家长参与其中，其中扮演"孩子"的家长在体验了孩子要面对的学习指责与压力后，眼角湿润，有些哽咽地说："后悔以前总是用成绩来要求和指责女儿，从而无意伤害了孩子。"

"教育不能仅仅关注学生和教师的发展，还要重视家长自身素质的提升，学校要承担起培训家长、指导家庭教育的重任。"王守松告诉记者，家长走进学校、走进班级、走进课堂，促进了学校的教学、管理工作，学校也要反哺家庭，为此，学校精心为家长搭建成长平台，打造了以"家校共育，立德树人"为主题的"父母课堂"，邀请专家进校园，传授科学育子知识，引导家长勇于自我革新，做孩子成长的陪伴者和指导者。

长清区第一初级中学根据家长需求开展了"新时代，我们这样做爸爸，我们这样做妈妈"等一系列指导亲子关系的讲座，让家长不再只关注孩子的学习成绩，更加注重孩子的心理健康，传达正确的育儿理念，提供亲子沟通的有效方法。

"家长要把眼光放长远，不能把教育孩子的责任完全推给学校。学校的家庭教育专场讲座进一步推动了家校合作，帮助家长解决在家庭教育中遇到的实际问题。"家长李桂芹告诉记者，有了这样一个学习的平台，自己可以更好地与孩子沟通和交流，也让自己在学习做好家长的同时，有了专业指导。

"学校教育犹如一棵树，其成长离不开家庭的土壤，要办好学校教育、办好家长老师都满意的教育，就必须立足学校，并寻求家庭的参与、配合与支持。"王守松告诉记者，为此，学校对家校共育内容进行进一步升级，制定家庭教育标准，开发家长教育课程，旨在将单个家庭盲目无序、零碎片面的教育，转变为群体家庭的智慧分享，查找家庭教育的共性与差距，进而找到了应对措施，实现了共同进步。

家长走上讲台，让家长中的课程资源由零散变为系统，由闲置变为实用，由被动变为主动，最大限度地发挥其价值，为学生成长服务。

"各行其道守规则，过马路走斑马线，汽车周围不逗留，马路不是游乐场……""老师"一开口，一下子就吸引了孩子们的注意，接着，他的课也进入了正题……用实际案例激发孩子的兴趣，用专业知识满足孩子的好奇，一堂"交通安全"课下来，孩子们意犹未尽。这位"老师"应该是某位教育行家吧？那你可就猜错了。其实，他只是学校的一名普通家长。

"父母是孩子的第一任老师，家长课程就是将这个'老师'真正地请到学校里来。"王守松告诉记者。

家长中蕴藏着丰富的课程资源，这些资源是学校教育所欠缺和急需的，统筹利用好家长资源是对学校教育的有益补充。怎样整合家长资源，让家长由教育的局外人转变为资源提供者呢？

长清区第一初级中学对家长个人职业、爱好、特长等方面进行了全面了解，并进行整理汇总，形成了家长课程资源库，让家长以职业身份走进课堂，丰富课程内容和形式，家长乐于分享，学生也爱听。"家长课程是对学校课程的一种补充，我们拥有丰富的家长资源，他们都是各行各业的佼佼者，具有自己的专业优势和特长。"王守松说，让家长给学生上课，既能弥补学校教师在某些专业上的不足，又能拓宽孩子的视野，满足孩子对知识的需求。

"学校有一位家长是山师大生命科学学院的教师，他便帮助学校生物教师，开发校园周围鸟类生活研究的主题活动；做旅游业务的家长，协助教师指导开发与旅游相关的主题活动；具有种植、编织、养殖等方面技能的家长，则可以开发与种植、编织、养殖等相关的主题活动；对京剧、武术、中医等中国传统文化有专长的家长，也与老师一道开发相应的课程资源。"王守松表示，家长课程资源库的组建，让家长中的课程资源由零散变为系统，由闲置变为实用，由被动变为主动，最大限度地发挥其价值，为课程建设服务，为培养"完整的人"服务。

现如今，学校的新型家校共育关系雏形渐显。通过家校合作育人，家长转化成了教育同盟军，成为改良社会风尚的主力军。家校合作实现了三种转变：由单边教育到合作教育；由"养"育到"陪"育；由传统家长到新型父母。

【记者手记】

与其将家长关在门外，不如把他们请进学校

学校和家庭是教育的"两只手"，缺少了哪一只都是不行的。这"两只手"不仅要一致行动，要向孩子提出同样的要求，而且要志同道合，抱着一致的信念，始终从同一原则出发，这样才能真正形成教育的合力。

其实，没有哪位家长不爱自己的孩子，不关心孩子所在的学校，不关心孩子在学校里接受什么样的教育，不愿意为孩子的发展贡献力量。基于以上四个基本假设，可知学生家长既不是学校教育的外在异己力量，也不是"双刃剑"，而是可靠的内在力量和同路人。

因此，对待学生家长这一重要的学校教育利益相关方，与其将其关在学校大门外，观望学校教育、议论学校教育、指责学校教育，还不如把家长们请进学校，让他们了解学校教育、参与学校教育、支持学校教育。

长清区第一初级中学家校共育活动开展8年以来，不断创新沟通形式，增进家校互信，取得明显成效。从邀请家长走进课堂参与学校教育教学到家长代表走上讲台，从传统的家长会交流到现代化的信息群沟通，在不断探索过程中，形成了教育合力，避免了教育真空，使孩子在校在家都能得到良好的教育。更重要的是，家长在深度参与学校教育教学管理的过程中，深刻理解了学校的办学理念，逐渐由旁观者、挑刺者转变为理解者、支持者和合作者。

（本报记者　史春勇　实习生　仲少华　通讯员　刘书平）

家校共育　立德树人

——长清区第一初级中学坚持八年打造育人项目

大众网通讯员　于　娟

　　"我是第二次作为家长走进课堂听课，两次比较起来，我觉得孩子的精神头、学习习惯有了很大的进步。孩子上课小组交流认真，回答问题积极。尤其是看到老师的耐心讲解，我觉得孩子在这里上学我更放心、更踏实了。"这是长清区第一初级中学初二（15）班李卓林的妈妈赵霞对记者说的话。

　　长清区第一初级中学自2010年开始在"家校共育，立德树人"方面大胆尝试，开展"家校共育、走进班级、重温课堂、陪伴成长"活动，逐步实行"三三制度"：家长走进教室陪伴学生至少听三节课；与三名任课教师座谈；和孩子小组内的另外三名学生交流。

家长关注什么，就让家长了解什么

让家长走进课堂，不是一时的头脑发热，而是基于现在的教育现状，让家庭教育发挥最大的作用，让家庭教育和学校教育高效结合。校长王守松说："家长们没有标准的听课技巧，但是可以监督老师们上课是否接打手机了？是否提前3分钟候课了？这些显性的表现，家长是能看得到的，是可以在表格上呈现的。首先，这是对学校教学工作的一种监督。其次，家长零距离走进孩子的课堂学习，家长比较关心自己的孩子在课堂上的表现，坐在教室最后一排的专座上，就可以毫无障碍地'盯着'自己的孩子，更全面细致地了解孩子在校的表现，大大拉近了孩子和家长的距离。'爸爸妈妈对你说'环节，让家长和青春期的孩子有了更好的表达途径，当着面不好意思说的话，通过书信就能表达清楚。家是每个人最柔软的地方，是心灵的归宿，这一环节经常让孩子在看到爸爸或妈妈写给自己的话时，声泪俱下。"

据了解，每天进课堂的家长，在前一天晚上就会收到孩子带回去的值班挂牌，第二天戴上值班挂牌进校园，找班主任领取听课表格、水杯等，和孩子们一起在教室里度过难忘的一上

午。有一位家长说，值班那天中午和孩子一起在食堂就餐，坐在餐桌旁等着孩子排队打饭，心里很感动，第一次感觉孩子长大了。

学生、家长需要什么，学校就想方设法地提供什么

家长参与班级管理，促进了学校的教学、管理工作。学校反哺家庭，举办以"家校共育，立德树人"为主题的一系列家庭报告会，每学期都会邀请专家进校园，给学生、家长分专场讲座。

家长专场，根据家长需求，开展了指导亲子关系的讲座"新时代，我们这样做爸爸，我们这样做妈妈"，让家长不再只关注孩子的学习成绩，更加注重孩子的心理健康，传达了正确的育儿理念，提供了亲子沟通的有效方法，为家长带来了他们想要的教育观念的转变。

学生专场，现场"催眠"让学生感受到了心理积极暗示的强大力量，为初三学子备战中考增强了信心。初二（10）班的王培垚同学，参

加过多场学校组织的讲座，提起上周刚刚结束的"催眠"课，一脸的兴奋，表示希望学校多组织这样的讲座。孩子们喜欢的励志讲座、心理辅导，学长、学姐的返校交流等，学校都在有计划、有步骤地一步步推进。

家长会什么，就可以为学校带来什么

长清区第一初级中学积极开发校本课程，充分利用家长资源。一位在山师大生命科学院任教的学生家长，帮助生物教师开发校园周围鸟类生活

研究的主题活动；从事旅游业的家长，协助教师开发与旅游相关的主题活动。有多少学生，就有多少各具才能的家长，充分发挥家长资源，让家长参与学校活动，拉近了亲子、家校关系，也最大可能地开发了学校的校本课程。

"家校共育，立德树人"是长清区第一初级中学为"培养身心健康、基础扎实、习惯良好、思维活跃的一初学子"的五个项目之一，坚持了8年，受到家长和学生的欢迎。"搭建家校共育平台，提升教育教学质量的研究与实践"的山东省教育科学"十二五"规划课题在2016年顺利结题。关于家校共育，长清区第一初级中学的老师和家长们还在继续探索，据记者了解，学校今后还会用更多的方式促进家校共育，促进一初学子更好发展。

山东青年报
2018年6月19日 星期二
教育访谈
编辑：王文文 版式：刘潇冉
Email：sdjyzk@163.com
3

因为，我们是一家人！

——济南市长清区第一初级中学“家校共育 立德树人”专访

本报记者 李 青 通讯员 刘书平

记者手记：

这个学校，我并不陌生！这里有一位年轻有为、壮志飞扬的校长，这里有一个干劲十足、奋发有为的领导班子，这里有一群兢兢业业、业务精湛的教学骨干，这里，还有一群朝气蓬勃、积极向上的“未来栋梁”。这里的一切，勾勒出一个校园强劲发展又精雕细琢的和谐画面。因为了解，所以深刻。在到学校之前，对于采访的主题“家校共育”，我有强烈的共鸣与期待。

王守松校长的思路从来不备草稿，学校家校共育的背景、工作、措施、意义等张口即来，流畅而清晰。只有对家校共育工作了然于胸，方可做到“运筹于帷幄之中，决胜于千里之外”的自信与从容。因此，对于接下来的工作参观、家长访谈、学生谈话等，对于他们表现出来的对于家校工作的热情和赞赏，便不足为奇。这是一个大校应有的风范，并让家校共育的未来道路更坚定、明晰。

“家校共育”，字面的意思是学校与家长共同努力，培育英才，但是，真正做起来，如何做？如何保证效果？如何持续发展？等等，都是非常现实的问题。通过对济南市长清区第一初级中学的专访，或许，这些问题，就都迎刃而解……

共育路漫漫，“破局”上下求索

王守松介绍道：“家校共育，立德树人”的初衷，还要源于2010年在管理中遇到的一个案例。当时初二有个班级，管理和成绩一直上不去，在教师研讨会上，大家讨论可否让家长来陪伴学习。家长的随时陪伴不太现实，而教育学生、转变学生却离不开家长的鼎力支持。学校通过几次专题研讨，共同探讨如何让家庭教育发挥最大效率，如何让家庭教育和学校教育有效结合。为此，在2011年6月，学校申报了山东省“十二五”规划课题“搭建家校共育平台，提升教育教学质量的研究与实践”，并于2016年4月顺利结题。通过课题研究，真正建立了一套利于学生健康发展，适合学校校情、班情的家校合作育人模式。

我们——同陪伴！

记者：家校共育，必然离不开家长的参与和陪伴。在这一块，学校是如何做的？

王校长：家校共育，家长的参与是至关重要的一环。学校开展了“家校共育 走进班级 重温课堂 陪伴成长”的活动。让家长真正走进学校、走进班级、走进课堂，实行“三三三制度”：家长走进教师陪伴听课，至少听三节课，掌握孩子在学校和课堂的真实表现；与三名任课教师座谈，了解老师眼中的孩子；跟三名学生交流，深入了解孩子在学校生活中的真实情况。

记者：这一活动成效如何？

王校长：陪伴不是一个简单的过程，就像做一件事，计划、实施、跟进、落实、反馈、结果，环环相扣。家长们听课后都会认真填写学校准备的听课记录表，并撰写自己的感言、爸爸妈妈对你说等。比如，有的家长会讲述自己上学的时代，艰苦环境与如今的优越条件对比，让孩子们倍加珍惜当今的时光。有的家长会讲述自己的成长故事，激励孩子们刻苦学习、励志成长。很多家长都不止一次走进班级，他们觉得很值，陪伴成长、家校共育不再是一句口号，而是切切实实地落实到了校园、课堂。

记者谈：在现场，我们与当天听课的家长进行了简短交流，他们对学校家校共育的相关措施纷纷点赞。有位家长说：“当第一次走进课堂，看到老师们精彩的讲解，台下几十名孩子求知的眼神，再看到自己的孩子认真的表情，眼睛不自觉就湿润了。仿佛自己也是一名学生，回顾了当年的求学时光，心中也涌动着能陪伴孩子的欣慰。学校能提供这样一个机会，近距离接触孩子的课堂以及孩子周围的生活环境，让我更加放心，也更用心来关注孩子的成长。”学校此举，可谓是家校共育之路上的一块“敲门砖”——叩开共育之门，经验方法大家谈，合力立德树人。

我们——共监督！

记者：王校长，您刚才提到了“让家长进校园，把学校美丑敢于全面亮出来”的观点，请具体谈谈您的观点？

王校长：有句话讲得好：当局者迷，旁观者清。校园建设，大家群策群力，力求更好，但我不敢说最好，因为万事万物都是随着时代发展不断进步的。正视不足，查缺补漏，这才是发展的一个正常的趋势。学生的家长从事不同行业，每个人都有他们自己的眼光与评判，我们非常欢迎到来的每一位家长，提出各自宝贵的建议，小到课堂，大到校园，共同监管，共同提升。

以家长进课堂为例，刚才谈到，家长听完课后，都会填写一张听课记录表，来提出自己的观点、建议。比如，在以往的建议中，有家长说“课堂有互动，但课堂学习偏少，字词掌握还需要突出”，也有家长提到“发现课堂上有些孩子的坐姿和写字的姿势不太端正，希望老师在课堂上也能关注到孩子的坐姿、写姿”这些都是非常宝贵的建议，而这些，都会成为学校进一步提高自己的尺子。

记者：对于家长进课堂，老师们表示有压力，但更有动力。对此，您怎么看待？

王校长：家长进课堂，可谓一举多得。老师们都很积极，争取把每一堂课都上成精品。因此，老师们都纷纷争取外出学习，争取自己业务素养的提升，这也带动了学校的课改。为此学校成立了以校长为组长，以教务处、教科处主任为副组长的领导小组，从而保证了课改的开展与持续进行，效果斐然。

我们——齐育才！

记者：刚才王校长提到家长们从事不同行业，学校有没有把家长的行业优势开发出来，丰富学生的课堂？

王校长：“三百六十行，行行出状元”，各行各业的家长都有他们不同的智慧，学校充分利用家长资源开发课程，来丰富学生的第二课堂。比如有位家长是山东师范大学生命科学院的教师，我们就请他帮助学校的生物老师，开发校园周围鸟类生活研究的主题活动。有的是做旅游行业，邀请协助教师指导开发与旅游相关的主题活动，还有在京剧、武术、中医等有特长的家长，我们都会邀请他们与老师共同开发有利于增长学生知识、开拓学生视野的相关课程。诸如这些，极大地丰富了学校的校本课程，让每一名学生受益。

记者：老师们提到过学校有专门编写的家庭教育读本，请您简单介绍一下？

王校长：近几年，学校组织了50多名骨干教师、心理学业务骨干、美术教师和部分家长组成编写团队，开展《长清第一初级中学家庭教育指导系列读本》编写工作，推进家庭教育指导服务体系试点工作的开展。它完全根据初中阶段孩子身心发展特点和不同阶段家庭教育工作的热点和侧重点，对如何开展科学、有效的家庭教育给予指引，具有较强的专业性、实用性和可操作性。它的编写，将为全校家长和孩子提供一套质量上乘、可读性强，并具有本土特色的家庭教育读本，也为我校家庭教育指导服务体系试点工作的开展和家庭教育一初模式的行程提供了有益成长。

记者：家校共育重在“共育”，学校如何保持与家长之间高效畅通的育人模式？

王校长：共育，沟通交流、信息畅通很关键。对此，学校也是开辟和利用各种渠道，保持与家长之间的畅通无阻。第一、建立学校家委会网站，及时开展家长与学校之间的互动交流，保障信息畅通；第二、用好家校联系卡。将学生的课堂表现、作业情况、考试情况及各种活动信息等以书面形式通知家长，家长可以给班级提建议，实现家校双向互动，协同教育；第三、利用QQ群、微信等加强教师与家长的联系。要求班主任或任课老师每月至少和家长联系一次，校长、各部门负责人也要加入此群，并随时与家委会委员们针对出现的问题及时进行沟通和有效答复，实现沟通无障碍。

我们——伴成长！

记者：咱们学校有个特色的“亮马甲”，请王校来谈谈。

王校长：闪亮的马甲后面，是凝聚的爱心与感动。学校没有餐厅，晚餐时候，学生要穿过马路到对面用餐，而此时马路上车辆川流不息，很不安全。家长们自愿轮流到学校穿着反光马甲，站在孩子们往返教室和餐厅的两旁，提醒孩子小心走路，注意安全。同时，家长们还会根据信号灯指挥车辆通行，增加了安全保障。所谓的“亮马甲”，其实是家长们用爱心组成的亮闪闪的安全长廊。它是家校共育的一个缩影，却体现了家长们对于家校共育的支持和决心！

记者：刚才在家长座谈中，家长们谈到了学校会不定期邀请社会知名的家庭教育专家等来校，为家长们带来丰富的知识盛宴。请王校长具体谈谈。

王校长：如何让“家校共育 立德树人”走上专业化、规划化道路，需要参与其中的每一个人不断学习、进步，共同成长。我们会不定期邀请家庭教育专家进校园，来“反哺家长”。对于大家来说，这是一场群体家庭教育的智慧分享和专业引领。搭建家校共育的平台，除了培养全面发展的学生、提升了老师的专业素养、提高了学校管理等，家长也是其中的受益者。家长的家庭责任不断提升，家庭关系更融洽，教育子女的方式也不断优化，还提升了家长在孩子中的影响力。此外，家长们还建立了很好的感情基础，以我校“爸爸联谊会”为例，在各种活动中，逐渐走出了一批热心教育、关爱孩子的男家长，他们每周或隔周聚会一次，或共同策划家校活动，或探讨子女教育问题，或者仅仅是一次闲聚。这便是我们家校共育的力量，一种精神！

记者谈：记者与家长和部分孩子们进行了沟通交流，他们无一例外对学校的家校共育点赞！有位同学说，得知家长在课堂听课，他会格外认真，积极表现，久而久之这也促成了他良好的学习习惯。家长唐先生说：“我是一个生意人，之前一直忙于应酬，连孩子都很少见到。我非常认同学校家校共育，立德树人的理念，并坚持每天尽早回家陪孩子，每天早上坚持和孩子一起吃早餐，利用短暂的时间和孩子交流，加强亲子关系。现在，我觉得很幸福，也很踏实。”

我们：**同陪伴，共监督，齐育才，伴成长。因为，我们是一家人！**

因为,我们是一家人!

——济南市长清区第一初级中学"家校共育,立德树人"专访

山东青年报记者 李 青

【记者手记】

这个学校,我并不陌生!这里有一位年轻有为、壮志飞扬的校长,这里有一个干劲十足、奋发有为的领导班子,这里有一群兢兢业业、业务精湛的教学骨干,这里,还有一群朝气蓬勃、积极向上的"未来栋梁"。这里的一切,勾勒出一个校园强劲发展又精雕细琢的和谐画面。因为了解,所以深刻。在到学校之前,对于采访的主题"家校共育",我有强烈的共鸣与期待。

王守松校长的思路从来不备草稿,学校家校共育的背景、工作、措施、意义等张口即来,流畅而清晰。只有对家校共育工作了然于胸,方可做到"运筹于帷幄之中,决胜于千里之外"的自信与从容。因此,对于接下来的工作参观、家长访谈、学生谈话等,对于他们表现出来的关于家校工作的热情和赞赏,便不足为奇。这是一个大校应有的风范,并让家校共育的未来道路更坚定、明晰。

"家校共育",字面的意思是学校与家长共同努力,培育英才,但是,真正做起来,如何做,如何保证效果,如何持续发展等等,都是非常现实的问题。通过对济南市长清区第一初级中学的专访,或许,这些问题就都迎刃而解……

共育路漫漫，"破局"上下求索

王守松介绍道："家校共育，立德树人"的初衷，还要源于2010年在管理中遇到的一个案例。当时初二有个班级，管理和成绩一直上不去，在教师研讨会上，大家讨论可否让家长来陪伴学习。家长的随时陪伴不太现实，而教育学生、转变学生却离不开家长的鼎力支持。

学校通过几次专题研讨，共同探讨如何让家庭教育发挥最大效率，如何让家庭教育和学校教育有效结合。为此，在2011年6月，学校申报了山东省教育科学"十二五"规划课题"搭建家校共育平台，提升教育教学质量的研究与实践"，并于2016年4月顺利结题。通过课题研究，真正建立了一套利于学生健康发展、适合学校校情班情的家校合作育人模式。

我们——同陪伴！

记者：家校共育，必然离不开家长的参与和陪伴。在这一块，学校是如何做的？

王校长：家校共育，家长的参与是至关重要的一环。学校开展了"家校共育、走进班级、重温课堂、陪伴成长"的活动，让家长真正走进学校、走进班级、走进课堂，实行"三三制度"：家长走进教室陪伴听课，至少听三节课，掌握孩子在学校和课堂中的真实表现；与三名任课教师座谈，了解老师眼中的孩子；跟三名学生交流，深入了解孩子在学校生活中的真实情况。

记者：这一活动成效如何？

王校长：陪伴不是一个简单的过程，就像做一件事，计划、实施、跟进、落实、反馈、结果，环环相扣。家长们听课后都会认真填写学校准备的听课记录表，并撰写自己的感言、"爸爸妈妈对你说"等。比如，有的家长会讲述自己上学时代的艰苦环境与如今的优越条件对比，让孩子们倍加珍惜当今的时光。有的家长会讲述自己的成长故事，激励孩子们刻苦学习、立志成才。很多家长都不止一次走进班级，他们觉得很值，"陪伴成长、家校共育"不再是一句口号，而是切切实实地落实到了校园、课堂。

记者谈：在现场，我们与当天听课的家长进行了简短交流，他们对学校家校共育的相关措施纷纷点赞。有位家长说："当第一次走进课堂，看到老师们精彩的讲解，台下几十名孩子求知的眼神，再看到自己的孩子认真的表情，眼睛不自觉就湿润了。仿佛自己也是一名学生，回到了当年的求学时光，心中也涌动着能陪伴孩子的欣慰。学校能提供这样一个机会，近距离接触孩子的课堂以及孩子周围的生活环境，让我更加放心，也更用心来关注孩子的成长。"学校此举，可谓用家校共育之路上的一块"敲门砖"叩开共育之门，经验方法大家谈，合力立德树人。

我们——共监督！

记者： 王校长，您刚才提到了"让家长进校园，把学校美丑敢于全面亮出来"的观点，请具体谈谈您的观点。

王校长： 有句话讲得好：当局者迷，旁观者清。校园建设，大家群策群力，力求更好，但我不敢说最好，因为万事万物都是随着时代发展不断进步的。正视不足，查缺补漏，这才是发展的一个正常的趋势。学生的家长从事不同行业，每个人都有他们自己的眼光与评判，我们非常欢迎到来的每一位家长提出各自的宝贵建议，小到课堂，大到校园，共同监管，共同提升。

以家长进课堂为例，刚才谈到，家长听完课后，都会填写一张听课记录表，来提出自己的观点、建议。比如，在以往的建议中，有家长说"课堂有互动，但课堂学习偏少，字词掌握还需要突出"，也有家长提到"发现课堂上有些孩子的坐姿和写字姿势不太端正，希望老师在课堂上也能关注到孩子的坐姿、写姿"。这些都是非常宝贵的建议，而这些，都会成为学校进一步提高自己的尺子。

记者： 对于家长进课堂，老师们表示有压力，但更有动力。对此，您怎么看待？

王校长： 家长进课堂，可谓一举多得。老师们都很积极，争取把每一堂课都上成精品。因此，老师们都纷纷争取外出学习，争取自身业务素养的提升，这也带动了学校的课改。为此，学校成立了以校长为组长，以教务处、教科处主任为副组长的领导小组，从而保证了课改的开展与持续进行，效果斐然。

我们——齐育才！

记者： 刚才王校长提到家长们从事不同行业，学校有没有把家长的行业优势开发出来，丰富学生的课堂？

王校长： "三百六十行，行行出状元。"各行各业的家长都有他们不同的智慧，学校充分利用家长资源开发课程，来丰富学生的第二课堂。比如，有位家长是山东师范大学生命科学院的教师，我们就请他帮助学校的生物老师，开发校园周围鸟类生活研究的主题活动；有的是做旅游行业的，我们就邀请他们协助教师指导开发与旅游相关的主题活动；还有在京剧、武术、中医等方面有特长的家长，我们都会邀请他们与老师共同开发有利于增长学生知识、开阔学生视野的相关课程。诸如这些，极大地丰富了学校的校本课程，让每一名学生受益。

记者：老师们提到过学校有专门编写的家庭教育读本，请您简单介绍一下。

王校长：近几年，学校组织了50多名骨干教师、心理学业务骨干、美术教师和部分家长组成编写团队，开展《长清第一初级中学家庭教育指导系列读本》编写工作，推进家庭教育指导服务体系试点工作的开展。它完全根据初中阶段孩子身心发展的特点和不同阶段家庭教育工作的热点和侧重点，对如何开展科学有效的家庭教育给予指引，具有较强的专业性、实用性和可操作性。它的编写，将为全校家长和孩子提供一套质量上乘、可读性强并具有本土特色的家庭教育读本，也为我校家庭教育指导服务体系试点工作的开展和家庭教育一初模式的形成提供有益探索。

记者：家校共育重在"共育"，学校如何保持与家长之间高效畅通的育人模式？

王校长：共育，沟通交流、信息畅通很关键。对此，学校也是开辟和利用各种渠道，保持与家长之间的交流畅通无阻。第一，建立学校家委会网站，及时开展家长与学校之间的互动交流，保障信息畅通。第二，用好家校联系卡。将学生的课堂表现、作业情况、考试情况及各种活动信息等以书面形式通知家长，家长可以给班级提建议，实现家校双向互动，协同教育。第三，利用QQ群、微信等加强教师与家长的联系。要求班主任或任课老师每月至少和家长联系一次，校长、各部门负责人也要加入此群，并随时与家委会委员们针对出现的问题进行沟通和有效答复，实现沟通无障碍。

我们——伴成长！

记者：咱们学校有个颇具特色的"亮马甲"，请您来谈谈。

王校长：闪亮的马甲后面，是凝聚的爱心与感动。学校没有餐厅，晚餐时候，学生要穿过马路到对面用餐，而此时马路上车辆川流不息，很不安全。家长们自愿轮流到学校穿着反光马甲，站在孩子们往返教室和餐厅的道路两旁，提醒孩子小心走路，注意安全。同时，家长们还会根据信号灯指挥车辆通行，增加了安全保障。所谓的"亮马甲"，其实是家长们用爱心组成的亮闪闪的安全长廊。它是家校共育的一个缩影，体现了家长们对于家校共育的支持和决心！

记者：刚才在家长座谈中，家长们谈到了学校会不定期邀请社会知名的家庭教育专家等来校，为家长们带来丰富的知识盛宴。请您具体谈谈。

王校长：如何让"家校共育，立德树人"走上专业化、规范化道路，需要参与其中的每一个人不断学习、进步，共同成长。我们会不定期邀请家庭教育专家进校园，来"反哺家长"。对于大家来说，这是一种群体家庭教育的智慧分享和专业引领。搭建家校共育的平台，除了培养全面发展的学生、提升老师的专业素养、提高学校的管理水平等，家长也是其中的受益者。家长的家庭责任不断提升，家庭关系更融洽，教育子女的方式也不断优化，还提升了家长在孩子心中的影响力。此外，家长们还建立了很好的感情基础。以我校"爸爸联谊会"为例，在各种活动中，一批热心教育、关爱孩子的男家长逐渐涌现出来，他们每周或隔周聚会一次，或共同策划家校活动，或探讨子女教育问题，或者仅仅是一次闲聚。这便是我们家校共育的力量，一种精神！

记者谈：记者与部分家长和孩子进行了沟通交流，他们无一例外都对学校的家校共育点赞！有位同学说，得知家长在课堂听课，他会格外认真，积极表现，久而久之这也促成了他良好的学习习惯。家长唐先生说："我是一个生意人，之前一直忙于应酬，连孩子都很少见到。我非常认同学校家校共育、立德树人的理念，并坚持每天尽早回家陪孩子，每天早上坚持和孩子一起吃早餐，利用短暂的时间和孩子交流，加强亲子关系。现在，我觉得很幸福，也很踏实。"

我们，同陪伴，共监督，齐育才，伴成长。因为，我们是一家人！

（本报记者 李 青 通讯员 刘书平）

三

家校共育专题探究

专题一　习惯

导读：养成良好习惯，成就精彩人生

王明山

经常听到家长抱怨：孩子做作业拖拖拉拉，书写也非常潦草；孩子自己的事总是依赖家长，连个衣服也不会洗，生活不能自理；孩子做事丢三落四，上学不是忘带这个，就是忘带那个；孩子成绩不好，自己也不着急；孩子……综合分析，根本原因是孩子没有养成良好习惯。

习惯，《现代汉语词典》这样解释："在长时期里逐渐养成的、一时不容易改变的行为、倾向或社会风尚。"它是一只巨大的手，推着你不自觉地朝着某一个方向前进。良好习惯是一个人一生的宝贵财富，会成就其美好人生。在1988年世界各国诺贝尔奖得主的巴黎聚会上，有人问一位诺贝尔科学奖得主："您在哪所大学、哪个实验室学到了您认为是最重要的东西呢？"这位白发苍苍的老学者回答道："是在幼儿园。""在幼儿园能学到什么东西呢？""把自己的东西分一半给小伙伴们；不是自己的东西不要拿；东西要放整齐；吃饭前要洗手；做错事要表示歉意；午饭后要休息；要善于观察周围的大自然……"他的成功概括起来说，就是"习惯"。叶圣陶先生说："什么是教育？简单一句话，就是要养成习惯。"

好习惯有很多，对一名学生来说，主要是学习习惯：热爱读书，作业按时认真完成，独立思考，善于总结等；生活习惯：自己的事情自己做，喜欢运动，做事有计划、不拖拉，兴趣广泛等。

如何培养良好习惯呢？叶圣陶先生举例说："走路和说话是我们最需要的两种基本能力。这两种能力的形成是因为我们从小就习惯了，'成自然'了；无论哪一种能力，要达到习惯成自然的地步，才算我们有了那种能力。如果不达到习惯成自然的程度，只是勉勉强强地做一做，就说明我们还不具有那种能力。"

一般来说，习惯形成的过程可分为三个层次：最低层次就是不自觉阶段，依靠外力的督促教育，不断强化已形成的条件反射；第二个层次是自觉行为阶段，这需要一定的意志努力，靠内部的自我监督，经过多次重复；第三个层次就是无意识阶段，达到类似本能的程度，不需要监督，也不需要意志努力，而是行为习惯。其形成的时间，根据心理学研究，一般是21天左右。

根据对习惯形成过程的分析，在第一、第二个层次上，家长对孩子良好习惯的养成有着不可替代的作用。本专题的教育案例，作者从做班主任的经验、做家长的体会出发，深入浅出地为各位家长做了分析。如果你仔细阅读，就会发现：孩子有时候总想偷懒，作为家长有时要做一个"狠心"的人，也就是要坚持原则；家长是孩子的第一任老师，既要对孩子晓之以理，更要做好孩子的榜样；既要培养孩子的独立能力，又要陪伴孩子，做孩子人生路上的引路人。

播种行为，收获习惯；播种习惯，收获性格；播种性格，收获命运。愿每一个孩子在家长的引导、督促、影响、陪伴、鼓励下，都能养成良好的习惯，都能收获精彩的人生。

教育需要惩戒

王守松

很多人都读过著名作家林海音的小说《城南旧事》，其中有个章节《爸爸的花儿落了》讲述了这样一件事："我"在上小学一年级的时候，就有早晨赖在床上不起床的毛病。想到自己迟到后会被老师罚站在门边，于是在一个下大雨的早晨，因迟到不想上学而赖床。小说中这样写道：

妈妈进来了。她看我还没有起床，吓了一跳，催促着我，但是我皱紧了眉头，低声向妈哀求说：

"妈，今天晚了，我就不去上学了吧？"

妈妈就是做不了爸爸的主意，当她转身出去，爸爸就进来了。他瘦瘦高高的，站在床前来，瞪着我："怎么还不起来，快起！快起！"

"晚了！爸！"我硬着头皮说。

"晚了也得去，怎么可以逃学！起！"

一个字的命令最可怕，但是我怎么啦？居然有勇气不挪窝。

爸爸气极了，一把把我从床上拖起来，我的眼泪就流出来了。爸爸左看右看，结果从桌上抄起鸡毛掸子倒转来拿，藤鞭子在空中一抡，就发出咻咻的声音，我挨打了！

爸爸把我从床头打到床角，从床上打到床下，外面的雨声混合着我的哭声。我哭号，躲避，最后还是冒着大雨上学去了。

我是一只狼狈的小狗，被宋妈抱上了洋车——第一次花钱坐车去上学。

之后，爸爸到学校给"我"送"我"的花夹袄，看着"我"穿上，又拿出两个铜板来给"我"。"我"得到了深刻的教训，作者这样写道：

> 从那以后，到今天，每天早晨我都是等待着校工开大铁栅栏校门的学生之一。冬天的清晨站在校门前，戴着露出五个手指头的那种手套，举了一块热乎乎的烤白薯在吃着。夏天的早晨站在校门前，手里举着从花池里摘下的玉簪花，送给亲爱的韩老师，是她教我跳舞的。
> ……

《城南旧事》是一部自传体小说，是林海音以自己 7 岁到 13 岁的生活为背景创作的，所以文中父亲对她的惩戒是一个真实的案例。文中孩子不愿去上学，虽爸妈劝导，仍执意不改，最后爸爸用鸡毛掸子进行了惩罚，使其改正错误并牢记终生。我们不赞同体罚，但是我们不反对惩戒，相反，教育需要惩戒！惩戒的基本释义有两层：其一，惩罚以示警诫；其二，以前失为戒。惩戒是一个个体在错误发生后通过强制措施让他汲取经验教训而不断提升的过程体验。适度的惩戒和奖赏，本来是教育的两种必要手段，可是在尊重教育、赏识教育、愉快教育大行其道的今天，孩子批评不得了！有了错误也不能批评，要委婉劝诫，如果老师批评了犯错误的孩子，有的家长会找上门来跟老师理论一番，更有甚者，有的家长蛮不讲理，对孩子一味袒护，对老师百般苛责，最终造成了"家长管不了，老师不敢管"的现象。

作为家长，我们在家教育孩子，有几个不曾用过惩戒手段的呢？拒绝批评，躲避惩戒，就是掩盖错误，逃避责任。这样认识问题的态度和处理问题的方式，势必会让孩子有恃无恐、变本加厉，甚至可能走上犯罪的道路，遗憾终身。

我想起了宋朝的大文豪苏轼在他的日记里记载的一则故事，题目叫作《芒山盗临刑》。

> 宋宣和年间，芒山有盗临刑，母来与之诀。盗谓母曰："愿如儿时一吮母乳，死且无憾。"母怜之，与之乳。不意盗啮断乳头，流血满地，母死。行刑者曰："尔何毒也？"盗因告行刑者曰："吾少也，盗一菜一薪，吾母见而喜之，以至不检，遂有今日。故恨而杀之。"

这则小故事的大体意思是，在宋朝宣和年间，芒山有个小偷将要临刑，母亲前来与他诀别。小偷对他的母亲说："我想要像小时候一样吮吸母亲的乳汁，这样我就死而无憾了。"母亲有些怜悯他，就让他吮吸。不料小偷咬断了母亲的乳头，血流得满地都是，母亲死了。行刑的人说："你为什么这么狠毒？"小偷告诉行刑的人说："我小时候，偷了一棵菜、一根柴，我母亲见了十分开心，我以为这样是对的，就更加肆无忌惮，才走到今天这一步。所以我十分怨恨她，就杀了她。"

文中的盗贼小时候犯了错误，他的母亲不及时制止，反而很高兴，逐渐诱导孩子形成了错误的价值观。小时偷针，大时偷金，最后盗贼断送了性命，甚至咬死自己的母亲，酿成了人间悲剧。如果当初他在偷了一棵菜、一根柴之后，做母亲的能及时制止或者采取惩戒措施，结果会如何呢？这就告诫天下的父母：教育需要惩戒，对孩子所犯的错误要及时进行惩戒！

古人说，人非圣贤，孰能无过。大人都会犯错误，更何况孩子呢？那么，如何正确对待孩子的错误？如何采取适宜的惩戒呢？我给各位家长提三点建议。

一是不要怕孩子犯错误，错误是教育的契机。

进入初中之后，孩子会有青春期的变化，家长们面对的一个常见的问题就是孩子不愿与父母沟通，有时候家长一张口，孩子就说知道了知道了，如果想多说几句，孩子就关起门来，让家长吃闭门羹。而孩子犯了错误，会心虚害怕，希望向家长解释，得到家长的谅解。所以，孩子犯了错误并不可怕，关键是我们如何指导孩子认识到错误，并通过艺术化的手段，提供面对面沟通交流的好机会，把握教育孩子的良好契机，使教育做到润物无声而又影响深远。

二是犯了错误就要接受相应的惩戒教育，要培养孩子的责任意识。

有这样一个真实的案例：有一个孩子是家里的独子，而且父母年龄很大才有了他，一家人对这个孩子无限宠溺。进入初中之后，开学前两周，这个男孩纪律还可以，就是学习特别吃力。老师以为是学习任务增加、知识难度加大造成的，就找了一个品学兼优的女生做他的小组长，跟他做同桌，帮助他学习。男孩在家不受约束习惯了，哪受得了别人管他，就拿出铅笔刀在自己手腕上划了一刀，说："我在小学就是老大，你们谁敢管我？"女生当时就吓哭了。班主任把家长叫来，分析孩子的情况后提了三个要求：一是对两个孩子进行心理治疗；二是要求男孩在班里公开道歉；三是要给予男孩严重警告处分。我们分析这三个要求，认为提得非常好。第一个要求是根据男孩划手腕的表现，老师判断他有自残的倾向，所以建议去做心理治疗；女孩受到惊吓，心理上有应激反应，也需要心理疏导。第二个要求是依据男孩恐吓同学的行为，这是不理智、不道德的错误行为，理应道歉。第三个要求给予处分，既是对孩子的惩戒——让他认识到做错了就要负责任、受处罚，也是对其他学生的教育，告诉所有孩子，这样的事不能做，做了就违反了纪律，触碰了红线，就会受到应有的处分。

听了老师的要求后，这位家长对老师说："老师，别处分了，都是家长的错，没管好孩子，您要处分就处分家长吧。其实自己的孩子自己了解，我们对他也没啥指望，只要孩子在学校不出事就行，上完初中我就给他找个活干。"家长的一番话看似态度诚恳，实则是替孩子掩盖所有的过错，推卸所有的责任，免去一切的惩罚。有了家长的祖护，以后的日子，这个孩子更加有恃无恐，吸烟、带手机，不去上课而在操场上闲逛，有时跟一些社会青年混在一起。初二没上完，这个孩子就因犯罪被劳教了。讲起这个案例，让人痛心疾首，花样年华就要在铁窗内度过。

但是究其原因，谁的过错？在众多的因素当中，父母对孩子错误的纵容，代孩子受过，在孩子犯错之初不能配合老师及时对孩子进行管教惩戒，无疑是重要原因。

所以，当孩子在学校犯了错误时，家长一定要与班主任积极配合，对老师给出的合理惩戒方式坦然接受，而且要借机引导孩子正确面对批评，接受惩罚。家长切不可站在学校管理的对立面上拒不接受，或者替孩子求情，代孩子接受惩罚，那样培养出来的孩子，缺少是非观念，没有责任意识、担当意识，最终成为天不怕地不怕的"问题孩子"。

三是要为孩子指明改错的路径，让孩子从错误中反省提升。

惩戒的目的是改正错误。知错能改，善莫大焉。犯了错误不可怕，重要的是能认识错误，改正错误。还有一句话：从哪里跌倒，就要从哪里爬起来。那么，孩子犯错误之后，怎样改正，从哪里爬起来？这就需要家长从两个方面对孩子进行引导。一方面要引导孩子勇于承认错误，并把错误看作自我完善的机会，这是改正错误的前提。如果我们总是把犯错误看成一件坏事，孩子的内心会倾向于愤怒、悔恨、心灰意冷，并且会极力为自己的行为推托、辩解。如果引导孩子把错误看作自我完善的机会——承认错误就是一次探索和成长，改正错误就是一次提升，孩子就会带着积极的心态去面对错误、面对惩戒，从而真正改正错误。另一方面要帮助孩子分析还有没有更好的解决问题的方法。家长与孩子一起列出多种解决问题的方法，分析每一种方法所产生的后果及要承担的责任，最后让孩子自己选择，积累经验。通过这类可操作的方式，指导孩子在遇到类似问题时，寻求科学而合适的方法，让孩子从错误中吸取教训，不断成长。

总之，教育需要惩戒，但是如何惩戒是一门艺术，绝不能一罚了之，而是要通过合理适当的惩戒培养孩子的担当意识、责任意识，同时要帮助孩子找到不犯错误也能解决问题的更好办法，这样才能让错误发挥其价值，让惩戒更有效果。

【点评】

无规矩不成方圆。夸美纽斯也曾经明确指出："犯了过错的人应该受到惩罚。他们之所以应受惩罚，不是由于他们犯了过错（因为做了的事情不能变成没有做），而是要使他们日后不再犯。"教育是百年大计，在教育过程中，面对学生的责任流失，我们不能因噎废食，要正确对待惩戒教育。本文关于如何指导家长掌握针对学生错误的惩戒策略，会带给我们很多启发。

（贾传军）

"谁"的责任

范继梅

作为家长，你有没有遇到过这样的情况：

早上孩子高高兴兴地上学去，你也开开心心地去上班，一会孩子打来电话对你说："妈妈，我的数学作业本忘带了，老师第二节课要检查，你赶快给我送来。"

你会怎么做？

相信大多数家长都会放下手边的工作，急急忙忙地跑回家，找到作业本给孩子送过去。在家长将作业本给了孩子之后，会出现下面几种场景。

有的家长不忘叮咛几句："怎么这么粗心啊，我都说过多少次了，下次一定要注意！"

有的家长威胁恐吓几句："我告诉你，下次如果再出现这样的事情，我可不管你。"

有的孩子会说："你怎么才来啊，慢吞吞的！"家长则会说："宝贝对不起，妈妈下次会快一点。"

更有甚者，有的孩子反怪家长说："都怪你，为什么不给我带作业本呢？"

如果你家发生过这样的事情，出现以上的场景，那么你要反省了，因为你正在剥夺孩子的责任，或者你的行为致使孩子认识不到自己的责任。

第一个场景"叮咛几句"的错误在于"教育孩子时讲太多的道理"，讲道理是不能让一个孩子知错改错的。

第二个场景"威胁恐吓"的错误在于"家长没有了威信"，因为你不可能做到"不管你"，再次出现这样的情况后，你照样管，孩子知道家长说的话根本就不可信，时间长了，就会我做我的，你说你的。

第三个场景"孩子埋怨，家长道歉"的错误在于家长没有原则地溺爱，孩子不知道感恩，父母已经放下手头的工作"帮助"孩子了，孩子连个"谢"字都没有，这样的孩子其实是很自私的孩子，也不会有什么大的成就。

第四个场景"孩子反怪父母"的错误在于家长完全纵容了孩子，孩子无论遇到任何问题，都会想着是别人的错，自己没有错，家长培养出来的是一个"自私自利、推卸责任、不敢担当"的人，这样的人能成才和成功吗？

最为关键的错误是，家长根本就不该给孩子送作业本！

那么，正确的做法是什么呢？

当接到孩子的电话的时候，你直接和他说："对不起，不带作业本是你的责任，不是我的责任。你犯了错误，你自己承担行为的后果，该处罚就处罚。"然后就挂断电话。请问家长朋友们，你们有几个人能"忍心"挂断电话呢？

为什么要这样做？

因为只有让孩子承担了行为的后果，才会真正地培养出孩子的责任心。

但一定要注意，仅仅挂了电话，只做对了一半！如果只做对了一半，还不如不做！因为孩子会感到你很无情，你不爱他，时间长了，孩子即使出现问题也不找你，那才得不偿失。更有可能随着孩子的长大，他在很多事情上会和你对着干，也就是俗称的叛逆。更为不可取的是，回到家里，你对孩子又是一通数落，那样的话，你会把孩子推得越来越远。

关键还有第二步，帮助孩子找到解决问题的办法。被老师批评对于孩子来讲一定不是一件开心的事情。晚上回到家里，看到孩子满脸的不高兴，你可以去问孩子："被老师批评了，是不是很难受？"孩子可能有两种表现，一种是"都怪你，也不给我送作业本"，另一种是"是的，我很难受"。遇到这两种情况，家长都不要着急，记住"先处理情绪后处理事情"的原则，直接告诉孩子"你被老师批评了，我真的很难过，因为你是我的孩子，你难过爸爸妈妈也会很难过的"，最好是抱抱孩子，让孩子感受到你的关心和爱护，等孩子情绪稳定了，告诉孩子：

第一，爸爸妈妈要坚持原则，谁的责任谁负责，你忘了带作业本就要承担后果，只有这样你才能成为一个敢于担当、心怀责任的好孩子，这是爸爸妈妈对你负责。

第二，出现这样的问题，爸爸妈妈也有责任，你还是孩子，犯错误很正常，爸爸妈妈的责任就是应该和你一起想办法不要再犯同样的错误，我们一起想想办法，看看下次怎样才能不犯这样的错误了。

我相信，很多孩子在这个时候，会感受到爸爸妈妈的宽严有度，同时会和爸爸妈妈一起去寻找解决问题的办法，增加自己的责任意识和生活经验。

家长和孩子一起探讨解决问题的办法。比如，其一，提前准备，每天晚上睡觉前，把要带的东西都准备好，以免早上时间紧张"忙中出错"；其二，做一个出门小贴士，贴在家门上，出门之前先看小贴士再出门，提示内容如"钥匙、乘车卡、书包、红领巾、作业本、昨天老师提醒的要求等等"，时间久了，孩子慢慢就会养成提前准备、三思而后行的习惯了。

无论孩子遇到任何问题，家长一定要记住：谁的责任？

若是孩子的责任，就一定要让孩子体验完全，家长最重要的责任就是让孩子负责任。这是教育中"严"的部分。孩子在选择行为和承担责任后，有很多需要帮助和指导的地方，家长要及时出现在孩子的身边，引导和帮助孩子控制情绪，解决问题，这也是家长最重要的责任。这是教育中"宽"的部分。两方面加起来，家长就做到宽严有度了。

【点评】

家庭教育的最高境界是让孩子时刻感受到温柔却有边界的爱。让孩子从小就树立责任意识，对自己的行为甚至自己的错误负责，这是老师和家长要教给孩子的。真正的爱是让孩子学会自己承担责任，而不是我们一直替孩子承担错误和责任。

（公绪姣）

二胎妈妈育儿记

王明娟

新年伊始，提笔想总结过往，发现都是忙忙碌碌，找不到亮点，也没发现可借鉴之处。畅想未来，终究觉得矫情了些，奔"四"的人了，还是以最好的状态应对好眼前的所有为妙。

坐在案前，想了许久，忽然发现唯有眼前的俩娃充实并指引着我的生活。说到底，该写写的应该是他俩吧。

老大，张研。小学三年级学生，倔强型小棉袄一个。凡事需将思想工作做得透透的，否则就是典型的自欺欺人、瞒天过海。若是她认识不到或想不通的事情，经她手一做，那是损招一堆堆啊。所以，在此娃身上，没少花费心思，成天大道理、小例子，目的只有一个——别让她溜号了，要紧紧团结在以妈妈为核心的正能量团队周围。

老二，张藩。即将3岁的小娃。2016年上天快递给研娃一个弟弟。快递包装至今还留在妈妈身上，没有甩干净。此娃胖嘟嘟的，整天奶声奶气地模仿着姐姐的一举一动。姐姐看书，他也在一旁"撕"书；姐姐画画，一不留神，满墙上都是他的"杰作"。姐姐给他封了个"淘气委员"的称号，给他讲委员要听从姐姐班长的命令。小家伙似乎对这个称号还甚是满意呢。

这样，一个不省心的老二，一个新手姐姐老大，加上我跟他爹这对二手爸妈，就组成了我们一家。

由于爹妈都是上班族，没有十足的精力全身心管理这对姐弟，于是，我们达成原则共识：散养！由老大管老二，给老大足够的权力和耐心。刚开始，白白胖胖的老二甚是讨姐姐欢心。姐姐放学回来，就要亲亲抱抱，逢人就说自己有个可爱的弟弟，就连老师布置的写可爱小动物的作文，都要写自己的弟弟。那时候，她觉得弟弟是最可爱的了。可是，时间一久，她发现这个弟弟已经变成了一款劣质手机——充电时间长，闹钟系统紊乱，而且待机时间还短，占用了妈妈和自己太多的时间和空间。于是，不满自内而生，叫喊、训斥成了家常便饭。但即使如此，我跟他爹也没有插手。一日，老二将老大的书桌铺满了书本，还在书桌上画满了自称是猫啊、狗啊的各色图案。可想而知老大的反应，满脸涨得通红，拳头在空中轮了又轮。最后，还是揪过弟弟来一起将桌面收拾干净，并给他讲了一些该做的和不该做的诸如此类的事情。此事一出，我们窃喜，老大可以带领老二认识这个世界的诸多规则，老二也会让老大意识到父母和老师的不容易。

这样，跌跌撞撞，姐弟俩赶着光阴渐渐长大。由此，我也发现我这个后勤部长兼职太多了——奶妈、保姆、陪读、厨师、司机还有判官……

这诸多的角色，首先想卸掉的是奶妈的角色。将老二放置老家一个月，没承想老大却姐爱爆棚，成天茶不思、饭不想。直至老二从老家回来，家中才恢复了往日的欢笑。关于这一点，确实是我从养娃的经历中得来的意外之喜。

随着老二日渐长大，保姆之角色也列在了卸任之列。日常生活尽量要求自理，包括洗脸、刷牙也由老大教授，老二依葫芦画瓢。至于质量，暂且不去追究了。

老大荣升三年级后，陪读就不在考虑之中了。我只负责检查，且家长之名不可乱签。不做作业，或做不彻底，一律不签。一次，语文老师要求学生每日摘抄好词好句，周末统一上交。老大偷懒，只在周日晚上找来一本书，随手划下些句子并将其抄在了摘抄本上。此事，我是觉察到了的，却一直沉默不语。终于，在周末的晚上，研娃拿着摘抄本来找老妈签字了。我岂能签这个字？不仅如此，我还当着她的面给老师一五一十将事情解说了一番。两面夹击，孩子哪里还有投机取巧的机会啊。之后，老大直言："相比老妈的手段，老师的批评都是毛毛雨了。"不知是褒是贬，就视作一种成长吧。

司机和厨师的角色至今无人领命，看来一时半会儿是卸任不了了。只能增进技艺，继续前行了。

老师之角色，在学校做得太多了，以至于娃爹说他仨都沦落为我的学生了。这点着实不好。其一，自己都不能放松了，成天板着"老师"的脸，太累。其二，还是不要因我而致使孩子们讨厌教师这个行业。尽力改之吧。

时间不居，岁月如流。二娃也将迈入幼儿园的大门。感谢并期盼着孩子们遇见的老师们，帮我分担着为母的种种责任。作为一名普通老师以及俩娃的妈妈，我更能深切地感受到为师和为母的重要性以及对孩子们不可逆的影响力。在生活和工作中，必有各种的烦恼，但每每想到我们家的俩娃，就会自然将学生们的身份迁移到娃们的身上。于是，我期望孩子们遇见什么样的老师，我就做什么样的老师。

俩娃之乐，俩娃之趣，俩娃之养育见闻，在我们家算是窥见一斑吧。

【点评】

经常听明娟老师提起她的两个可爱的孩子。结合明娟老师的性格和她的教育方式，她能写出这篇妙趣横生的育儿经也在预料之中。教育就像给孩子画圈圈进行自由活动，规则之内，可以自由发挥。对于规则，则须有敬畏之心。"放思维养习惯"是既省力又有效的教育方式。明娟老师的育儿经值得借鉴。希望我们大家都给予孩子高质量的陪伴，让孩子健康快乐地成人成才！

（孙国童）

好习惯成就美好人生

——帮助孩子养成好习惯

李　刚

　　我的儿子李明洋，小学毕业于长清区石麟小学，现在就读于长清区第一初级中学。孩子自小学至初中学习成绩都稳定在年级前十名，并且兴趣广泛，喜欢读书、篮球、书法、乒乓球和笛子。参加过很多校级、区级和市级等比赛，取得了优异的成绩。这些活动既开阔了孩子的视野，又培养了孩子的自信。好习惯成就美好人生，孩子之所以这么有进取心，得益于好的习惯。

　　有人说："细节决定成败，习惯铸就一生。"还有人说："考取重点大学的高才生，并不是他们多么聪明，也不是他们'三更起五更眠'的拼命学习，而是他们有着良好的学习习惯。比如，他们也看电视、玩游戏，但是他们看电视、玩游戏的时间一天就是一个小时，时间一到，不管电视节目多么精彩、游戏多么吸引人，他们都会停下来去学习。"可见，好习惯成就美好人生。

一、好习惯需要好环境

　　我为孩子创建了一种民主平等、快乐有趣、宽松自主的家庭学习氛围。良好的家庭学习氛围，需要家庭成员在这个群体中共同学习、共同分享学习成果、共同分享成功的喜悦。当孩子学习的时候，我们从不看电视、玩手机，而是看书，通过这种方式和孩子一起学习。有时我会和孩子同读一本书，共同讨论书里面的内容。我们各抒己见，有时意见一致，轻松愉快，有时观点不同，各执一词，还会争论一番，但是结果总会达成一致，这让我们更加喜欢学习。良好的家庭学习氛围，不仅帮助孩子学会了热爱生活、关心他人，并能善于与他人交往，培养出良好的个性与品质，而且有益于孩子创新思维的发展和社会适应能力的提高。

二、让孩子爱上读书

沙士比亚曾说："生活里没有书籍，就好像没有阳光；智慧里没有书籍，就好像鸟儿没有翅膀。"读书对孩子的发展很重要。众所周知，读书可以增加知识、开阔眼界、活跃思维。读书是我们获得知识的途径之一。我们从书中获得大量的、有用的知识。你获得的知识越多，面对生活中的挑战，你就准备得越充分，越有信心。在漫长的人生中，我们可能会失去工作、爱情、金钱甚至健康，但是永远不会失去知识。除此之外，读书还能提高记忆力，更能使你的注意力集中。当你读书的时候，你会记住你读进去的每一个细节。你创造的每一个新的记忆将打开新的神经链（大脑路径），并且同时加强已存在的路径，这将帮助你召回短期记忆，同时也将增长知识。读书对于提高记忆力有很大的帮助。当你读一本书的时候，你所有的注意力都集中在书上，世界上的其他人和事仿佛不存在，而你将沉浸在每一个有趣的细节里。读书的习惯一旦养成，将受益终身。

三、培养至少一种兴趣爱好

兴趣爱好是可以伴随一生的。一个有兴趣爱好的人，他的生活会变得很有乐趣，也会变得丰富多彩，还可以结交许多兴趣爱好相同的朋友，使自己不会感到孤单。兴趣爱好还能缓解压力，提高效率。孩子有时感到学习有压力，特别是在考试之前，常常感到焦虑。每逢这个时候，我都会让孩子不要去想学习和考试，静静地吹奏一首"小放牛"或者打上一个小时的篮球，过后，孩子的压力得到释放，心情也好了很多。通过篮球运动，孩子认识了很多朋友，每逢周末他们都会相约去玩，一场比赛下来，虽然身体总是很累，但心情很好。久而久之，孩子考前不再焦虑了，总能信心满满地走进考场。

四、合理利用网络

网络，既是科技发展的产物，也是信息时代的标志。作为中学生，理所应当对其进行追求、探索。它具有方便、快捷、灵活等多种优点，拓展了我们的知识面，给予了我们遨游的空间。它的出现改变了人们传统的思想方法，在生活中给予了我们极大的帮助：坐在家中即可浏览众多网上图书馆丰富的图书收藏；几秒钟内，便可收到相隔万里的来信，在最短的时间内获得各地各种详细的、自己想知道的信息；通过各学校开办的远程教育网了解更多的知识；等等。但是，网络是一个复杂的东西，它的内部充满各种信息，像暴力、色情这类低俗的东西太多了。中学生自主能力有限，实在难以抵御网络惊人的吸引力。这就需要我们家长做好管理和监督，让孩子合理利用网络。李明洋周一到周五不接触网络（学校布置网上作业的时间除外），周末每天上网一个小时，先查阅学习资料，然后玩游戏，都是在家长的陪伴之下。时间到了，他就会停下来，从不拖延。对于他来说，网络就是一个学习的工具和休闲的场所。

五、确定奋斗目标

学习的目标明确，实现目标也有保证。学习计划就是规定在什么时候采取什么方法步骤达到什么学习目标。短时间可达到一个小目标，长时间可达到一个大目标。在长短计划的指导下，学习才能一步步地由小目标走向大目标。对于要考一所什么样的高中或大学，还有长大之后要从事什么样的职业，这是大目标。每一周或每一个月学习上要取得什么样的成绩，这是小目标。每一个目标都是我和孩子共同制定的，既不要太高，也不要太低，适合自己的才是最好的。目标定下来就要去努力，不要荒废，家长要及时提醒、督促落实，最后验收。目标有时可以根据实际情况稍做调整，目的是更加有效。一个个小目标的完成，正是一步步向大目标迈进。确定奋斗目标，才能让孩子有的放矢，事半功倍。

【点评】

　　好习惯成就美好人生。习惯的力量是巨大的，人一旦养成一个习惯，就会不自觉地在这个轨道上运行。只要是好习惯，将会令人终身受益。让我们的孩子在早期养成一个好习惯，这将是他们一生最宝贵的财富。

（孙乐飞）

我和女儿的"战争"

刘绪忠

　　我既是一名老师，也是一名学生的家长。虽然现在女儿已在同济大学读大四，且已凭着优异的成绩保送本校读研，也算是风光无限了，但在女儿的成长过程中，我们父女间的"战争"不断。

　　这些"战争"虽然规模不大，也难见硝烟战火，但在孩子的成长过程中也许都难以回避。如何正确处理、解决，就显得尤为重要。处理好了，能增进家长与孩子之间的相互理解，孩子能健康、快乐地成长；处理不好，也许会成为矛盾的根源，甚至导致水火不容，家庭教育也就无从谈起了。下面选取几个"战争"片段，与大家共享。

一、分本

　　女儿上三年级时，成绩很优秀，还担任班长，每天都像小鸟一样唱着快乐的歌谣。有一次期中考试，各科都是满分。班主任老师一高兴发给她90个学习本，孩子那个高兴啊！晚饭足足吃了平时两倍的饭。我们一边吃饭，一边聊天。"还有哪些小朋友领到本了，领了多少本？"通过交流知道，领到本的小朋友不多，而且第二多的也只有10个本。

　　吃完饭后，孩子呼朋引伴，玩到九点多才回家。她的高兴劲儿依然。当孩子洗脚的时候，我跟她商量："这么多本，你一时也用不完，能不能分一部分给其他小朋友呢？"孩子不大高兴，想哭，说本是自己挣来的，不是抢的，凭什么分给别人？我耐心地告诉她要学会分享，分享玩具，分享糖果，分享自己喜欢的东西，更要学会分享快乐！女儿似懂非懂，但情绪已不那么激动了。

第二天早上上学时，孩子的书包明显比平时要沉一些。等下午放学我接到她时，女儿高兴地看着我说："爸爸，我把60个本分给了全班其他小朋友，他们可高兴了，都愿做我的好朋友。"说这些话时，女儿的脸上洋溢着灿烂的笑容。

二、签名

女儿上五年级时，有一段时间玩心太重，成绩起伏较大。有一次我去接她时，正碰上班主任老师送学生到校门口。老师说，家长要关注一下孩子的语文学习，这一段时间成绩有些下滑。一聊才知道，前天语文考了84分，而且试卷上家长已经签了名（我毫不知情）。这里面肯定有事，但为了保护孩子的自尊心，我把这事敷衍了过去，只是给老师表达了歉意，并表示多关注孩子的学习。

在回家的路上，我一直板着脸，独自走在前面，自行车也没有骑。女儿怯怯地跟在后面，默不作声，遇到其他同学只是尴尬地打个招呼。等进了家门，女儿红着脸拿出了语文试卷，上面模仿我的笔迹的签名还挺像。"对不起，爸爸。我以后不会再犯这种错误了。我一定会好好学习，把学习成绩提上来。"我说："这个错误很严重。这关乎诚信问题，诚信是做人、做学问的根本，以后决不能触碰这个底线。作为处罚，要打手三下，写检讨500字，今晚不能出去玩，而且要尽快向班主任老师承认错误。"女儿尽管不情愿，但还是接受了。从那以后，孩子再没有犯过类似的错误。

三、抢电视

女儿的初中是在市里上的，平时住校，周六、周日回家休息，休息时是有作业的。孩子一般情况是周六上午、下午各学习三个小时，力争把作业做完，周日上午再重点复习一下薄弱学科，周日下午就返校了。中午、晚上一般不再学习，大多看电视、聊天。那时智能手机还不普及，她基本不玩手机，充其量在电脑上玩一玩换装小游戏。

在初二上学期的一个周六上午，女儿吃过饭后就去她的卧室学习了，夫人也加班去了单位。我打扫完卫生后，坐在沙发上欣赏NBA（美国职业篮球联赛）比赛，洛杉矶湖人队和圣安东尼奥马刺队的常规赛比赛，我的最爱啊！为了不影响孩子学习，我把音量调到了最低。

可是，才过了十来分钟，女儿从她的卧室径直地走过来，从我的手中夺过遥控器，调到了少儿频道，她要看动画片！我目瞪口呆，无可奈何地回到了我的卧室，准备打开手提电脑继续看比赛，虽画面小多了，但能看就行啊。可是我再一想，这个时间本是孩子学习的，她怎么会出来抢电视呢？原来不这样啊！难道是攀比心理作祟？她在辛苦地学习，我在放松地看电视，太不公平啦！怎么办？我要是真打开电脑看一上午比赛，孩子也许就会看一上午动画片。不行！我宁可不看心爱的NBA比赛，也不能打乱孩子正常的学习规律。

家里的书有的是，我拿了一本《基度山恩仇记》，认真地看了起来。在这个过程中，女儿也在不断地观察我的动向。她啪的一声关了电源，一声不吭地回到自己的卧室，一学就是三个小时。

实际上，在家庭中，家长和孩子类似的冲突比较多。比较常见的还有手机问题，家长要求孩子学习，自己却要玩手机。这类问题如果处理不好，既会伤害彼此的感情，又会导致双方都不能很好地去干自己应该干的事。我认为，家长要求孩子学习当然是天经地义的，而如果家长此时当着孩子的面玩手机，那就大错特错了。榜样的力量是无穷的！要想把孩子培养成才，绝不只是学校老师的事，家长当然有义不容辞的责任。家长也要看书学习，营造浓浓的书香氛围。

四、复读之争

女儿的高中是在省实验中学读的，平时在班里是前10名，正常情况下考个"211"大学问题不大，发挥好的话，可以冲击"985"大学，她的理想是北京外国语大学。2014年高考，女儿心态不好，压力较大，发挥失常，虽然考了612分，但在班里未进入前20名，最终被省内一所普通大学录取，专业倒也挺好。

女儿在知道高考成绩的第一时间就表示要复读，但在填报志愿时又格外的上心。当孩子拿到录取通知书时，她犹豫了。上大学，不甘心；选择复读，前途未卜，再吃一年苦，压力何其大！为此，家庭会议开了好几次。女儿和她妈妈以及爷爷、奶奶等倾向上大学，再考研究生；而我却坚持复读，冲击名牌大学，而且是去"北上广"！我对女儿说，爸爸相信你的毅力和能力！最终女儿选择了复读。

复读这一年，我的压力是最大的！女儿也经历了千辛万苦！

天道酬勤！女儿第二年高考取得了670分的成绩，并凭借自主招生降30分的优厚条件被同济大学德语系录取。

当然，我并不认为复读就一定好。复读有成功的，也有失败的。不过，我想孩子能经历复读的磨砺，在她的人生道路上应是一笔宝贵的财富。

【点评】

本文所选案例均是刘老师作为家长亲历的小故事，都非常有指导和借鉴意义。刘老师的具体做法告诉我们，家长应该主动走进孩子的心灵，密切关注孩子的表现，能及时发现孩子身上存在的问题，采取智慧的引领和教育方式，达到潜移默化的教育目的。家长不能唠唠叨叨、简单地对待孩子所面临的问题，应站在孩子的角度，切身考虑孩子的感受，同时发挥家长的榜样作用——榜样作用异乎寻常，超乎想象。

（韩树军）

点燃孩子心中的火种，助孩子腾飞

——如何让孩子主动学习

吕相云

我家的孩子上初一了，儿子的表现我看在眼里、急在心里，就连上大学的侄子也对儿子说："你知道什么是鸵鸟状态吗？"是啊，我们现在的孩子有90%以上就像沙漠里的骆驼一样，是被动地、艰难地在学习。这样他是绝对学不好的，因为这样不符合脑力劳动的规律。另一种状态叫"草原上的狮子"，始终处于一种主动状态。身为教师的我更是明白主动学习的重要性，关键是如何调动呢？怎么才能点燃孩子心中的火种呢？

众所周知的故事"一位母亲与家长会"：一位母亲第一次去参加家长会的时候，全班的小朋友中，老师唯独只对她的儿子表示出一种不屑。当孩子问她的时候，她忍着眼泪给儿子说："老师夸你能坐住三分钟了。"儿子那天晚上破天荒地自己吃了两碗米饭，并且没有让她喂。

儿子上了初中，这位母亲去参加家长会时，老师怀疑她的孩子智力上有问题。母亲回家后，又对儿子说："老师说，只要你努力就能赶上前21名了。"说这话时，她发现，儿子暗淡的眼神一下子充满了光，沮丧的脸也一下子舒展开来。当她再一次去参加家长会的时候，差生的名单里没有自己孩子的名字了。她有些不习惯，临别时去问老师，老师告诉她："按你儿子现在的成绩，考重点高中有点危险。"她怀着惊喜的心情走出校门，告诉儿子："班主任对你非常满意，他说了，只要你努力，很有希望考上重点高中。"儿子高中毕业时，到了第一批大学录取通知书下达的日子，学校打电话让她儿子到学校去一趟。她有一种预感，她儿子被清华大学录取了，因为在报考时，她给儿子说过，她相信他能考取这所学校。

再次读罢这个故事，诸位都有值得反思的地方吧！如果老师如此评价我们的孩子，我们又会对孩子持有什么态度呢？结合最近我的反思，来谈谈自己的一点浅悟。

苏联的一位教育家说："家长和教师通常都犯的错误是，他们不了解学习是脑力劳动，脑力劳动所特有的规律是劳动者必须处于主动的状态。"我认为，主要先从以下三点做起。

一、树立孩子的自信心

居里夫人说过："自信心是人们成长与成才的一种重要的心理品质。"一个孩子如果失去了自信，没有"我一定能成才""天生我材必有用"的坚定信念，就不能成人成才，甚至有才能也变成无才能。

故事中的母亲正是如此，不管孩子在哪个阶段，老师是如何评价的，她心中顾及的是孩子的自信。所以，我们要多表扬、鼓励孩子，让他们有成功感、愉悦感，看到自己的发光点，发展自己的长处。对于孩子的好表现和好成绩，我们不妨用放大镜去看，不要吝啬赞美之词，长此以往，对提高孩子的学习兴趣也有一定的积极作用。

二、让孩子了解学习目的

作为家长，我们应让孩子明确：为什么读书？大家都知道，一般人的智力差异并不大，但同在一个班里，同样的老师教，最后的效果却有很大差异。究其原因，就是学习目标是否明确。学习目标不明确，不够刻苦，懒懒散散地过日子，不用功学，这些孩子的学习成绩当然提不上去。久而久之，学生就会对学习失去兴趣和信心，造成恶性循环。

对于目标的树立，我们要分为大目标和短期目标。在平时的生活中，我们要帮助孩子制定一些跳一跳就能够得着的目标，在实现一个个小目标的过程中，同样也帮孩子树立起自信。还是回到开头的故事，如果故事中的母亲一下子告诉孩子去考清华大学，那会是什么样的结局可想而知，但通过诸多小目标的实现，孩子最终走进清华大学已经是水到渠成。所以，小目标的树立尤为重要。

三、培养竞争意识

竞争意识是指对外界活动所作出的积极、奋发、不甘落后的心理反应。它是产生竞争行动的前提。培养孩子的竞争意识，鼓励孩子参与竞争，对于孩子的健康发展具有重大意义。当今的孩子"衣来伸手，饭来张口"，在生活上他们不用"竞"也不用"争"，因而竞争意识相当薄弱，有的只是短暂的好胜心理。俗话说，适者生存，不适者被淘汰。挑战与机遇并存，竞争与成功同在。培养孩子的竞争意识，活跃其思维，已成为社会发展的需要。有竞争，孩子才会不断地学习、探索，才会立于不败之地。但我们应切记：竞争不等同于攀比，尤其对于青春期的孩子，最忌讳与别人攀比。所以，家长不要拿自己的孩子与别人的孩子比较，否则只会适得其反。

主动学习是为孩子奠定身心发展的基础，抛开这点只去谈知识的接受、成绩的好坏，就是无稽之谈。孩子的差异不在于成绩，而在于我们是否找到他们心灵的火种，找到了火种，就能帮助他们腾飞。

【点评】

望子成龙、望女成凤是每个为人父母者的心声。网络信息的快速传播让我们能接触到更多的先进教育理念，但我们必须因材施教。每个孩子都有自己独特的地方。我们只有走进孩子的内心世界，站在孩子的立场上，与孩子平等对话，孩子心中的火种才会被点燃。主动性有了，效率就会提高，创造性也就会随之而来，何愁孩子不会成功呢？

（范继梅）

与孩子一起成长

郝兆安

我初为人父，对孩子的教育也是摸着石头过河，但一路走来，我亲眼看到了孩子的变化。下面与大家分享一下自己的育儿经验。

一、培养孩子的阅读习惯

促使孩子发生变化的原因我自己清楚，那就是——习惯。我知道，孩子的习惯要从小抓起，比如阅读习惯、学习习惯、生活习惯等。尤其是阅读习惯，多年的从教经验让我一直坚信"酷爱读书的孩子，学习更有爆发力"，更相信读书对人的精神成长的影响。所以，当女儿还是婴儿时，我就让书籍陪伴她成长。在孩子6岁之前，由于工作原因，我和妻子商量好周一至周五由妻子陪女儿读书，周末由我陪女儿读书，从易到难，每天晚上睡觉之前，我们都跟孩子一起畅游书海，享受读书的快乐。我喜欢和她一起翻阅那一本本薄薄的图画书，一边翻阅，一边讲述短小有趣的故事，一页一页地翻，一句一句地讲……在故事中，孩子酣然入睡，孩子的阅读兴趣就是在那个时候培养起来的。在孩子4岁之前，以色彩鲜明、图画多、文字少的绘本为主；在4岁以后，以文字渐多、图文结合的桥梁书为主，并逐渐由"亲子共读"自主转入"独立阅读"。我们一起读了《不一样的卡梅拉》《神奇的校车》《安徒生童话》等很多绘本。我早期每年用于为女儿购书的钱大约有三四百元。由于很多书在书店或者图书馆是找不到的，我选书主要是通过网站上推荐的书单和同事朋友推荐的书目，再

55

到亚马逊或当当网站看评价，一般是选择五星级图书。对于绘本阅读，我以国外的经典绘本为主，彩色的图画带给孩子视觉、心灵上的感受与记忆是黑白的文字所不能替代的。那些优秀的图画书给尚小的女儿带来了愉悦和幸福感，坚持了五年多的大量的亲子阅读，仿佛给孩子插上了阅读的翅膀，孩子终于可以自主阅读了。从没有刻意地学过一个汉字、认过一张识字卡片，也不会拼音的女儿，在6岁之前已经能够完全脱离爸爸妈妈的帮扶，尽情地漫步书海。

小学低年级时，女儿的读书以寓言、神话、童话故事为主，例如《没头脑和不高兴》《小猪唏哩呼噜》《安徒生童话》《格林童话》等。小学中年级以后，我们便推荐了国内外各种优秀的儿童文学作品。最简单的方法就是将各类大奖小说囊括其中，如国际安徒生奖、纽伯瑞儿童文学奖、卡内基文学奖、德国青年文学奖……这些大奖小说应该是属于孩子"一辈子的书"。孩子读过了罗尔德达尔的系列丛书《查理与巧克力工厂》《玛蒂尔达》《了不起的狐狸爸爸》《好心眼儿巨人》等，郑渊洁的《郑渊洁十二生肖童话》，马克·吐温的《汤姆索亚历险记》，还有《秘密花园》《导盲犬迪克》《草原中的小木屋》等等。人只有吸取多种营养才能健康成长，儿童也只有在各种阅读、熏陶下经历丰富的体验，心灵才会变得柔软与坚韧、聪慧与务实、自信与博大。

二、背诵中华传统经典

千百年来传唱不衰的古诗词和国学读物是我国优秀传统文化中瑰丽的奇葩，儿童时期诵读一些中华传统经典，还能在传统文化与价值观方面对孩子产生潜移默化的积极影响。利用寒暑假和周末，我经常和孩子一起背诵经典，甚至和孩子比赛看谁背得快。我们背过整部的《论语》两遍，《笠翁对韵》上部已全部背完，《小学生古诗300首》已背完，经典宋词背过20篇以上，《千家诗》已背过一半，我对《大学》《中庸》《诗经》也做了摘录，正列在背诵目录计划中。古代诗词、古代小散文等每一篇经典都值得孩子反复背诵，直到脱口而出为止。有的人要问了，文言文难记又难理解，怎样才能记住呢？如果正经拿出时间来记这些东西，孩子会觉得乏味又容易厌烦，反而打击她的积极性，所以我会把零碎的时间利用起来，让孩子不知不觉就会记住，这里就要用到手机强大的播放功能了。每天孩子起床前，我用手机蓝牙音箱播放国学诵读音频来代替起床铃声，在孩子起床、刷牙、吃早饭的时间，就已经听了十几分钟了，久而久之，听的次数多了，孩子也熟悉了，再记忆就容易得多了。

三、英语阅读——从有声读物开始

我妻子是英语老师，所以很重视孩子的英语学习。但她从不教女儿学习英语，不教语法，不教音标，女儿都是通过反复看动画片和反复听有声读物，无意识记忆单词。在整个过程中，孩子没有感觉自己在学习英语，而是在看动画片，在阅读小故事。从两岁开始，我们的阅读次序是：第一阶段阅读从有声读物开始（看动画学英语），如"Hello Teddy"、"magic Teddy"、洪恩GOGO等。第二阶段，孩子在6岁之后，读《典范英语》第一级，先通过看图画讲故事内容，然后听录音，每本绘本每天跟读3遍，每天阅读15～20分钟，持之以恒。第一级孩子早已能自主阅读，并能流利地说出许多英语句子。

现在家里有了二宝，对老大的学习已经无暇顾及了，但是，习惯已经养成，读书、学习、弹古筝、诵读古诗词，已经深深地印在了她的脑子里，这是每天都要做的事情，所以每天做什么事、什么时候做，我们已经基本不用操心了，她自己就已经安排得妥妥的。这就得益于我们先前的付出，才会有今天的欣喜。

很多人羡慕我有一个很省心的女儿，其实，每个孩子在成长过程中都会遇到各种各样的问题，我也有面对孩子束手无策的时候，可是，只要有爱和智慧，我们就一定能够找出奇妙的办法。

在伴随孩子成长的过程中，我始终坚持想让孩子成为什么样的人，自己就要先做这样的人，时刻为孩子做好榜样。在这个过程中，我们也能变得成熟，变得宽容、睿智、通透、坚强。教育孩子的王道，就是父母执着地栽培自己，让自己与孩子一起成长！

【点评】

郝老师在培养孩子的阅读习惯方面做了几点经验分享，不难看出，要想培养孩子的阅读习惯，离不开家人的陪伴。如果你想让孩子成为什么样的人，首先自己得成为什么样的人。郝老师真正做到了为孩子做好榜样，只有和孩子一起成长，孩子才会更阳光、更快乐。

（韩树军）

唤醒家庭的未来

张洪亮

"丁零零……丁零零……"

正在专心工作的我突然被阵阵铃声转移了注意力，顺手拿起手机。呀！孩子老师的电话，我不由得郑重其事起来，难道孩子在学校犯错了？我抓紧时间跑到无人之处，问道："你好，张老师，有事吗？"没想到电话那头传来了熟悉的稚嫩而又娇气的声音："嘿嘿！爸爸，又是我，不是老师，是我央求老师给你打电话的，可是你怎么这么长时间才接电话呀，难受死我啦，我又不舒服了，快来接我呀。"我不由得蹙紧了眉头，说道："孩子，哪儿不舒服？能坚持不？可爸爸正在上班，离不开呀。""我不，我们班的张三不舒服，一打电话，爸爸就接走了；小红不舒服，一打电话，妈妈就接走了。你怎么这么不爱我、不关心我呀，人家难受还要坚持。"接着一阵撒娇中带着些委屈的哇哇声传来。我不由得心中一紧，赶忙说道："哎哎！宝贝，宝贝，别哭，我接，我这就去接……"或者"宝贝，宝贝，别哭，我正忙着，我这就让你妈妈或奶奶去接。"于是，一家人就手忙脚乱起来……可是一接回来，根本不用也不必去医院，只要手机、电视、电脑都进入了工作状态，过一会儿，孩子就渐渐好起来，哪里像不舒服的样子。诸如此类的问题是不是也时常发生在不少家长朋友的身上呢？

在孩子上小学时，像前面这样的对话经常发生在我和孩子的身上，尤其是当他不喜欢上课，不想写作业，不愿意上学或想得到一个心爱的玩具

59

时。一开始，我夫妻二人也没在意，接回来就交给老人带孩子了，最多下班回来问问咋回事。可是，在小学每学期开始的几周里，这种情况时有发生，并且从一年级、二年级到三年级，次数也多起来，孩子的成绩也越来越低，班主任跟我们个别交流的次数也频繁起来。我们二人终于意识到问题的严重性。

于是，我们夫妻二人开展了深刻的育儿批评和自我批评，并在以下几方面对我们的儿子实施"唤醒"计划。

一、适当"隔离"教育

对于多次出现请假现象的问题，我们夫妻二人和父母经过多次沟通达成一致，让他们只负责上学、放学接送，但孩子一回家，我们夫妻二人必须有一人在家陪孩子，并一再给父母保证，双休日一定让他们48小时全程陪护。我感觉很多家庭因为工作的原因，往往会把刚出生没多久的宝宝交由爷爷奶奶或外公外婆来带，而这种隔代的抚养，往往会造成更多的宠爱甚至溺爱，一般在这种环境下长大的孩子要更加娇气。孩子要吃糖，爷爷奶奶或外公外婆会让他想吃多少就吃多少，但是长了虫牙，还是孩子自己受罪；孩子不想上学，爷爷奶奶或外公外婆也由着他，想上就上，不想上就给点钱让他出去玩，但是若干年后孩子连个养活自己的本事都没有，还是孩子自己吃苦；甚至孩子顶撞长辈，目中无人，唯我独尊，爷爷奶奶或外公外婆也出于心疼孩子，所以不告诉你。你不教育，我不参与，最后社会会替你狠狠地教育他！所以，我们的"隔离"教育是正一正身，修一修心，而不是让孩子由着自己的性子胡来。

二、弹性对待爱的"要挟"

孩子的"要挟"就是利用父母对孩子爱护、关心的弱点，仗恃自己的霸道强势，胁迫爷爷奶奶、外公外婆或父母满足自己的要求。"我不，我们班的张三不舒服，一打电话，爸爸就接走了；小红不舒服，一打电话，妈妈就接走了。你怎么这么不爱我、不关心我呀。"后来当接到爱的"要挟"时，我总是先给老师回个电话，弄明白真正的原因，再对症下药：或适当满足，或适当拒绝。由此及彼，在生活中也是如此：当孩子提出快餐、电视、电脑游戏等方面的要求时，我的"规矩"制定和执行都是有弹性的。在时间管理上，我对孩子有要求，但是执行时也不是那样死板。比如睡觉，孩子突然涌现一个兴趣——想看书，如果不能改变计划，就会让孩子觉得不舒服，其本质就是在破坏孩子对阅读的兴趣，可能让他不再喜欢阅读。我就不再要求必须按时入睡，尽量顺其自然，困了再睡，但必须是双休的周六和周日上午，而周日下午和工作日则按规定执行。当然，孩子的要求既有合理性也有不合理性，在理解了孩子之后，心情会平和，就会试着好好和孩子商量、谈判，用这种方式去和孩子达成妥协，最终采纳的可能是孩子的意见，也可能是父母的主意，还可能是折中或者变通的方案。总之，对孩子要适当满足，适当拒绝，顺乎自然，表现为一种有弹性的爱。

三、补充营养的"磨砺教育"

面对孩子的偷懒不想上学，我在孩子二到六年级的时候，都积极让孩子参加"我是一个兵"军事夏令营的"磨砺教育"活动。一般经过10天有趣而充实的生活，孩子从一开始的不适应变得能够吃苦，从一开始的不知所措变得能够战胜困难，补上经历磨难、吃苦耐劳这一课，来磨砺孩子的意志和增强孩子的责任感，促其成长。记得在孩子五年级的时候，夏令营结束后，在接孩子回家的路上，孩子拿出这次"磨砺教育"所留下的最后一个任务：给家长读军训日记和展示军训照片。他在日记中这样写道："爸爸、妈妈：在这十天里，我交到了许多好朋友。训练中，我们一起努力；晚会上，我们一起合作；战场上，我们并肩作战。在营地，我的许多小战友都表现出了良好的自理能力：自己洗衣服，自己梳头，自己叠被子……有些在家中不经常做家务的小战友也在教官、生活老师和小朋友的帮助下开始进步，并做了'我是今天的爸爸和妈妈'的活动，来管理其他的小朋友，我才知道我真是太淘气了，太没有责任感了，怎么能拿学习当儿戏呢？怎么能不写作业只想玩游戏呢？怎么能为了偷懒骗人呢？……这次活动才让我体会到爸爸、妈妈的不容易，从明天开始我要分担家里打扫卫生、烧菜洗碗、洗衣服等力所能及的工作。"于是我家的儿子把我们感动得"一塌糊涂",得到了"小皇帝"般的待遇:孩子战胜困难了,应奖励更多的零用钱;孩子成熟了、进步了,应当再去旅游一次,美其名曰"亲近大自然"。

当然,活动毕竟是活动,"磨砺教育"无法代替生活,生活的魅力就在于它的不可预知性。试问一个已经知道结果的"磨砺教育",又怎能和生活中的"望尽天涯路"式的困难相比呢?但是,在这些活动中,我们要试着放手,让孩子独立自理、勇于担当、学会自立才是根本。

孩子是父母爱情的结晶,更是父母一生的事业。每个孩子来到世上时都带着天使般的纯洁与天真,宛如一张白纸由教育的笔墨去书写涂画。虎爸狼妈不足取,一味地溺爱更是让孩子的人生道路增加了无数崎岖。我们有幸在人生路上陪伴孩子前行,就要善于思考、勤于总结,让孩子在我们的呵护与培养下茁壮成长,不求为社会做多大贡献,只求他能顶天立地,无愧于人生旅途。

【点评】

我们常说,陪伴是最好的家庭教育。而陪伴不单单是指父母在孩子身边不离开,更多是指精神与心理上的相依相伴。父母会渐渐老去,会慢慢跟不上孩子前行的脚步,但是父母给孩子的影响将历久弥新,伴随孩子一生。

(陈其楠)

用心助推孩子幸福成长

张志成

关于现代家庭教育，一种较为普遍的现象就是：一部手机、零食或游戏足以解决孩子不听话的问题。有些家长拿出大把大把的金钱去给孩子买高档的玩具，并对自己的这种教育方式乐此不疲。诸如此类的缺乏教育方法和知识的家长还有很多。那为什么就不能花点功夫，去研究一下孩子的教育规律和教育方法呢？

一、对待孩子需要有润物细无声的耐心和信心

有人说，教育是陪伴，教育是榜样，教育是训练，教育是眼界，教育是包容。而我觉得，教育是春雨，润物细无声；教育是等待，静候花儿开。

小祥和我经历了一个多学期的磨合，他的突出问题就是：在学习方面，上课容易走神，小动作多，懒散，目标不明确；在生活方面，爱骂人，易怒，做什么事情都坚持不下来，喜欢看课外书。经过调查发现，小祥的妈妈和爸爸做生意，孩子跟着奶奶，多数时间是奶奶隔代教育，打不得说不得。在小学的时候，爸爸妈妈经常回家后大声训斥他，嫌他不学习，夫妻经常会因为孩子互相埋怨，爸爸有时甚至打孩子。

怒气是教育的大敌，是心灵的施暴者。事实上，只要我们做家长的能静下心来、耐着性子，按照教育规律去教养孩子，一定能收到意想不到的效果。当我们明白，抚育孩子的责任无法推脱，只能由我们来承担时，那

我们就应坦然地面对和接受。当我们对孩子要发怒、要斥责时,先要转移一下视线,深吸一口气,思考一下这是否会给孩子带来伤害,并换一种方式来对待孩子。

二、陪伴和尊重是最长情的告白

小琪是一个生活在离异家庭的女孩,跟着母亲,还有一个弟弟。母亲经常加班,对孩子的要求非常严格,将一切期望都压在她的身上。小琪上学期间积极表现自己,勇敢地担任了体育委员,其实她身材瘦小,无论是体育方面还是能力方面,都不是太好,虽然这样,但是我决定让她尝试,后来还担任了副班长一职。其间我发现,这个孩子虽然看着瘦小,但是在班里为了树立威信,经常对同学大声吆喝,谁跟她顶嘴,她就报复谁。有的男生很不服气,她还动手打人。她在宿舍里也很强势,在老师面前很想表现自己。与同学交往,她不会用柔软的方式与他人相处,总是显得硬邦邦的。

陪伴,是最长情的告白。戴维·埃尔金德说:"孩子们最需要知道的是,他们对父母很重要,永远都被爱围绕。"只有在生命最初给予用心的陪伴,才会将满满的爱浸润到孩子的心田,让他有足够的底气在跌跌撞撞的人生路上自信地前行,有足够的底气将爱传递给更多的人。我认为,家长要懂得尊重孩子。对孩子严格要求是好事,但是不讲原则,不尊重孩子的自尊心,不问青红皂白就是我们家教的盲目。其实,孩子虽小,但他们也懂得被尊重的快乐。作为父母,我们是不是懂得尊重是一种富有鼓舞作用的教育方式?父母的尊重可以使子女感到他们与父母处于平等的地位,从而对父母更加尊重、敬爱,更加亲近,也更乐于向父母倾吐心里话,并乐意接受父母的意见。这有利于增进父母对子女内心世界的了解,有助于父母在教育子女时做到有的放矢,获得更好的效果。反之,不仅会伤害孩子,还会失去孩子对我们的信赖,教育孩子又从何谈起?那么,我们该怎样尊重孩子呢?我认为,要允许孩子表达自己的想法,发表自己的意见。孩子说得对,我们就加以鼓励。如果孩子认识有偏差或者做法不对,那么我们就教给孩子如何去分析和判断的方法,不要用偏激的言辞去斥责,要循循善诱，让孩子真正感受到"动之以情，晓之以理"。

三、良好的习惯需要培养

习惯是养成的，是一个渐变的过程。

父母是孩子的第一任老师，也应该是孩子终身的老师。作为孩子直接的学习对象，父母所肩负的责任非常重大。随着孩子的成长，父母作为孩子老师的使命不仅远远没有结束，而且更加艰巨。可以说，父母最重要的责任就是帮孩子养成良好的习惯。

小宇没有养成好的学习习惯，经常不交作业或不按时交作业，有时甚至不做作业，还有谎称作业做了但落在家里的现象。课堂作业拖拉的次数较多。上课精力不集中，爱玩手，有时发呆。是什么原因造成这个孩子有如此多的不良行为习惯呢？通过平时的观察、与家长的沟通及与孩子的倾心交谈，我初步找到了原因。

个人原因：特别贪玩，对学习兴趣不大，怕写作业。周末妈妈看店，他玩电脑、手机，导致作业不能按时完成，还养成了撒谎的毛病。

家庭原因：父母不在身边，爷爷奶奶溺爱孩子，孩子的作业有没有完成或完成得怎么样都没怎么去管，父母与孩子的沟通交流时间少，长此以往就造成了孩子在注意力和自控力方面存在问题。

我以前分析过他上课不注意听讲的原因，每件事都有内因和外因，小宇学习不好的内因主要是自控力差、好动，不知道听讲的重要性。他经常课上没学会，或者自以为学会了，其实根本没学会，因此做作业的时间总是很长，每天晚自习好像都做不完作业。我根据前面分析的原因，将听讲作为实施教育的关键，而落实听讲，必须从思想工作做起，并克服外因的干扰和影响。在他的努力和同学的帮助下，这孩子的学习也有了一定的提高。

《三字经》里早就讲过："养不教，父之过。教不严，师之惰。"由此我们可以看出，孩子的成才，学校和家庭乃至社会都负有重大责任。"家庭是习惯的学校，父母是习惯的老师。"只有家庭教育和学校教育相结合，家长和学校、老师紧密联系，经常沟通，我们才能为孩子创设更好的成长环境，让孩子健康成长，成人成才。

【点评】

世间诸多职业都需要有从业资格证，唯独父母一职从不需要严格的考试，这就导致许多父母对孩子任其自然，随意让孩子面对社会的许多考验。但父母实则是最难做的"职业"，需要耐心信心、陪伴尊重、悉心照顾。如果你用心去做，也必将收获最好的独一无二的硕果。

（陈其楠）

坚持，让孩子越来越优秀

李守国

我是一名普通的体育教师，在自己的成长过程中养成了认准目标就坚持下去、不达目的绝不放弃的习惯，所以在教育孩子的时候，我也时时刻刻给孩子灌输坚持的理念。

我的女儿小名叫佳佳，从小就胖乎乎的，不喜欢运动，还经常生病。为了让孩子健康快乐地成长，每天下班回家，我都坚持带着孩子下楼玩耍，不管是什么运动，都让她积极参与进去。像捉迷藏、"冰糕化了"、"老鹰捉小鸡"等等各种各样的游戏，我都陪她参与其中，就这样坚持下来，现在孩子身体棒棒的，身高172厘米，比我还要高呢！这就是坚持的力量啊！

进入小学以后，自然而然孩子的学习提到了日程上。学校的生活是丰富多彩的，孩子每天回来都高高兴兴的。但是对于老师布置的作业，孩子由于玩耍的心很重，只想下楼和小朋友们玩，根本不愿意去做作业。于是，我就给她许下了承诺：只要先回家做完老师布置的任务，老爸也陪她玩。她眨了眨眼睛，认真地想了想，说："好啊！爸爸也要陪我做作业。""行，没问题。"我们签下了协议，每天放学后孩子就回家做作业，我在一旁陪着她，完成任务后就一起高高兴兴地下楼找小伙伴做游戏，玩得好开心。就这样，孩子每天都是安排好老师布置的任务后，再出门和小朋友们玩，养成了习惯。有时我会问她：要不咱们先去玩，再回家做作业？她说：不，我要坚持，看准目标，就要坚持下去。六年的小学生活就这样在孩子每天的坚持中度过了，六年中老师也从没有因为孩子没有完成作业而找过我。这样的坚持也让孩子受益匪浅。认准目标，坚持下去，就一定能取得好的结果。

孩子进入初中以后，做事都养成了坚持的好习惯。当排球成绩不稳定时，她就把排球拿回家里，利用中午和晚上的课余时间刻苦练习垫球，不管学习任务有多重、作业有多少，孩子都坚持训练。这样一个月以后，在排球考试中，垫球满分通过了。孩子可高兴了，考试回来后兴高采烈地对我说："爸爸，排球我考了满分，并且一次通过了。"我也高兴地说："孩子，这就是你坚持的结果。无论如何，坚持就会有好的结果。""嗯，我一定会坚持下去的，耶！"她调皮地用手指做了个胜利的动作。看着女儿高兴的样子，我也由衷地激动，我的坚持换来了孩子的坚持，这样的坚持会让她受益终生。

三年的初中生活在各种各样的坚持中度过了，孩子也以优秀的成绩考上了长清一中的推荐生，进入一个更高的学习平台。我相信，孩子会在坚持中变得更加优秀，我期待着她取得更好的成绩。

【点评】

李老师在教育孩子的过程中，充分认识到"坚持"的巨大力量，在陪伴中逐步培养孩子坚持做事的良好习惯，正是"坚持"的力量使孩子越来越优秀，并取得了优异的成绩，令人欣喜。其实，每个孩子都能做好一些事情，都能做成一些事情，之所以有些孩子不能超越自我而变得更优秀，很重要的一个原因就是没有养成坚持做事的良好习惯。水滴石穿，绳锯木断。请大家切记：三天打鱼，两天晒网是做不好事情的！家长要引导孩子养成坚持做事的良好习惯，让孩子在坚持中越来越优秀！

（韩树军）

孩子成长过程中的教育故事

孔庆礼

自从孩子落地那刻起，我就体会到了责任，就有了一种全新的期盼，盼望着孩子学会走路，盼望着孩子学会跑，盼望着孩子去上学……孩子在期盼中长大，我也在不断地负起作为父亲的责任，不断地培养孩子的各种习惯，不断地发现和解决孩子成长过程中遇到的问题。其中有很多的快乐，也有太多的忧愁与烦恼，不过我个人认为，我的孩子虽不是那么的优秀，但也是一个乐观健康的少年。下面我就说一下孩子成长过程中的一些琐事和感悟。

一、好的习惯是坚持下来的

从孩子第一天上学起，我就让孩子养成按时上学、独立认真完成作业的好习惯，可以说，孩子从上学到现在马上就八年的时间，从未有过无故旷课的现象，老师布置的作业都能够独立完成。我记得在小学五年级的时候，有一次，孩子身体不舒服，下午放学回家就睡觉了，晚饭也没吃，作业肯定也没做。作为家长，我很担心焦虑，可也没办法。到了第二天凌晨3点多钟，孩子醒了，应该是状态好多了，第一句话就是"我作业还没做呢"，于是就下床拿书包要写作业。孩子母亲心疼啊，就劝孩子不要写啦，可是我支持孩子写（尽管心里也很心疼）。孩子写完作业后，我"狠狠地"表扬了他一番，并告诉他一些坚持的道理。孩子能在这种情况下坚持下来，他的意志力得到了磨炼。还有一次，周末放假前孩子因病打吊瓶而没去上学，周末作业不清楚，我就亲自跑到学校找老师咨询和领取，让孩子能正常完成书面作业。我这么做不是因为怕孩子少学多少知识，而是让孩子养成一种坚持的习惯。

进入初二后，英语难度加大，孩子感觉有些吃力，我也着急，就想办法解决。经过多方交流探讨之后，我让他在手机上下载了一个记单词软件，每天记10个单词，白天没时间，就只能晚上抽出十几分钟的时间。头几天，孩子感觉新鲜好奇，做得还不错，可是随着时间的推移，他就有些厌烦，想打退堂鼓。我和他进行了长时间的沟通交流，让他明白了这样做的意义。孩子现在已经坚持快半年了，再也没有出现厌烦的情绪，并且积极主动地完成每天的任务。这让我很欣慰，不管学到的知识有多少，能让孩子坚持下来就是成功。

二、孩子的自信心需要培养

孩子小时候性格偏于内向、没自信心、不善于交流，课上老师提问，他从不回应，这可让我伤透了脑筋。

有一次，我碰到一个"机器人培训机构"宣传活动，孩子很感兴趣（本来孩子就喜欢拼装之类的玩具），我就给他报了这样一个班试学一下。一开始，孩子不怎么和老师同学交流。随着课程的进行，孩子学得很快，无论是原理掌握，还是动手操作，都比其他孩子快一些。逐渐地，孩子和老师同学"打成一片"。更让我没想到的是，孩子在课上表现很积极，回答老师的问题时很有自信，后来孩子在与我们或朋友交流时都带着自信的笑容。我这才发现，孩子不爱交流是因为不自信，还没有发现自己的长处，总感觉不如别人。我就利用这一契机多给孩子创造表现的机会，来增强他的自信心。后来就让他学习吉他、围棋、魔方、乒乓球、篮球等，增加与朋友同学交流的机会，逐渐地让他学会了如何表达自己。特别是魔方2~6阶及各种不规则的类型，他都通过和朋友交流及网络自学完成，并能给别人讲解玩法。再就是吉他的学习也给他带来了几次上台表演的机会，从孩子的表现来看，他已不再怯场，甚至信心十足。在此基础上，我又想了一些办法来提供让孩子跟朋友同学沟通交流的机会，比如在周末约着同事或朋友几个家庭一块近距离游玩、聚餐、看电影、玩游戏等，寒暑假去外地旅游、参观名胜古迹等。通过共同努力，孩子现在已经是一个活泼、开朗的阳光少年。所以，当父母的不要用其他孩子的优点去比自己孩子的缺点，而是要用放大镜看到自己孩子的优点，要鼓励孩子，让他自信，从而达到培养孩子良好品行的目的。

三、孩子的表率是需要家长来做的

我认为，人生成长不应该成为一件痛苦的事，让孩子快乐地成长，应该是家长的一种责任。想让孩子快乐，首先自己要快乐，用自己的快乐去引导、感染孩子。在我孩子的眼中，我很幽默，常常讲一些让人开怀大笑的故事，做一些让孩子捧腹的滑稽动作，扮出让人忍俊不禁的超怪鬼脸，时时会把快乐的情绪传递给他。更重要的是，我做好孩子的表率。尊敬我们的父母，做事情要遵守纪律，教育孩子回家时见到谁都要打招呼，要主动帮助父母做家务。现在我孩子每天一回到家，都会主动和长辈打招呼，已学会煮饭、洗菜、煎蛋、拖地板等家务，而玩电脑游戏、看电视，每星期只有在周末才能允许，并且每次只能玩1小时。我们自己也一样，平时在家不玩手机、不看电视。这个规定孩子遵守得很好，所以说家长的表率必须做出来，孩子的好习惯才能培养起来。

四、陪伴孩子是金钱买不到的

孩子不是需要我们的金钱，而是需要家长的陪伴！在这点上，我感触很深。在孩子三四岁的时候，由于工作原因，我早晨走得早，孩子还未起床；晚上回家晚，孩子已经睡着了。一天中只能在中午陪孩子，如果我中午再有事，那孩子就一天都看不到我。有一天晚上回去早点儿，当我敲开门进去时，孩子边往外推我边说"爸爸走，不准进来"，我当时心里的滋味不言而喻，眼泪不受控制地往下流。通过这件事和后来我读了苏霍姆林斯基的《给儿子的信》，引发了我对孩子教育的思考，促使我开始对教育孩子加以反思。只觉得有一句话很深刻，这句话简单得不得了——"人需要人！"它的意思是，一个人必须在人的环境下才能长成完整意义的人，也就是他需要别人的存在，对他予以确认、理解、鼓励，最后才能建立独立的人格！孩子在出生后，如果他的成长处在一种孤立无援的状态，他就会孤独、无助、没有安全感，因此需要家长的陪伴。否则，他会渐渐产生恐惧感、对人生的无助感，也就没有办法成长。太多的家长由于自己事情太忙就用钱打发孩子，其实大错特错。陪伴比什么都重要，我现在可以说只要孩子在家就回去陪他，曾经做错的事不能再出现。

生活中的琐事随时随地都会发生或存在，每一件事都值得我们去思考感悟。生命的每个时期都是需要不断成长的，孩子有不着边际的感悟、与时俱进的成长，大人也需要感悟、需要成长。教育好自己的孩子是我们作为父母的责任。尽管我的孩子不是那么优秀，但我只期望他成为一个快乐、健康、阳光的少年。

【点评】

好习惯使人终身受益，培养一个好习惯需要长期努力，而把这个好习惯坚持下来，那得需要多大的毅力！孩子需要呵护，孩子成长需要悉心陪伴，更需要我们的耐心和坚持！

（贾传军）

专题二　沟通

导读：架起亲子沟通的桥梁

——亲子沟通的有效性

范继梅

　　沟通是父母教育孩子的最基本形式。世界上好的教育是在孩子和父母的沟通中不知不觉地获得的。缺少沟通和沟通不畅的生活是枯萎的生活，父母与子女的沟通是情感的需要，也是成长的需要。家长如何与孩子进行有效沟通，是当今父母亟须学习与深入探讨的话题。

　　经常听到不少父母抱怨：现在的孩子太不听话，好好给他讲道理，他却嫌唠叨，要么就是歪理比你还多，一见自以为是的孩子就烦。父母为孩子烦，孩子嫌父母烦，这样父母和孩子能交流才怪！除了张口讲道理，家长的实际行动也很多，但往往事与愿违。家长越是试图用各种条规约束、后果威胁和奖赏刺激来管理孩子的行为，家长与孩子之间的争斗就越激烈，叫喊就越疯狂，摔门声就越刺耳，声音就越冷漠，眼泪就越不值……

　　但问题出在哪里？是孩子的问题、父母的问题，还是沟通方法的问题？本书的"沟通篇"给出了大家想要的答案。孩子有问题，但父母身上肯定也有问题，因为问题孩子的背后是问题家长和问题家庭。当遇到问题时，父母内心的担忧、语气的急促，使谈话变得不讲究方法和效果，而只有情绪的宣泄，如此便容易使听者产生排斥、逆反心理，沟通被迫受阻。"沟通篇"为你提供了许多有效的方式去理解和回应孩子的行为，学习并使用案例所提供的这些沟通的方式方法，将帮助你与孩子建立起充分的信任。你不需要琢磨如何改变孩子的行为，也不需要为了减少冲突来控制什么。案例所提倡的养育之道，从很多方面来说都是更有力度，更为简单，更加回归本性，也更符合长远的养育目标，每个案例都是建立在父母跟孩子一起缔结的深厚感情的美好感受之上的，唯一要改变的就是父母自己的行为。它的美妙之处在于，当我们这些做父母的改变了自己的行为后，孩子的行为就会随之改变。

让我们一起总结一下"沟通篇"中家长与孩子进行有效沟通的方式吧！

理解尊重是亲子平等对话的前提。理解和尊重是沟通的前提，沟通交流只能在这一基础上进行和完成。这就意味着沟通双方是平等的，代表着彼此是可以相互接纳的。绝大多数的家长在与自己的孩子进行沟通时，总把自己放在优势的位置，把孩子当成自己的附庸品或者没有独立人格的自然人来看待，采用一种不容对方质疑的教训语气和孩子进行沟通。说话时总是用诸如"不行""应该""听我的""这样做"等表达方式。这往往与命令、斥责、否定、训诫、威胁甚至暴力等相联系，效果是最差的。面对自我意识越来越强的孩子，为人父母者应思孩子之所思，想孩子之所想，站在他的角度来感知、体会、思考问题，切不可动辄训斥、指责甚至奚落自己的孩子，否则只会伤害孩子的心灵。父母与子女应该成为能够相互理解、相互信任、相互帮助的知心朋友，才能消除沟通上的障碍，才能使子女向父母坦露心灵，父母也才能对孩子进行适当的指导。作为父母，我们平时应更多采用平等商量的口吻与孩子沟通交流，说话时多采用诸如"我认为……"或者"我觉得……"的句式，让孩子有一种平等感、亲切感，这样孩子就愿意把心里话告诉父母了。

认真倾听是亲子有效沟通的基础。家长只有先倾听孩子的心里话，知道孩子想什么、关注什么和需要什么，才能有针对性地给予孩子关心和帮助，也会使以后的沟通变得更加容易。优秀的家长非常注意倾听，即使自己不感兴趣的话，也能耐着性子听，并且注意发现孩子谈话中的闪光点。所以，孩子向你倾诉高兴的事，你应该表示共鸣；孩子向你诉说不高兴的事，你应该让他尽情地宣泄，并表示同情。发现孩子能够正确运用成语，要给予赞赏；发现孩子能够慷慨陈词，有理有据地争辩，就应该有意地惊呼："我家出了一个雄辩家！"在倾听时，你可以使用"嗯""噢""是吗""后来呢"等词语，表示你在认真地倾听，鼓励孩子继续说下去。这样不但孩子愿意经常和家长沟通，而且还会有效提高沟通的质量。

言行一致是亲子和谐沟通的保障。在亲子沟通中，言行一致至关重要。如果家长对于自己很难做到的事情，却要求孩子做到，孩子没做到，家长反而给予批评，这时沟通自然就会出现问题。孩子会想：你们都做不到，为什么让我做到？让我做，你们为什么不做？所以，我们每一个家长都要尽量避免苍白的说教，要身体力行为孩子做出表率，用自己的行为感染孩子，并且注意在沟通时不要轻易给孩子任何承诺，而一旦承诺就必须做到，做到了才有能力和资格跟孩子沟通，亲子关系才能达到和谐的氛围和状态。

形式多样是亲子有效沟通的助力。与孩子进行多种不同形式的沟通，是有效沟通策略的重要组成部分。沟通的地点是开放的，可以在家中，也可以在散步时、游玩时、活动时。沟通的方式是多样的，不只限于语言交谈，也可以用纸条、QQ或微信留言等方式，还可以创建一个家庭网站或者博客，利用网络交流，这样的沟通方式往往能引起孩子的兴趣和能动性。寻找合适的沟通切入点，也是有效沟通策略的一个组成部分。家长在与孩子进行沟通的时候，要找准合适的时机，找到合适的切入话题。如果沟通是从身边事、眼前景开始的，就更能取得良好的沟通效果。

父母与孩子的沟通是两代人互相取得理解的桥梁。只有良好的沟通，才能让父母了解孩子，让孩子理解父母，让父母和孩子在遇到分歧时得到最大程度的统一。这对于铸造孩子健全的人格，培养他们适应生活的能力，起着至关重要的作用。

希望家长们通过此文能够加深对亲子沟通重要性的认识并认真对待与孩子的沟通，也愿"沟通篇"中的案例能够带给家长们更多实用性的指导，最终真心期望着家长们和孩子们的心靠得越来越亲近，近到不再有距离。

该以"谁"为中心

贾传军

生活中有这样一类人：他们话不多，口才也不算好，但跟他们沟通起来一定会令人觉得很舒服、很受用，如沐春风，几句话就让你忍不住点头说是。我们都很想成为这样的人，尤其是在孩子面前，更想成为话不多却能让孩子接受的父母。面对着越来越富有个性的孩子，怎样进行沟通，对父母来说是一项非常重要的能力。既然如此，我们就先来做一道选择题，测一测我们的沟通指数。

早上起床铃响了。

孩子说："妈妈，我太困了，我不想早起上学，太痛苦了。"这个时候，你会选择下面的哪种回应呢？

A. 不想起也得起啊，不然就要迟到了。

B. 我教你个方法啊，把被子使劲一掀，立马清醒了。

C. 你不想起，谁想起啊！我们也想多睡一会儿，但是要工作啊，咬咬牙就过去了，坚持几天，慢慢习惯就好了，我就是这么做的。

D. 不想起就算了，就迟到吧。

有时候我们会很无奈地发现，不管我们怎么说，孩子的反应只有一个："哎呀，烦不烦呢，我还不知道要迟到？我只是说说而已。"

那么，孩子最想要听到的回应是什么呢？很简单，就是回应他："是的，早上起床真的很痛苦！"就这么简单吗？仔细想一下，这句话好像没什么用啊，又不能帮他解决问题，而其他几种回应方式，要么是给观点，要么是给方法、给指导，总还是包含了一些有用的信息。那为什么看似最没用的一句话，确实让人听起来觉得最舒服呢？

这就涉及沟通的第一定律：在沟通的过程中，每个人最本能的关注都是自己。在刚才的对话中，你也许会觉得孩子需要你给他一些有价值的建议，但事实上他最需要的只是自己"被看见"。那什么是"被看见"呢？很简单，一切的关键就在于以"谁"为中心。以"你"为中心，站在你的语境，你就是主角，我所要做的就是尽力去听到你的心声。但我们的沟通往往最后会变成以"我"为中心，站到自己的语境里。从表面上看，自己仍然在听孩子讲话，可是我们真正在乎的是"我"看起来表现得怎么样，所以我们就会忍不住把自己的建议和观点强加给孩子，一味地把我们想让孩子知道的东西塞给他，而不去真正感受孩子最想要的是什么。虽然最后我们给了孩子一堆看上去有用的帮助，但事实上是出力不讨好。这种以"我"为中心的沟通叫作"I型沟通"，"I"代表"我"。也许我们会说，主语虽然是"I"，但自己其实是为了帮他解决问题，最终的目的还是为了他呀。那就要提醒你一点：你要帮他解决问题就要弄明白一点，那是他的问题。如果弄不清楚这一点，就会陷入一个陷阱，在沟通的时候分不清楚彼此的边界，这是"I型沟通"的典型特点，最后解决问题的关键人物变成了"我"，而不是他。暂不论你多想帮他解决问题，都要清楚这个问题的归属是他。

回想一下刚才的四个选项，"我提醒你会迟到，我建议你用这种方式起床，我认为你应该再坚持一下，我甚至都帮你想好了更长远的打算"。这些就是"I型沟通"的口头禅，"我提醒、我建议、我认为、我想好了"，总之有办法的都是"我"，似乎"我"才是解决问题的主角。事实上除给答案以外，"I型沟通"还会不自觉地释放出其他很多信息：不仅是给答案，还会给评价。"你要是这么想就好了，你怎么连这都不会呀，你早就该听我的……"即使你没有明说这些话，这种评价似的信息也会隐藏在你的信息中。"我觉得这事很简单啊，我觉得你早就该听我的，我觉得你可以再想想……"这些言语背后其实都是对孩子的否定。让我们来想一想，当我们听到这种"I型沟通"之后，内心的感受是什么？"他对现在的我不满意，他不喜欢我，他认为我没有思考过，他以为我没有能力解决这些问题……"所以，我们看上去是在帮助孩子解决问题，说是对他好，可是在这种浓浓的善意的包裹之下，孩子感觉不到我们所要传递的信息，包括规劝、说教、训导、评论和警告等等，而且在这种帮助下，我们剥夺了孩子自己解决问题的机会，他感受到自己被否定了，被指责了。我们是为他好呀，即便孩子因此而产生了内疚、羞愧、愤恨和自卑等感受，他也觉得像是包裹在一层棉花当中而无处释放，那我们跟孩子之间就会产生隔阂，这对沟通毫无益处，他可能会用自我封闭的方式来防御而保持沉默，就此关上沟通的大门，不再向我们表达自己真实的情感。

产生"I型沟通"的根本原因，是我们在沟通的时候忘记了，该以"谁"为中心。我们总是把我们自己的立场放到别人的问题当中，给他评论或判断，可是我们忘记的是他自己的痛苦、委屈、沮丧和难过等各种真实的感受。快乐也好，痛苦也罢，那都是属于他的人生感受。如果我们真的想跟他建立沟通，那就应该调到他的情绪频道，以"他"为中心，把"我"换成"你"，把"I"换成"U"，变成"你觉得，你认为，你感受到的"等。我们把这种沟通方式称为"U型沟通"。个体心理学家阿德勒提到"课题分离"，课题分离是一切人际关系的出发点，其核心理念是"谁困扰谁负责"。如果运用到沟通当中，就是"他困扰他负责"。

以"他"为中心，来看看具体怎么用吧！

学会发放邀请卡，打开他的话匣子。以"他"为中心，就是邀请他说出更多。想象一下，那个话筒是一直举在他的嘴边的，而你要做的，就是请他说出更多的感受、想法。也许你可以说"噢，是这样啊！""愿意更多地说一说吗？""愿闻其详，可以展开来讲讲吗？"……这些话表面上没有什么信息量，但表达出来的是"我愿意了解你更多，我尊重你的感受，我期待你跟我分享更多"。这些话就像一张一张邀请卡，帮我们打开了和孩子沟通的大门。

【点评】

沟通，是心与心的交流，是思想与思想的碰撞，而不是一味地让别人接受自己的观点。父母如何跟孩子沟通？本文作者给我们提供了一种比较好的沟通方法，那就是变"I型沟通"为"U型沟通"，设身处地地站在对方的角度想问题，让对方愿意跟我们沟通，正如一首歌里唱的"悲伤着你的悲伤，幸福着你的幸福……快乐着你的快乐，追逐着你的追逐"。

（张金兰）

三思而后行

王荣光

又一家长因发现自己的女儿在QQ聊天软件上被同学骂而来到学校。

家长不是来找自己孩子的班主任，不是来找骂她女儿的学生的班主任，也不是来找学校相关部门，而是直接来找骂人者。家长气势汹汹地警告骂人者不许侮辱自己的女儿，更不能影响自己女儿的学习和生活。类似这位家长的情况不在少数。家长的心情可以理解，可这种找到学校进行自我处理的方式也失之妥当，因为恐吓式的、简单的甚或粗暴的解决问题方式，其效果未必理想。那更好的处理方式是什么呢？

我想到了我之前处理的同样是学生在QQ上骂同学的事件。对事件的处理，我同上面的家长一样，在冲动之下操之过急，后果却……过后三思，我明白了，在缺乏三思之下的冲动处理是多么不妥当！引起的后果是多么严重！补救所造成的不良影响是多么艰难！

事情的导火索是一次换位。这次换位引起了班内一个男生对和他换位的女生的不满，加上之前两人就有言语上的矛盾，新仇加旧恨，更使这个男生怀恨在心。于是，他采用了在QQ上发红包（红包上是骂人的话）的方式发泄对那个女生的不满，言语一次比一次低劣，一次比一次恶毒。红包引得其他看热闹或别有用心的学生的哄抢，并有越传越烈的势头。纸里包不住火，被骂女生的妈妈打电话寻求我的帮助，并一再提醒并请求我尽量委婉或隐蔽处理，以免给她的女儿造成更大的不良影响。我答应了，本想只对发红包的男生进行严肃处理，可是，在实际处理过程中，因发红包的男生对此事的强硬态度，再加上对参与此事的其他几个学生所表现出来的无所谓的失望，还有感觉自己班主任的权威遭到集体挑衅的愤怒，瞬间让我怒气飙升。在怒火攻心之下，失去理智的我不分场合、不分时间、不加掩饰地表示了对骂人者及抢红包学生的蔑视。我义愤填膺地历数着他们行为的不端、言语的肮脏、法盲的可悲，劈头盖脸一顿训斥之后，怒不可遏的我又让他们全部将桌椅搬到最后一排，表示出对他们的极度失望。最终我的情绪得到了宣泄，但是孩子们开始疏远我，开始有意无意地抗拒我。问题没有因为我的处理而化解，反倒激化了当事人之间的矛盾。被骂女生被集体冷落，一度想要退学，甚至有了轻微的抑郁，家长为此很是担心。此事的处理，让我变得很被动。参与骂人的学生觉得我处理不公平，受到斥责的学生的家长认为我不应该这样对待他们的孩子，被骂学生及家长嘴上不说，但心里埋怨我把事态扩大是毋庸置疑的。我百口莫辩，有口难言。

再回到案例开头提到的家长到学校警告骂人者事件，感觉与我曾经的做法有着不谋而合的欠妥之处。欠妥之处在于：当面直接质问骂人者，引起对方反感甚至导致冲突激化；没有冷静地有层次地去处理问题，从而没能做到"大事化小，小事化了"。吃一堑长一智，再遇到此类问题，我想无论是作为老师还是作为家长，都可以这样做：一是要先数十个数（也可以数一百个数），这样做的目的是无论如何先要让自己冷静下来。二是不要盲目地相信自己孩子的一面之词，因为很多事情是一个巴掌拍不响的。

所以，要先通过孩子的班主任或其他当事人多了解当时的情况，做到胸中有数。然后，对于骂人者可以试着采取以下处理方式：

首先，如果确属骂人者言行不当，可先拜托班主任了解情况后，让班主任来做骂人者的思想指导工作。如果当事人知错认错了，那就让孩子们互相道个歉即可，毕竟冤家宜解不宜结。

其次，找一个"和事佬"（会做调节工作的、对方易接受的人）来，当然也可以是自己（前提是冷静并礼貌地）和骂人者的家长联系一下，告知家长其孩子的行为，请家长加强对自己孩子的引导和教育。在这个过程中，家长要记住，这是孩子们之间的矛盾，万万不可升级成家长与家长之间或家长与学生之间的矛盾。

第三，加强对自己孩子的引导和教育，让孩子认识到网络是把双刃剑，稍有不慎就会伤人伤己。未成年人尽量少在或不在微信群、QQ群及其他公开的网络上发言、晒自己的生活或公开自己的信息，以免给心存不良的人或不法分子留下机会辱骂或攻击自己。

第四，如果自己在网络上遭遇到人身攻击，对于不良分子的违法犯罪行为，可以报警，通过法律渠道来维护自己的正当合法权益，千万不可以其人之道还治其人之身，以免让自己成为一个违法者。

第五，俗话说得好，"苍蝇不叮无缝的蛋"。家长要先引导孩子反思自己在这件事情或日常生活中的言行不当之处，以便及时改正，避免以后因自己的言行不当再次遭遇他人的辱骂。

第六，提醒孩子与人为善，交友要慎重，远离不良人群，远离不良网络。独善其身才能保护自己的身心不受侵害。

"三思而后行"可减少做事的盲目性、冲动性，"三思而后行"可把复杂的事情简单化，"三思而后行"是一种良好的处事风格。家长做到"三思而后行"，更是一种无声的对孩子健全人格的培养和教育。

【点评】

本案例告诉我们，不管是成人还是孩子，在处理矛盾时一定要"三思而后行"。为人师者，为人父母者，为人妻夫者，为人子女者，为人友者……身份的多重性，让我们在世间不可能随心所欲、我行我素。那就先做到宽容，努力做一个"大肚能容，容天下难容之事"的人，然后抱着"尊重他人也就是尊重自己"的至高境界去寻求解决问题的方式方法。请坚信："忍一时风平浪静，退一步海阔天空，让三分心平气和。"

（贾传军）

聊天交流，不是"盘"他

董　燕

过年走亲访友，你被"盘"来吗？

如果你是学生，"上初几啦？""期末考试考多少分啊？""考多少名啊？""上辅导班了吗？"……如果你大学毕业了，"在哪工作呀？""每月工资多少啊？""找对象了吗？"……如果你成家立业了也不能逃过，"孩子学特长了吗？""几套房啊？""啥时要二胎啊？"……

不可否认，我们都明白这些"盘"问源自亲朋好友的关爱，但是这种方式我们会从内心抵触，就会不咸不淡地应付两句，躲避聊天。

这让我想起好多家长都曾不自觉地向我抱怨孩子难管教、难沟通。说得最多的就是："董老师，我的孩子都不跟我说话，每次问他话，他都是随便敷衍两句，严重的时候两周冷战，谁也不搭理谁。"我知道家长对孩子是百分之百关心疼爱的，我想孩子也不是不明白这一点，但是为什么还是不愿意和家长说话呢？因为家长不是在聊天交流，而是在"盘"孩子！

作为家长，首先我们要搞清楚聊天交流和"盘"的区别。从情感的角度来说，聊天是基于尊重的平等对话，而"盘"是端着家长的威严架子加以质问。从目的上来说，聊天是了解孩子的需求和困难，帮助孩子，而"盘"是询问成绩和表现，批评或者指责孩子。从内容上来说，聊天关心的主要是孩子，而"盘"关心的主要是成绩。

作为家长，我们再换位思考一下，假如你每次出门上班或者下班，孩子这样"盘"你："你到了单位要好好工作，听领导的话。""你今天在单位表现好吗？别给我丢人。""你看人家别人的爸妈，同样一天，人家赚钱多少，你看你！"……这样假设固然有些可笑，但又何尝不让人深思呢？

怎样才能更好地与孩子聊天交流，避免"盘"呢？我从家长的角度给大家分享几条建议。

一、尊重理解——给聊天一个和睦的前提

从心理学的角度而言，得到别人的尊重是每个人内在的心理需要，学生当然也不例外。按照美国著名人本主义心理学家马斯洛的理论，个体的需要可划分为五个层次，由低级到高级依次是生理的需要、安全的需要、归属和爱的需要、尊重的需要和自我实现的需要。和孩子交流一定不要端着"威严"的架子，因为当你板着脸准备说教的时候，孩子已经调整到备战状态了。和孩子交流一点也不难，只要你从一开始就没有将他当成小孩子，而是作为朋友一般尊重他、引导他，孩子自然就会向你敞开心扉。

二、语气时机——给聊天一个和谐的氛围

"玩手机了吗？""功课写完了没有？""成绩单发了吗？"……这些都是质问，不是和孩子聊天。这类质问式语气不但会让孩子反感，还会引起不必要的矛盾。孩子通常会觉得你关心的是成绩和学习，根本不关心他这个人。对于孩子的问题，家长总是立即纠正或立刻否定。孩子说："我这次没考好！"糟糕的是家长总是这样回答："为什么考不好啊？是不是没好好学，老师讲课你没好好听啊？"孩子会抱怨："我的父母不了解我，我真的没办法和他们沟通。"另外，聊天的时机选择也很重要，如在吃饭时批评、考完试接着询问成绩等做法，时机都选择得不合适。我一般是选择在睡前和孩子做一下一天或者最近的总结。

三、问"小"见"大"——给聊天增一分温情

"今天的午餐吃的什么呀？""你今天早上去学校跟谁玩？早自习在做些什么呢？武术操好学吗？"……借一些生活小事打开话匣子会比较容易，这些问题简单并且透着对孩子的关心，孩子不会感觉到压力。同理，感受

他的感受，往往可以让你知道孩子更多的想法，了解他的需求，进而帮助他解决困难。任何一种话题的聊天，只要沦落到说教与听训，那就没趣到极点了！所以，聊天时可以对对方、对话题保持高度的兴趣，多询问，少评论，多说"你"，少说"我"，就很容易让话题源源不绝地继续下去。

四、无声陪伴——让聊天多一分沟通

在孩子学习的时候，父母尽量放下自己手里的手机，关掉客厅里的电视机，拿起一本书，静静地去读一读。这就是给孩子创造好的学习氛围，这个氛围是可以传染的。试想一下，在孩子学习的时候，周围的环境嘈杂吵闹，这会转移他的注意力。所以，为了孩子学习好，我们也要配合孩子完成这样的任务。如果你拿着手机，心不在焉地跟孩子说话，或者就是看着孩子……其实这都不是真正的陪伴，甚至可以视为无效的陪伴。低质量的陪伴，对孩子来讲是一种伤害。跟孩子在一起，哪怕只是眼神的交流，或与孩子简单地说几句话，或与孩子玩耍片刻，都会让孩子感受到父母的关注，这会给孩子内心带来极大的满足感和安全感。父母的参与度，其实就是对孩子的接纳和尊重度，是爱孩子的最高体现。

事实上，孩子们是很愿意和我们说话的，只是因为我们自己不会聊天，让孩子们感受不到对他们的尊重，从而把这扇门给慢慢地阖上了。

【点评】

从来不知道和孩子谈话需讲求方法，今天我明白了和孩子谈话需注意的问题：慎评价、慎批评、慎比较。问"小"不问"大"，平时询问孩子"早自习在做些什么呢？武术操好学吗？"等问题虽简单但透着对孩子的关心，孩子也不会感觉到压力。少"否定"，多"同理"，少"说教"，多"倾听"，就能知道孩子更多的想法，了解他的需求，进而帮助他解决困难，容易让话题源源不绝地继续下去。尊重孩子，才能更好地沟通。本文为家长们提供的教育孩子的方法，值得借鉴。

（潘正林）

孩子，也是需要尊重的

刘书平

　　尊老爱幼是中华民族的传统美德，家长和子女之间存在着固有的等级差别是客观事实，所以子女要服从父母的安排，但这种观念与尊重孩子并不违背。作为一个独立的个体，孩子也有自己渴望被尊重关注的感觉。

　　我班有一张姓学生，今年13岁，初一入学以来，一直情绪不稳定，时常上课迟到，课堂上经常搞小动作，甚至与任课教师顶撞，总是由着自己的性子来，不听老师的劝说。我作为班主任，也多次与他沟通交流，很多时候他要么不言语，要么就说"我就这样，你不用管"。与其家长多次沟通了解，家长也不知原因，总是说，小学时表现很好，学习也不错。怎么一上初中就变成这样了呢？

　　我耐心地与家长沟通，劝说他们带孩子去看心理医生。据家长对我说，他们带孩子到省城大医院看心理医生，当时孩子就反感得很，根本就不与医生交流，态度也很恶劣。后来家长也多次带孩子参加有关家庭教育的讲座或亲子关系培养等活动，一开始，孩子还跟着去，后来就干脆不去了。一直到现在，13岁的孩子自己把自己封闭在家，沉迷于网络游戏中，生活无规律，心理问题越来越严重，时常脾气暴躁，情绪不稳定，更不用说学习了……

　　记得曾有一次我与这位张姓学生交谈时，他对我说，他之所以变成这样，与他妈妈有关。有一次，他妈妈在忙着看电视，他有点事找她，叫了五声"妈"，他妈妈也没搭理他，他内心非常不满。自那以后他就变了，再也不相信别人，反感大人的"说教"。后来与他父母交谈时，他妈妈说确实有这回事，我愕然。

很多事实证明，孩子的崩溃都是悄无声息的，孩子在最需要你"关心"的时候，你忽视了他，错也就铸下了。尤其是在青春期这一人生关键时期，孩子的心灵是脆弱的，更需要我们当父母的给予关注和引导。

在生活中，我们当父母的宁愿把大把的时间花在看手机上，也不愿意去关注一下孩子的"小心情"。时间久了，会让孩子受到心理创伤，认为自己可有可无，在家里毫无存在感可言，以致最终形成自卑、失落之感。长期被忽视的孩子，其执行能力、注意力、反应速度、语言、记忆和社交能力等，都会比较差，更别说孩子的心理感受了。家，是我们与孩子共同的"港湾"。我们要更多地创造条件和机会与孩子交流沟通，与孩子一块参加各种活动，像对待同龄人一样平等地交流。只要是孩子参加的事情，就不要忽视孩子的存在，只有这样，才能让孩子有"我也是家庭一员"的感觉，让孩子有存在感，也才能让孩子感到家的可爱之处、父母的可敬之处、家庭情感的亲切之处。试想，一个连自己父母都不相信的孩子，他能相信这个社会？他能有亲社会行为吗？

如何做到对孩子的尊重呢？我想，当父母的除了尊重孩子的"存在"感，还要做到正确对待和处理孩子的"过错"，让孩子感受到"尊重"，从而在这种"尊重"下内化于心，外化于行。

我班有个女学生一天没来上课，我到她家进行家访。

当时这个学生躲在房间里不肯出来，好说歹说才哭着出来与我见面，我见她哭得眼睛都红了。

我问她妈妈："孩子到底犯了什么错呢？"

她妈妈气不打一处来，一边指着孩子说"不准哭"，一边跟我说："小孩子不学好，学会偷家里的钱了！今天非得好好教训一顿。"

听到"偷钱"这个词时，我明白是孩子有错在先，便问家长到底怎么回事。

她妈妈说，这不是孩子第一次偷家里的钱了，每次放在枕头下的钱都会不翼而飞，经过询问，才知道是孩子拿去了。虽然不多，但是这种做法在父母眼里不可原谅。

我说:"那应该先问清楚孩子拿钱的原因,钱用来做什么了,打是解决不了问题的。"

她妈妈说:"不打不长记性,这么小就知道偷钱,以后长大了怎么办?"

我没有反驳,跟她妈妈讲了一个我小时候的故事,虽然时过多年,但记忆非常深刻。

那年我13岁,弟弟7岁。有一次,爸妈不在家,我知道家里的钱放在了哪里,就告诉了弟弟,让他偷偷拿过来,我们一起去买好吃的。

结果第二天东窗事发,我们被爸妈质问。我们站在墙角,弟弟吓哭了,把事情全说了出来,也说出背后指使的是我。

结果爸妈狠狠地打了弟弟一顿,却没有打我。

事后妈妈说了让我终生难忘的一句话:"凡事都会付出代价的,不是你,就是你最爱的人在替你。"

此后,我与她妈妈沟通,我们不能因为一件事,就轻易判断孩子的未来。打也打了,骂也骂了,在我的说情下,让孩子跟妈妈道了歉。看着孩子委屈巴巴的样子,当妈的也心疼,替孩子擦掉眼泪,一把搂在怀里。

我用自己的经历告诉她妈妈,当孩子犯错了,你要告诉孩子:每一个错都要有人去承担后果,不是你,就是你最爱的人,总要有人为你的错误买单。等你成长到一定的年纪,不再是孩子了,你就不能再轻易地犯错,因为没有人会容忍你了,要自己为自己的行为负责。

其实,在孩子第一次偷拿的时候,并不知道"偷"的概念,他们想尽办法去达到自己的目的,却不懂自己的行为是成年人眼里的错误。有人曾说过:"没有人天生是堕落的,只有环境在一直营造坏人,一个人才最终成为坏人。"一时的错误,本可以改正,但往往会因为错误的处理方式,导致结果事与愿违。

作为父母,当知道孩子偷拿了家里的钱时,你有必要知道这三个问题:孩子为什么偷偷拿钱,拿钱去做了什么,是不是平时的需求没有得到满足。当知道这些问题的答案后,你就会得出一个正确的处理方法,而不是一味地打骂和责罚。这种爱太沉重，孩子现在还承受不来。要知道，人在压力环境下，心理的应激反应有两个：一个是逃避，一个是战斗。对于孩子来说，逃避意味着不知悔改，战斗意味着把你当作敌人。显然，无论哪一种都是事与愿违。

从某种角度来讲，孩子犯错也许并不是一件坏事，因为成长本身就是一个试错的过程，更是大小错误的累加。看到有句话说：如果父母创造出允许孩子犯错的家庭环境，那么孩子的精力就会放在改正错误上，积极乐观地成长。如果父母对待孩子的错误过于紧张，孩子反倒会把精力放在隐瞒错误上，从而延缓甚至阻碍成长。在没弄清问题之前，千万别逼着孩子去认错，扪心自问，成年人说出一句"对不起"有多不容易？何况孩子面对的还是父母气势汹汹的指责呢？如果孩子偷拿了钱，犯下了错，让孩子长记性的最好方式不是打骂，而是教孩子去认识犯错的成本！

"人非圣贤，孰能无过。"犯错误是每个人一生都必须经历的，孩子更不可能避免。对于孩子的犯错行为，我们不要一味地予以责罚，而要运用正确的方法让他把错误改正过来，正所谓"知过必改，善莫大焉"。不要一味地揪住孩子的过错加以批评，甚至"放大"过错的危害性，让孩子的内心产生严重的恐惧感，致使孩子失去做事的自信，总是担心自己做错，从而产生自卑。在孩子做错事情后，我们还要善于保护孩子的人格尊严，不要因为孩子偶尔的一点过错就去责罚他，甚至约束他的自由，否则时间长了，孩子不但不服气，还会心生叛逆，既不能解决已有问题，还会派生出一些新的问题。

最后，我要与大家交流的是，在我们的日常生活中，往往你眼里的小事，却是孩子心里的大事，我们要尊重孩子的"小事"。对于孩子在一些事情上的理解认识，我们不是一味地去反对，更重要的是要去引导。既然他们还是孩子，他们就需要父母的监护，需要大人的指导，在作出某些决定时也需要父母进行把关，必要时父母有权对其所作出的决定予以否定。然而更多的是孩子所作出的决定往往不会比大人所作出的决定差多少，所以只要没有大的影响，还是应该多给孩子一些对事情的选择和判断的机会。一旦孩子作出了自己的决定并有着充足的理由，我们大人就不要干涉，甚至应该为他鼓掌。

有一位家长就曾经给我讲了这样一个故事——

前段时间，她所在的公司正经历重要的人事变动。她心里焦虑，更加卖力地加班，每天忙得焦头烂额，脸色自然也不大好看。

有一天，她11岁的女儿回家后紧张兮兮地对她说："妈妈，今天课堂上老师让我……"

这位家长正烦得要死，心想：你这点小破事儿，还值得拿来唠叨？就带着嫌弃的语气说："去去去！你整天这样叽叽歪歪的，有什么事好值得大惊小怪的？别打扰妈妈，我还有一堆活儿没有忙完呢！"

女儿一声不响地跑回自己的房间，直到吃饭，孩子也没出来。

这位家长一下子反应过来，心里说："对我来说司空见惯的小事，对我的女儿来说可能就是惊心动魄的大事。对于焦虑、恐惧、担忧，如果她最信任的妈妈都无法帮她排解，那么这些负面的情绪在她幼小的心里存着，还不憋到爆炸才怪呢！"

其实，我们都知道，每个孩子都渴望被关注、被尊重，他们的要求并不高，或许只是父母的一句鼓励、一声叮咛，或许只是老师的一个眼神、一丝微笑……仅仅这些，在孩子看来，就是对他们的一分关心、一分呵护，他们会因此而产生一分发自内心的感激。而心存感激的孩子是最容易被教育和改变的，所以请不要说孩子难以管教，只要你能减少一分冷漠，增加一分关爱，那么，你就会发现：孩子原来这么好。

作为父母，我们要懂得给孩子以尊重，才能收获更多。

【点评】

尊重孩子就是要倾听孩子的心语；尊重孩子就是要教孩子去认识犯错的成本；尊重孩子就是要给孩子选择和判断的机会；尊重孩子就是要把孩子的事当事。本文作者告诉我们，只有当我们把孩子作为一个独立的个体来尊重时，孩子才会自信地、活泼地、无畏地、健康地成长。

（范继梅）

家长的理解支持助推学生健康成长

孔　敏

前段时间，河南一小学老师的"辞职信"刷屏了，写信的是一名小学四年级班主任。由于学生默写古诗情况不理想，她将默写情况拍照发到了家长微信群，希望家长了解并配合督促学习，但此举导致了部分家长的不满。在收到"登门道歉，否则告到教体局"的威胁后，她写下了这封辞职信……

很简单的一件事，由于有些家长的不理解，引起了一场轩然大波。细思量，谁是最大的受害者呢？我想一定是孩子。有了家长的"撑腰"，孩子会有恃无恐。如果这些家长能换一个思路来处理问题，也许会收到更好的效果。比如，家长主动与老师联系，了解情况，积极配合老师对孩子进行督促，那么孩子肯定会认真背诵，熟练默写。由此，我们可以认为：家长对学校及老师的理解、信任和支持能够助推孩子健康成长。

我们班有一名学生，叫张铭（化名），初一刚入校军训时，有的学生就对我说，张铭在小学是一"恶霸"，而且还扬言"老师若批评我，我第一次忍着，第二次就反抗"等等。由于对学生还不熟悉，所以我一直默默观察他的行为。这个孩子确实如同学所说，各方面习惯都不好，站不直，坐不稳，全身上下带着一股"郎当"劲，但我一直没有找到合适的教育机会。一天晚自习，他来晚了，我问他为什么会来这么晚，他支棱着脑袋大声说："我吃饭去了，怎么着？"我又问了两遍，他仍然态度蛮横。我狠狠地批评了他，并告诉他，老师之所以如此严厉地批评他，是让他先学

91

会在校如何同老师讲话，在家如何同父母交流，要学会尊重师长、父母。我把他叫到办公室，让他反思自己的过错，最后语重心长地和他交流了一个晚上，主要是教给他进入初中后如何做人，如何改掉自己原来的一些坏习惯等；同时鼓励他，进入新的学校，只要肯努力，一定会发生翻天覆地的变化，不要只活在"自暴自弃"的阴影中。放学后，我给他的父亲通了电话，把晚上的经过给他父亲说了一遍，从家长的口中了解到，全家已经完全"放弃"了这个孩子，在家打了无数次也不管用。当我告诉家长今天晚上狠狠批评了他的孩子时，家长不但没有指责我，反而很感激我对孩子的教导。经过这一次后，这个孩子就像变了个人一样，态度不蛮横了，上课也能抬起头来了，虽然学习成绩仍不理想，但看到他在行为习惯上的进步，我还是从心里感到高兴，在班级里也多次表扬他。我把这一变化及时告知了家长，并教给他在家如何鼓励孩子，如何和孩子交流沟通等等。后来，张铭（化名）的学习成绩从原来入校时的600多名，慢慢地进步到级部300多名、200多名，最后中考时顺利地升入了区一中。试想如果最初家长不理解、不支持我的做法，跑到学校找校长、找教育局领导的话，那这个孩子又会如何呢？

还曾看过这样一个故事：一位初中生物老师，在一堂植物课上，遇到某位学生拿来一种自己不知道名字的植物，便让班上的一名同学拿回家请作为植物学博士的爸爸帮忙鉴定一下。这位爸爸知道事情的经过后，告诉孩子："哪里是老师不认识，分明是老师在考验爸爸，明天到了学校，老师一定会告诉你这种植物叫什么名字。"第二天，老师果然告诉孩子这种植物叫什么了。其实，昨天晚上，这位爸爸已经和老师进行了电话沟通，告诉老师植物的名字，并让老师亲口告诉孩子。这位爸爸很聪明，他不但保护了老师在孩子心目中的形象，而且更重要的是让孩子在心理上更加佩服老师、信任老师，这其实在无形中也支持了自己的孩子！试想如果这位爸爸不这样做，而是贬低老师一番，孩子就会看不起老师，也很难再信任老师，这样老师的教学效果也会大打折扣，所谓"亲其师，信其道"就是这个道理。所以，在平时教育孩子的过程中，家长要和老师多沟通，理解、信任、支持老师，如果老师做的有欠妥当的地方，可以和老师及时交流,以达到最优的效果。

有人提出最好的教育关系应是:家长支持老师,老师支持孩子!确实如此,家长、孩子与老师的关系很微妙,要想教育好孩子,需要家长理解、信任、支持老师。特别是当孩子出现问题时,家长要与老师取得良好的沟通,给老师多一分宽容、理解和信任,对于孩子的进步可能会更好,因为老师和家长的目标是一致的,都是希望孩子健康快乐地成长!

【点评】

家长的理解、信任和支持会助推孩子的成长,因为尊敬老师的家长才会让孩子信其师、亲其师,信其道、行其道。本文通过作者亲身经历的实际教育案例,启发家长要为孩子树立尊师、信师的榜样,要多与老师沟通交流,特别是当孩子出现问题的时候;要维护好老师在孩子心目中的形象,让孩子相信自己的老师是最棒的。

(王明山)

两个电话

张　健

　　晚自习放学回家之后，政政同学对他爸说："爸，我饿，给我弄点吃的吧。"他爸立刻觉得哪里有点不对头。儿子在学校已经订了晚餐，难道他没有在学校用过晚餐吗？孩子告诉他说，他已经两天没有吃上晚饭了。政政爸一听十分恼火：我儿子订了晚餐，交了餐费，却没有我孩子的晚餐，这叫怎么回事啊！于是，他按捺不住心中的愤怒，直接给我们校长打去了电话。他诘问道：你们学校怎么回事，我孩子明明订了晚餐，却吃不上饭，让我儿子饿着肚子在那里上晚自习。这样已经都好几天了，班主任明明在场也不管不问，眼看着没订餐的同学抢走我孩子的晚餐，你们也太不负责任了！校长听到他这样说，连忙表示一定彻查此事。为督促校方切实重视此事，不让校长的口头承诺落空，他又进一步在学校家长群中广为散播这一情况。

　　校长接到这个电话后，极为重视。早读时间，责令校学生处召集全校所有班主任召开紧急会议，校长亲自主持并作重要发言，要求所有班主任彻查自己班里吃"霸王餐"的同学，一有苗头，必须坚决遏制，严防此类事情再次发生，并努力防止此类舆情扩散。对于查到的此类同学，要以校园欺凌论处，必须严肃处理。随后，校长又单独召见了我这个已经明确涉事的班主任，严令我要写出调查报告，并对受侵害的政政同学给予必要的补偿和道歉。之后，我按照校长的要求开始调查此事。通过与政政同学交谈，并询问多名知情的同学，我了解到：政政同学连续两天未吃上晚餐，是因为下午第四节课后，他追着老师到办公室问问题，而回到教室后，看到已经没有了剩余餐盒，他也就没有吱声。之所以有个别同学没有订晚餐却把晚餐拿去吃，是因为近期学校刚刚试行从校外为学生统一订晚餐，供货方暂时拿不准各班的具体人数，所以总会多出几盒。我就觉得，这多出的几盒总不能浪费了，就给几个未订餐的同学分吃了。没想到就在这两天，供货方突然给我们班减少了一盒，而作为班主任老师的我也没有再像一开始那样进行一一查对。一时的小疏忽，就出现了政政同学吃不上饭的事情。如果政政同学当时能说一声，完全可以补救，供货商那里每天也准备了许多备用的。所以，根本不存在所谓有同学抢别人的饭碗、吃"霸王餐"的问题。"但不管怎么说，还是我工作上有疏漏，让孩子受委屈了，对不起！"我只得按照校长的吩咐很诚恳地向家长道歉，并就这一事件的详细情况向家长作出通报说明。

又是一天晚自习放学后，又一个电话打给了校长，是我班硕同学的家长打的，说他的孩子明显受到了校园欺凌，学校不给个满意答复，他就直接报警。他反映的情况是，晚自习放学后，他的孩子路遇我班周同学和伊同学，被这两个同学拉住，欲拖往学校操场实施暴力，他的孩子在挣脱中把外套都扯烂了。这位家长还拍照传给了校长。这一次，校长虽然没有召集所有班主任开大会，但仍然非常重视，给教育处下批示说，要作为校园欺凌的典型，对涉事学生严肃处理。我作为第一责任人，首先还是从我做工作开始。

第二天早读时间，我把当事的三人叫到办公室，经过反复询问，我慢慢理清了事情的原委。那天下午，期中考试成绩出炉了，学生们挤成一团，查看老师印出的成绩单。其中周同学就把硕同学压在了身下。硕同学大怒，随口就骂了周同学几句。周同学就回了硕同学几句，并威胁说"你等着"。本来也就是说说，过过嘴瘾，到晚自习放学时，周同学已经把此事忘了。没想到放学路上周同学与硕同学偶遇，周同学就拉住了硕同学，要就下午的事说个清楚，也就是想把这个事说一说。当时伊同学也在，并非约好了要一块教训硕同学，只是他们本来就一块走。这一点，是得到硕同学认可的，他说伊同学当时确实未动手，他当时自认为伊同学是周同学叫来的帮手，以为他被拖到操场后两人会一块出手。显然，硕同学是被当时的情景吓坏了，把自己认为将要发生的事，作为事实向家长做了陈述。我追问他们以前是否有过矛盾，他们都予以否认。所以，事出偶然，绝非有预谋、有计划的校园欺凌。当我让他们把事情的详细经过都做了陈述，并说出了自己行为背后到底如何想的之后，他们完全没有了猜忌和敌意，愉快地握手言和了。

通过以上两个案例，提醒我们，作为家长，今后再遇上此类问题，都应该注意以下几点：

孩子回家向家长反映他们在学校遇到的问题，往往不过三言两语，很难把事情的前因后果说清楚。而且，往往带着自己的不良情绪，避重就轻。所以，家长在没有掌握事情的详细过程的情况下，不应该妄作结论，更不应该仓促处理。

如有问题，确需处理，家长也不应该动不动就打"12345"市民热线电话或校长电话，这样对于问题解决并无多少益处。因为问题的最终解决还在当事人这里，解铃还须系铃人。如果小题大做，简单的问题也会弄得十分复杂。

孩子在学校确有必须解决的问题，家长在第一时间应该致电孩子的班主任，或者亲自到校拜访班主任老师，问清事情的原委，再与班主任老师一起探讨如何恰到好处地解决问题。而且，始终应该注意把老师推向前台，让老师看着处理，自己在一旁配合就是，而不能喧宾夺主。久而久之，才能让老师在孩子的心目中确立起权威地位。亲其师，信其道，孩子也才能对老师的谆谆教诲言听计从。

总之，搞好家校合作，成就老师，成就学校，才能为孩子打造一个良好的成长环境，最终才能成就孩子。

【点评】

本文讲了两个案例，从中可以看出张老师处理问题及时而有效，同时也告诉我们家长，当自己的孩子出现问题的时候，一定要保持冷静，一定要弄清事情的来龙去脉，一定要相信学校及班主任能处理好问题，千万不能冲动。的确，自己的孩子受了委屈，受了伤害，家长心里不舒服，是可以理解的，因为我们都感同身受。如果家长只站在自己孩子的立场上，没弄清实际情况而妄加推断，不但不能解决问题，还会给孩子造成错误的导向，是不利于孩子成长的！因此，当孩子遇到问题时，家长要及时向班主任反映，相信班主任，依靠班主任，配合班主任，只有这样才能更好地解决问题，教育孩子。

（韩树军）

用行动诠释爱与责任

赵 霞

家庭教育无可替代，每个家长都会说爱孩子，都会说担负起了教育孩子的责任，可结果却大相径庭，原因何在？我想无非是理想与现实的区别，无非是说与做的区别。就家庭教育来说，我通过这几年的教学，得到以下点滴感悟。

一、家庭和睦，为孩子创造良好的学习环境

在一次交钱时，学生张秀提出要辍学。张秀平时很活泼，学习也跟得上，她这一说，我很是吃惊，于是跟着她一同去见她的父母。她的父亲边迎接我，边伤心地说："老师，你不知道，这段时间，这个孩子太不听话了，就是不想上学了，不上学能有出息吗？"张秀小声说："这几天你和妈妈老是因为你挣钱少吵架，有一次我还听到你们说要离婚，我就是想减轻点家里的负担，这样你们也就不会离婚了。"父亲急着说："离什么婚，说说罢了，挣钱少也能供你上学。"经过我的劝说，张秀继续读书，她的父母也不整天吵闹了。

家长有时会遇到这样的问题：孩子学习很好，平时思想状况也不错，突然在一段时间里，他不专心学习了，或想辍学。这时，我们就要想想是不是家中出问题了。如果是的话，就要帮孩子解决好这个问题。只有家庭和睦，才能为孩子创造良好的学习环境，做好孩子学习的"后勤保障"，才能期待孩子更专心地学习。

二、学会正确关爱，让孩子健康成长

1. 关爱"问题孩子"

在对"问题孩子"的教育中，家长必须对他们倾注爱心，十分尊重他们的人格，用民主、平等的方式对待他们：不厌恶、不歧视；不当众揭丑；不粗暴训斥；不冷嘲热讽。只有用爱心融化他们冰冻的"心理防线"，家长和孩子间才会架起一道情感沟通的桥梁。

我班有一个学生叫张星，有一天他没来上学，我联系了他的父母，父母说他来上学了，还带了生活费。这可不是个小事，我知道后心急火燎，他父母也很快赶到了学校。经多方打听，终于在一个网吧里找到了他，他父亲上去就把他拽了起来，要揍他。看着他瑟瑟发抖的样子，我拦住了，给他父亲说了说他近期在学校里一些好的表现，当然也有一些善意的谎言，请家长相信他会成为一个好孩子。通过张星得知，原来他父母忙于生意，很少注意到他。后来一次偶然的机会，他知道了犯错误就可以引起家长的注意，所以五年级时就开始故意犯错，起初确实像想象的那样，父母经常跟自己聊天，谈学习，谈道理，可时间长了，父母就开始讨厌他，觉得他不争气，也就不愿管他了。他于是自暴自弃，就成了别人眼中的"问题孩子"。经过商讨，他父亲决定多留时间陪孩子，并且耐心地帮他改正错误。两个月后，在一次班会上，他竟被同学们推选为纪律班长。当时掌声如雷，灿烂的笑容第一次绽放在他的脸上。

是什么力量把一个"问题孩子"变成一个积极进取的孩子呢?是宽容，是爱。爱是阳光，可以把坚冰融化；爱是春雨，能让枯萎的小草发芽；爱是神奇，可以点石成金。无论是表现多么差的孩子，只要家长以真诚的爱心对待他，定会唤起他内心的觉醒。

2. 严爱"优等孩子"

"优等孩子"，谁都爱他们。也正因为如此，他们的缺点往往容易被忽视、掩盖，即使犯了错也容易被原谅、袒护。但小的缺点也会造成大的隐患，对这类孩子，家长不应宠坏他们，更不应迁就他们。要时时提醒他们"做学问得先做人"，做一个正直的人、热情的人、向上的人，不单纯是学业要优，更重要的是人品要优，心胸要宽广，心理要健康。对于成天被人赞誉的孩子，只有在理智深沉的爱之中严格要求，警钟常敲，才能激励他们克服自身的弱点，扬帆前进。

我班里出现过一个成绩好的学生犯错的情况。平时他交的朋友我不太赞成，都是些无事乱逛的学生。有一次他参与了一场打架，虽然是去捧场，只围观，没动手，但对于一个成绩好而且处处都可能成为其他同学的榜样的学生来说，这是危险的。所以，我让他写出整件事情的过程，并写出反思，但我没有找他长谈。他从小学起就没挨过一次批评，这次写检查令他耿耿于怀，认为丢了面子，于是上课时不举手，自习时四处张望，以表示对我的抗议。他父母得知后找我商量，觉得处理重了点，怕耽误学习。平时孩子在家犯错了，家长就经常迁就他，怕影响他的心情。我就用了解的几个大学生犯罪的例子给他们讲，家长也通情达理，很快就明白了品德要放在学习之前。

对这些"优等孩子"来说，有时"冷处理"也是个好办法，先不急于做思想工作，让时间来做裁判。这个孩子毕业时，我收到他家长的信息，说："老师，谢谢您的教诲，如若不然，孩子也不知会走向何方。现在我们在家里管理起来也轻松多了，有了您的指引，将来的路他一定会走好。"

父母在孩子成长的过程中起着无可替代的作用，讲道理与实际行动相结合，才能培养出优秀的孩子。家庭和睦为孩子创造良好的学习环境，关爱"问题孩子"，严爱"优等孩子"，这才是真正诠释了父母的爱与责任。

【点评】

满怀对孩子的赤诚和热爱，用爱和关怀架起一座沟通家长与孩子心灵的桥梁。家长要急孩子所需，为他们创造良好的学习环境；同时担负起应有的责任，让他们健康全面发展。在这种家庭教育下的孩子是幸福的！

（董德清）

家长的"魔咒"

王 玲

小文是初三的学生，从小听话乖巧，学习好。初一到初二是班里前十名。初三开学后，她更加努力，但是随着学习压力的增加，出现了考试焦虑，她的成绩一落再落。经过心理咨询，才知道小文落入了父亲言语的"魔咒"。

在咨询中，小文反复强调："我觉得我比所有的人都笨！"每每语气里带着懊恼和无奈。原来，初一时小文的成绩有所下降，不如小学成绩好。有一次写作业，小文的爸爸大声斥责说："你知道自己不聪明，就要多下功夫！"就这样一句斥责的话一直深深地印刻在她的脑海里，她也在努力证明自己，但是最终没有逃出爸爸给她设定的"魔咒"，她给自己的定论是："我觉得我比所有的人都笨！"所幸的是，小文在心理咨询师的帮助下，认识到自己的过去和现在，整合自己，信任自己，提升了前进的动力。

小文爸爸的一句指责成为小文的"魔咒"事件，让我们意识到，"父母的语言在塑造着孩子的内心现实"。在和孩子的互动中，父母一定要看重自己在孩子心目中的分量，特别是对于青少年阶段的孩子。父母是孩子人生中的重要他人，尤其在青少年的心目中是认同的对象。青少年阶段的孩子内心往往是脆弱的，对于自己的认知定位在很大程度上源于重要他人的影响。（所谓重要他人，是心理学和社会学都关注的概念，指在个体社会化以及心理人格形成的过程中具有重要影响的具体人物。重要他人可能

101

是一个人的父母长辈、兄弟姐妹，也可能是老师、同学，甚至是萍水相逢的路人或不认识的人。）

作为父母，到底怎样说话才不会伤到孩子呢？一位咨询师少年时与父亲的一段经历也许对我们有所启示。

有一次，她坐在父亲的自行车后面，父亲稳健地骑着自行车前行。父亲说："你和我一样，都不是很聪明，但是都很努力，勤能补拙。"她知道，在这之前父亲工作有变化，从普通日常用品的修理转向电机修理，父亲完全是靠自学电工知识来完成工作转型的。在她的心目中，父亲是高大帅的，所以听了父亲的这句话，她收到的是满满的力量，因为她只关注了"你和我一样，都很努力，勤能补拙"，而没有关注"都不是很聪明"。这是一种无意识的自动选择，就是这个选择让她在知识的海洋里一直很努力，这份努力让她收获的不仅仅是"勤能补拙"，更大的收获是"勤能生慧"。如今她已成为一名业内知名的心理专家。

为什么两位父亲的话里都有"不聪明"三个字，后一位父亲让孩子收到的是力量和认同，而小文爸爸的"不聪明"却让小文在心理上构建了一个"我比所有的人都笨"的现实？

首先是说话的语气。后一位父亲在表达时，语气是温和的，"你和我一样……都很努力"让孩子感到被关注、被认同。而小文爸爸的话里没有这些温暖的味道，言语里满是指责、命令。

其次是说话的场景。后一位父亲与孩子之间是亲和的关系，在亲和的关系中，孩子会自动选择"努力""勤能补拙"，让孩子觉得只要我努力，就可以变得聪明。小文则是伴随着挫败感和无助感，而小文的爸爸说小文"不聪明"，孩子收到的是再努力又有什么用！这次尽了最大的努力，还是考砸了，反过来印证了自己的"不聪明"，所以孩子崩溃了，想放弃了！

作为父母，不管您是高官、富商、工人还是农民，您在自己孩子心目中的位置都是一样重要的。也许仅是一句贬低性的标签性的玩笑话，也许是一句言不由衷的指责，也许是一次愤怒下的口不择言，孩子都会当真，甚至成为孩子生命中的"魔咒"。所以，请一定要谨言慎行！

【点评】

对于未成年的孩子而言，父母在他们心目中的地位是无与伦比的，父母的言谈举止深深影响着孩子。一句热情的鼓励和肯定，可能成为孩子发展的加油站和发动机；一句无心的批评和贬斥，也许就成为孩子进步的绊脚石和"魔咒"。让我们家长用真心、慧心发现孩子的闪光点，肯定孩子，让孩子在愉悦和自信的路上一路前行！

（边　霞）

亲子沟通，铸就成功

宋祥国

案例：

建新，13岁，初一学生。刚入学时，老师们就发现他是一名"问题学生"，不遵守课堂纪律，听课注意力不集中，经常与前后左右的同学说话，学习习惯不好，极度厌学，作业不按时完成，学习成绩差，并且做事没有责任感，与同学相处有暴力倾向。

案例分析：

建新的父母都来自农村，文化水平较低，并且在教育孩子方面分歧严重，夫妻关系紧张。父亲属于宽容性的，对孩子学习没有任何要求，只求孩子开心即可。而母亲则与之相反，"望子成龙"心切，并且属于"虎妈"，相信"棍棒底下出孝子"，只要孩子出现问题，非打即骂，造成母子间关系对立，整个家庭氛围不和谐。

解决方案：

开学第三周，建新的妈妈就无"约"而至，主动到校与我交流孩子在家里的表现情况。她一开口就数落孩子和老公的种种不是："这孩子除了厌恶学习，其他都喜欢。""你看，他小学的同桌又懂事，学习成绩又好，孩子样样不如人家。""他爸除了上班，其他啥也不管，我管教孩子，他还总是护着，这爷俩快把我气死了，这可怎么办？"建新妈妈越说越激动，眼泪止不住流了下来。我很理解建新妈妈的心情，等她冷静下来，我便从孩子现阶段的心理特点谈起，给建新妈妈支着儿。

我对建新妈妈说，孩子正处在青春叛逆期，容易对家长产生各种抵触，甚至会蛮不讲理，唯我独尊。面对孩子的叛逆，不要用暴力压制，这样只会适得其反，让情况变得更糟糕。要做一个有智慧的家长，就算孩子不可理喻，家长也要冷静，不要和孩子一样疯狂。孩子叛逆是叛逆，但是孩子是本性善良的，也是可以沟通的。

我给建新妈妈提出了以下几条教育孩子的建议，让她尝试着去做。

一、营造和谐的家庭关系

家长是孩子的启蒙老师。每个人从小就以模仿父母的行为作为自身今后行为准则的一个参照。每次父母之间的冲突对孩子都是一次极大的负面刺激，孩子会缺乏安全感。父母对峙时所说的"气话"，在很多情况下是不负责任的，带给孩子的伤害更难消除，也自然会影响到孩子的人格形成和社会交际，孩子就会做事没有耐心、不负责，甚至在人际交往中出现暴力倾向。

家庭的贫富并不会左右孩子的幸福，但缺乏温馨和睦的家庭氛围是孩子成长的最大障碍。没有哪个家庭是没有矛盾的，就看父母是如何处理和化解矛盾的。每天工作上的情绪不要带回家中，更不要当着孩子的面说。对于孩子的学习，既不能不管不问，也不能急于求成。每天孩子放学回来，不要一味地追问成绩如何，可以跟孩子聊聊学习之外的事情，让孩子稍微放松一下，营造温暖舒适的家庭氛围。这样会让孩子心情舒畅，更有利于提高学习效率。

二、尊重孩子

尊重孩子，就是把孩子看作一个独立的人，给予孩子足够的尊重，满足孩子对独立的需求。当孩子做事情出差错或者不够完美的时候，应该接纳他、体谅他，而不是不分青红皂白，横加指责，否则孩子就会觉得家长不理解自己，甚至产生家庭交往的代沟。

尊重还应该是相互的。有时候，家长觉得孩子太不尊重自己，但是家长有没有想过，自己真正尊重孩子吗？在做任何关于孩子的决定之前，征求过孩子的意见吗？还是完全不顾孩子的感受，自己就决定了呢？如果你是这种任性的家长，教出来的孩子一定会相当叛逆和压抑。尊重是相互的，家长要尊重孩子，倾听孩子的声音，再作下一步的决定。

三、用倾听去沟通

家长与孩子之间的沟通非常重要，但在沟通时，家长要有沟通的技巧，这就是少说多听。有一个例子：一位母亲得了咽炎，嗓子哑了。儿子放学回来后说："妈妈，老师批评我了。"接着就诉说老师怎么怎么不对。当时，这位母亲心里特别着急，想批评儿子：你错了，老师是对的。可是因为嗓子哑了，说不出话来，就只好瞪着眼睛，看着儿子说。

等儿子终于说完了以后，突然儿子又说了一句："妈妈，我谢谢您。"她当时一愣，不知儿子是什么意思。儿子又说："谢谢您，今天听我说了这么多话。"第二天，儿子又对妈妈说："妈妈，您昨天虽然什么都没说，但是我已经明白了，我错怪了老师。"

这就是倾听的力量，不需要你去评论，孩子在自我反思的过程中就已经醒悟了。

四、欣赏孩子，告诉他"你能行"

父母要善于发现孩子的闪光点，要发自内心地去赏识自己的孩子，而不要总是用挑剔的眼光来看待自己的孩子，不要老想着孩子这也不好那也不行。

有这样一个事例：一次几十个中国与外国的孩子一起进行某项测验，测验后的分数让孩子拿回家给各自的父母看，结果中国的父母看了成绩后有80%表示不满意，而外国的父母则有80%表示满意，而实际上外国孩子的成绩并不如中国孩子。看看，其实许多时候并不是我们的孩子出了问题，而是家长的眼光有问题！

生活在鼓励中的孩子，一定会是阳光而自信的。孩子得到父母的认可和信任，就会激发自信，积极性被调动，潜能被开发。家长要及时给孩子"你能行"的自信心，鼓励孩子敢于面对困难，战胜困难，走向成功。

　　建新的妈妈接受了我的建议，立即用行动来改变自己。首先她进行了自我剖析，认真反思了自己在教育孩子方面急躁冒进的问题，调整了对孩子成绩的期望值。而后又与她的老公长谈，两人在教育孩子的问题上达成了一致。最关键的是她放下身段，当孩子出现问题时也不再武断处理，而是尊重孩子，与孩子交流沟通，并且及时鼓励孩子。一段时间以后，建新觉得妈妈变了，变得通情达理、亲切可人，孩子感受到了母爱的温暖、家的温馨。当然建新也变了，遵守纪律，认真学习，按时完成作业，也能与同学和平相处了，成绩提高很快。在期中考试后的家长会上，建新和妈妈脸上都洋溢着幸福的微笑。

　　案例反思：

　　家长在家庭教育方面的努力与否决定着孩子未来事业的成败，家庭教育做得越好，孩子成功越早。有句话说得非常好："命运从未亏欠过你的努力，她总是以另一种方式补偿你；只要你一直那么努力，终有一天，你所希望的生活将会来临。"什么时候"父母好好学习"不再是家长的一句口号，而变成实际行动，您的孩子离成功也就不远了。

【点评】

　　本文用作者亲身经历的教育案例，启发家长陪伴在家庭教育中有着重要作用，内容贴近生活，见解十分深刻。很多青春期的少年任性叛逆，不爱学习，迷恋游戏，与父母关系逐渐疏离，这时候父母不要一味指责孩子的缺点，而要关心孩子的心理状况，多陪伴孩子。陪伴主要是心灵上的安慰，让孩子感觉你就在他的身边。当他需要你的时候，你随时都可以出现；当他不需要你的时候，你可以隐藏在他心灵的深处，让他有一种踏实的感觉。这样更有助于促进孩子的健康成长。

（王守松）

用爱和智慧守望孩子成长

赵 梅

我的儿子现在上高三，下面的文字是孩子在成长过程中的花絮，写出来和大家一起分享。

家长都是望子成龙，望女成凤。好多家长从孩子一上学开始，就替孩子检查作业，指出孩子作业中的错误，这其实是剥夺了孩子独立检查的权利。我的做法是不帮孩子检查作业，更不会指出他的作业中的错误。即使偶尔帮孩子检查，也不会直接指出孩子的错误，而是让孩子再仔细检查一遍，对于他检查出的错误，及时肯定表扬，孩子也会越来越自信。有一次孩子说，妈妈你不帮我检查作业，你是不称职的家长。我说，我就是不称职，因为是你在学习，你在考试，而不是我。你自己要学会检查，而不能靠家长。孩子可能不会完全做对，但是让他自己检查，哪怕有错误，也要让他自己找到错误的原因，而我们不能一并代劳。如果我们代替孩子完成，长此以往，孩子形成依赖性，凡事没有主见，离开父母就寸步难行。有一个家长，为了给孩子检查作业，每次都是亲自做一遍，然后和孩子做的对照检查，指出孩子哪里做错了。虽然家长很累，但效果很差，孩子的学习依然平平。放手给孩子，相信孩子，多鼓励孩子独立完成作业，教给孩子自己的事情自己做，培养孩子良好的学习习惯，这才是孩子受益终生的财富。

孩子的考试成绩是家长最关心的，每次都会迫不及待地问孩子，如果成绩一旦不好，就着急生气，这样效果很不好。其实，对于孩子的考试成绩，要耐心地等待。我从来不问，而是慢慢地等孩子说。记得孩子在高一期中考试后，隔了好几天给我说，妈妈，我这次考了班里第16名（正常是班里前10名）。他认为我会批评他，我说，挺好！孩子说，都下降了怎么还好？我说，你也是玩游戏了，玩着游戏还能考第16名，够好了。（在考试前有一段时间，孩子玩电脑游戏，我没有强行制止，因为我觉得强制效果很差。而是先不去制止，我在等机会，这次机会来了，成绩下降了，这就是很好的机会。）他也听出了我话里有话，就说，不行，我要好好学习，争取考进前10名。孩子自己上进要比家长要求他进步好得多。其实我们家长很着急，但只有我们急白搭，要想办法让孩子急，孩子是学习的主角。家长要了解自己的孩子，一定要多动脑子，孩子着急，主动学习了，那么就会事半功倍。另外，家长要反思，孩子为什么不愿主动告诉你成绩。有些家长的做法让孩子不能接受，成绩好了，不仅不表扬，还不满足；成绩差了，则劈头盖脸地批评孩子，不与孩子交流分析成绩所暴露出的原因，更不会同孩子一起制定切实可行的措施。所以，家长要反思自己的做法，要尊重孩子、理解孩子，正确看待孩子的成绩，孩子才会敞开心扉与你交流，主动告知你成绩。家长自己的做法决定了孩子能否主动告知你成绩，这不是孩子的原因，而是家长自己的问题。如果你能尽早地意识到这一点，孩子就会主动和你交流，也会不断进步。

记得孩子在初中第一次月考后，回家就哭。我问怎么啦，老师批评了？没有。和同学们闹矛盾了？也没有。那是怎么回事啊？最后好歹问出来了，原来他考了班里第四名，而心里想考第一名。哎哟……我当时听了这话，就开始劝孩子。我说："已经很好了，妈妈刚上初中的时候第一次也考了班里第四名，而妈妈现在也不差吧，所以，我说就已经挺好了啊。你应该争强好胜，但是也不能急于求成，慢慢来，不在名次，你只要是努力了，付出了，那么你就成功了。"家长要让孩子有一个良好的健康的心态，而不是必须争第一。毕竟学习不是生活的全部，不能光盯着孩子的成绩不放，要全面看待孩子，多引导，多鼓励，孩子才能健康快乐地成长，成人比成才更重要。

要和孩子多交流，参与到孩子的活动中。我记得有一次孩子小学里做一个鸡蛋撞地球的实验,我非常感兴趣,并且表现出好奇和崇拜,孩子也非常自豪地给我讲解。我给孩子打下手,孩子在楼上做实验,我在楼下帮着捡拾。孩子非常高兴,原来妈妈支持他的实验,还参与其中。孩子在小学就有好几项小创意,还曾在电视上展示过。孩子是需要家长的认可和赞美的,这样孩子也愿意和你交流。家长要观察孩子,及时发现孩子的问题,想办法解决,做一个智慧型家长。

当遇到问题时,母亲要学会在孩子面前示"弱"。强势妈妈的孩子很难自信,孩子的自信会在你的这种状态里面一点点地削弱。如果母亲能够在孩子面前示弱,孩子的内心必然自信而坚强。学会在孩子面前示弱,就是实现对孩子的托举。如果母亲对孩子处处占上风,孩子只有占下风,最后甘愿占下风,没有一点竞争性,也没有一点动力,极端的会追求叛逆性、破坏性来完成自我的畸形成长。我认识一位很优秀也很强势的妈妈,孩子小时候对她言听计从,可是随着年龄的增长,妈妈依然强势,孩子却越来越叛逆。所以,示弱是一种智慧,不仅实现对孩子的托举,而且增强孩子的自信。

作为家长,我们要用爱和智慧守望孩子成长。

【点评】

爱是教育的基础,智慧是教育的翅膀。在教育孩子的过程中,要注入浓浓的爱,并用智慧放大爱的作用。本文展现了作者在陪伴孩子成长的过程中形成的教育智慧:一是放手给孩子,相信孩子,多鼓励孩子自己的事情自己做,培养孩子良好的学习习惯;二是学会在孩子面前示弱,实现对孩子的托举,增强孩子的自信。对孩子放手和示弱,看似简单,实则是助推孩子成长的教育智慧,值得学习和借鉴。

(韩树军)

因为爱，所以爱

李 倩

身为父母的我们，总是希望孩子健康地成长，快乐地学习，幸福地生活。我相信父母是孩子的第一任老师，也是孩子做人做事的榜样和楷模。

没有规矩不成方圆，良好的家规对孩子的身心发展有很大的帮助。我最注重的是教育孩子怎样做人，怎样做一个真善美之人。如果一个孩子连最基本的伦理道德都做不到，那么他成绩再好也成不了一个有用之才。家规就是我家的一面镜子，照着孩子也照着我。在做人做事方面，要严于律己，诚实不说谎，发现错误及时纠正，做事有始有终，不管做什么事都不要半途而废。这样既是对自己负责，也是给孩子树立学习的榜样。

一、教学相长

我的儿子是一个阳光、活泼、乐观向上的孩子。生活中的他喜欢运动和音乐，热爱生活，尊敬长辈，团结同学。也许因为我也是教师的缘故，我在对待孩子的学习问题上比较有耐心。每当儿子有一些在课堂学习过程中没能及时解决的问题时，我总会力所能及地给予帮助和指导。对于实在解决不了的问题，我会鼓励他在第二天到学校主动寻求老师、同学的帮助，请孩子学会之后再回家教给我。也许是给孩子赋予了他所希望胜任的责任吧，每次儿子都能及时解决疑难问题，并思路清晰地讲给我听。这样做，不仅儿子的学习兴趣日渐浓厚，而且他和老师、同学之间的交流与沟通能力也在不断地提高。

二、弥补短板

儿子是一个活泼好动的孩子，以至于上初中以后还是坐不住板凳，还有一个最大的弱点就是不爱读书。如何改变这一现状，曾经是我一度面临的问题。家里的书架上有很多种书，可是儿子就是不感兴趣。我意识到，只有走出去，让他看到外面的世界，接触一些和文化有关的场景，才能激起他读书的兴趣。这样，一有空闲时间，我们就带儿子出去游览一些名胜古迹，了解当地的风土人情，还时不时地让他参加一些研学活动，开阔他的视野，丰富他的知识。渐渐地，儿子喜欢上了读书，名人传记、科幻小说和报纸杂志都成为儿子快乐的源泉。每天写完作业后，儿子就陪着我一起读书，我感受着读书带来的快乐，更满足于和儿子一起读书的快乐。

三、及时解压

儿子有时考试成绩不太理想，尤其是进入高三之后成绩很不稳定。每每这时，虽然我自己也是焦躁不安，但在儿子面前，我从不流露半分，而是耐心地和孩子共同查找原因，如知识点的理解问题、知识点的记忆问题、是否被题目所设的"陷阱"套住、答题是否规范等，一一分析到位，再根据相应问题制定出切实可行的解决方案，并鼓励儿子："妈妈相信你的学习基础和学习能力，更相信所有老师的专业和敬业。"我还经常给孩子解压卸包袱："妈妈不要求你必须达到多少分，只要你能够结合自己的实际情况，并按照老师的复习节奏努力学习，我们都会为你骄傲的。"所以，即便是在高考前，当问起孩子学习有没有压力时，他总是说："没有压力，学习虽然有些累，但是很快乐。"每当儿子在考试中取得好成绩时，我总是低调处理，适当鼓励，又诚恳地指出他的不足，防止他滋生骄傲自满的情绪。现在，儿子已是一名大二的学生，在学习上还不断地带给我惊喜，我感到很欣慰。

全天下的父母爱孩子的心都是一样的，但是我们所爱的孩子是不一样的，这就要求我们一定要从孩子的个性特点出发，寻找独特的解决问题方法，而不是用自己的观念、自己的模式、自己的思维定式和心理定式去认定孩子该做什么，不该做什么。在教育孩子的同时，更要理解孩子，尊重孩子，以一颗平常心去对待他们，让他们茁壮成长！我希望全天下的孩子将来踏入社会后也是健康、自信、品德优良的好公民，去创造属于自己的未来！去创造属于自己的一片天空！

【点评】

作者结合自己在家庭教育中遇到的主要问题，总结了一些行之有效的教育方法，可以看出李老师很细心，很用心，很有耐心，而且颇具智慧。本文启示我们，要善于聚焦孩子存在的问题，想办法在解决问题上有所突破，相信方法总比困难多。无论是教学相长、弥补短板，还是及时解压，都能让我们学到教育孩子的良好方法。其实，教育孩子就应该从细节入手，善于发现孩子存在的问题，要在孩子亟待提高的地方用心思、下功夫。

（韩树军）

遇见孩子，遇见更好的自己

庄　峰

我是两个孩子的妈妈，又是一名小学教师。作为一名教育工作者，我曾经自信地以为，教育孩子是我的特长，教育自己的孩子更应该是游刃有余，但是随着孩子慢慢长大，我发现我错了。

儿子上六年级那年，二宝降临，家人关注重点的转移，让他如出笼的小鸟和脱缰的野马，疯狂地享受着自由的畅快，开始沉迷于游戏，无心学习，而比这更可怕的是他强烈的叛逆情绪，家里"战争"不断，"硝烟"四起。焦虑的自己、失控的孩子、争吵的家庭成了我生活的主旋律。我到底错在了哪里？都说父母是孩子的镜子，问题孩子背后一定有问题父母，我必须深刻反思了。于是，我开始翻阅大量家庭教育书籍，听家庭教育讲座，认真做笔记。我在学习怎样做一个好妈妈的同时，更要让儿子看到妈妈在为他做了哪些努力。言传不如身教，榜样的力量远胜于苦口婆心地唠叨和批判。

渐渐地，孩子变得积极、阳光了，家里的空气也变得愉快又温暖。我从最初的无所适从到平和应对，修身自己、成就孩子是我对现在生活的总结。下面分享几点我的教育方法。

一、理解、尊重和接纳孩子

理解、尊重和接纳孩子是我的第一原则。接纳孩子并不是接纳孩子的一切无原则的行为，而是理解和共情，接纳孩子的情绪，用情感引导的方式先处理情绪再处理问题。

儿子偏科严重，数学、物理成绩名列前茅，而英语成绩一直不好，原因或许是男孩子不擅长学习语言类的科目，更或许是孩子幼年接触英语时，我的简单粗暴给他留下了心理阴影。在儿子上幼儿园时，为了所谓的赢在起跑线上，培养孩子学习英语的兴趣和语感，我和朋友们一起给孩子报了英语兴趣班。上了两节课后，他开始厌烦了，说什么也不去了，被我连拉带拽送到门口，还是哭闹着不进去，于是我用拳头解决了问题。虽然孩子终于去学英语了，以后也没再反抗，貌似达到了效果，但是恶果从此也就种下了。一次他给他大爷说："我妈非让我学英语，去了我就光玩儿！"他恨透了英语，是英语剥夺了他玩的时间，让他失去了自由，而且为了可恶的英语，妈妈竟然打了他。我当时却浑然不知。到后来上了小学，他更加排斥英语，学起来很吃力，而且也不愿去读去背，最后连辅导班也不上了，从此英语成了孩子一直存在的痛。现在回想起当时的情形，我都追悔莫及。如果当时我能理解孩子的心情，接纳孩子的情绪，好好说话，好好倾听，好好引导，或许孩子现在的英语成绩不会这么差吧！

上了初中，我说服孩子找了一对一辅导的老师，但是学习仍然很被动，九点上课，孩子九点半才到，每次去上课都是皱着眉头像赴刑场一般。有一次，由于老师有事，英语上课时间提前了，他开始要起了小脾气，侧身坐在沙发上，两手使劲抓住沙发靠背，好像要把它揉碎，把头埋在靠背上，眉头紧锁，两眼紧闭，脸颊上两滴泪滑了下来。当时看到孩子痛苦的样子，我心如刀绞。我坐下来抚摸着他的背，安慰他。我说，我能理解你现在的心情，你的英语基础薄弱，而新的知识又源源不断地涌来，让自己应接不暇，一定压力很大；我们慢慢来，坚持，不要放弃，妈妈永远支持你，只要你尽力了，妈妈不会埋怨你；无论什么情况下，妈妈都是无条件地爱你的。慢慢地，儿子身体放松下来，他感觉到我能理解他，跟我说他今天状态很差，跟老师说明天过去，行吗？我答应了。

寒假里，他主动报了英语辅导班，每天早上八点上课，三个半小时的时间学习，除了过年七天假期，从未间断，表现出前所未有的积极性和主动性。我给他微信留言："看到如此努力的你，妈妈很欣慰，坚持！妈妈相信你，英语一定能赶上去，你理科那么棒，上了高中，你很有优势呢！"就这样，我学会了共情，学会了接纳，允许孩子有情绪，并接纳他的情绪。

我们生活在一个充满竞争的年代，无论是学校还是职场，对孩子来说都是没有硝烟的战场，没有哪个孩子不想学习好，但是山外青山楼外楼，我们无法保护孩子永远不失望，但我们可以教给孩子面对失望和挫折的能力，让孩子重拾勇气。

二、正面管教，鼓励式教养

1. 不给孩子贴标签

每个孩子曾经都是父母眼中的天使，都是独一无二的，但是随着年龄增长，如果孩子的成长达不到我们家长的预期目标，家长就会因焦虑而不断地给孩子贴标签，邋遢、马虎、粗心、磨蹭、反应慢……家长的标签像一把利刃深深插入孩子的内心，心理暗示他就是家长说的这么一个人，并且像魔咒一样发挥作用，让孩子丧失信心。在儿子小的时候，我和他爸经常这样评价孩子："我儿子就是懒啊！"所以很多时候他都会说自己"我就是懒啊"，而且经常说，我懒得背、懒得写、懒得走、懒得洗……后来我意识到了问题的严重性，不敢再提这个"懒"字。儿子是个文艺小男生，把自己的卧室收拾得干净整洁，而且用小物件装饰得很有情调，颜色搭配和谐。每次他打扫卧室，我都会不遗余力地大加赞美，爱干净又勤快！夸他眼光好，审美情趣高！我在网上买衣服、装饰品，都请他参与评价，相信他的眼光会越来越好的！

2. 改变说话方式，正面引导

我们习惯于告诉孩子不要这样做，不要那样做。尤其在孩子小的时候，我们经常会说，不要把橘子皮扔到地上，不要玩水，不能打弟弟等等。其实，我们说的"不能这么做"反而提醒了他，所以不如改成"你应该怎样做"。儿子上小学时，喜欢把东西随手乱扔，他在前面扔，我在后面一边收拾，一边抱怨不要乱放。后来，我改变策略，比如对孩子说"把橘子皮扔到垃圾桶里"，"把书包挂到你的书桌上"，"把衣服挂到门后的挂钩上"，"你的铅笔盒掉到地上了"（他会捡起来）等，这就是正面引导的魔力，既达到了目的，又缓和了亲子关系。

3. 给孩子有限的选择，让他自主管理

我小儿子不喜欢洗头，害怕水进眼睛，所以我经常让他躺着洗头，即使这样，他也不配合。于是，该洗头了，我会说："宝宝，你是躺在床上洗头呢，还是躺在沙发上洗头呢？"他就会选择一种洗头方式，快乐又有趣。

比如，大儿子看电视时，我会说："你是再过20分钟后自己关掉啊，还是5分钟后我给你关掉啊？"他一般会选择20分钟后自己关掉，从而避免了矛盾冲突。

三、与青春期孩子和谐沟通，重建亲密关系

由于青春期孩子生理和心理的变化，孩子由原来对长辈的依赖拓展到对同学、老师、科学家或领袖人物的崇敬和追随。所以，家长要想陪伴孩子平稳度过青春期，就需要与孩子进行和谐的沟通。沟通的方式可以是谈话、书信、微信等。与青春期孩子沟通的原则是：好好说话，好好倾听，要控制情绪，倾听孩子的想法，不要打断孩子，听完后确认孩子的需求，说说听后的感受。

儿子喜欢玩游戏，为了控制他的游戏时间，我们开过一个家庭会议，我拿出纸笔，郑重其事地让孩子把自己的想法和要求说出来，并且记录下来，最终达成一致并签字。再把约定贴到墙上，一起来遵守。

著名的儿童心理学家吉诺特曾说：为人父母的生活里充斥着数之不尽的小意外、循环往复的矛盾和亟待解决的突发事件，我们都宁愿相信，只有心理变态的父母才会用损害孩子的方式去解决问题。遗憾的是，即使是充满了爱与善意的父母，也免不了对孩子进行责备、羞辱、指责、嘲笑、威胁、贿赂、否定、惩罚、说教和宣讲。

教育孩子需要我们不断地探索、学习和改进，任何时候改善亲子关系都不晚，成人达己，遇见孩子，遇见更好的自己。

【点评】

　　"为人父母的生活里充斥着数之不尽的小意外、循环往复的矛盾和亟待解决的突发事件。"这的确是家有学生的家庭生活的常态，如果不能正确地面对和有效地化解，那么这样的常态家庭生活就会演变成鸡飞狗跳式的家庭生活。本文中的家长给出了许多教育孩子的好办法，例如，用情感引导的方式先处理情绪再处理问题；学会共情，学会接纳，允许孩子有情绪，并接纳他的情绪；不给孩子贴标签；改变说话方式，正面引导；给孩子有限的选择，让他自主管理；等等。同时，还以自己的教子经验印证了这些方法的可行性和有效性，读来很有启发。

（范继梅）

和谐的家庭是孩子成长的乐园

赵 丽

家是港湾，春风和煦，波澜不惊；家是大树，参天耸立，遮风挡雨；家是驿站，茶香四溢，炉火正红。有爱才有家。父爱是山，给孩子一生的坚强；母爱是水，给孩子一颗柔软的心。聪明的家长，会让家成为孩子的依恋，成为孩子敞开心扉的地方。和谐的家是孩子成长的乐园。让孩子感到家是最幸福的地方，是家长最明智的做法。然而，在家庭教育中，下面几种常见的现象往往最能影响亲子关系。

一、"你看看人家谁"

"你看看人家谁，放学回家后就学习；你看看你，就光知道玩儿。""你看看人家谁，回家后就帮家长干活；你看看你，就光知道打游戏。""你看看人家谁，读了那么多书；你看看你，做完作业就万事大吉了。"……这也许是很多父母经常挂在嘴边的口头禅，也许当你脱口而出的时候，你不以为意，但孩子听了之后，可能会有这样的想法：你看人家谁好，就让人家谁做你的孩子；我不如人家谁；家长是不爱自己的，我在他们眼里一无是处。当你这样说的时候，看看孩子的反应就知道了。家长之所以这样说，是因为"恨铁不成钢"，想让孩子以人家谁为榜样，成为优秀的孩子。家长的心情可以理解，但这样做的结果往往适得其反。

难道自己的孩子真的一无是处吗？不是！家长这样说的时候，是拿自己孩子的短处与人家孩子的长处进行比较，除表达对孩子的不满之外，家长本心里也不会这样认为。但这样的做法久而久之会让孩子和家长产生隔膜。鉴于此，家长要善于发现孩子的闪光点，及时鼓励表扬，这样会放大孩子的优点。当然也不是没有原则，若孩子真有问题，要"义正词严"、坚持原则，做一个"狠心"的家长，让孩子明确自己的问题所在，进而形成良好习惯。当家长没有整天揪着孩子的缺点加以埋怨、唠叨的时候（整天一味地埋怨、批评只会强化孩子的不足），孩子自然会信任家长，在家里也有心灵的安全感，良好的家庭氛围自然就形成了。

二、"你看看你考的什么成绩"

每次考试后的家长会，都会让部分学生提心吊胆。如果孩子没有考好，有些家长回家后往往会板起面孔，冲着低头站立的孩子一顿数落，"你看看你考的什么成绩，一点也不像我"，有的甚至还用食指指着孩子，以表达愤怒、失望之情。当家长这样做的时候，你感觉管用了吗？

我是一名语文教师，在批阅学生作文时经常会看到类似这样写家长的作文：这次我没有考好，家长去开家长会了，我在家里忐忑不安，心想回来一定会是"混合双打""竹笋炒肉"。但是，爸爸（妈妈）回来后，异常平静，把我拉到身边，还让我坐下，说考不好没关系，记得下次要努力。我感到非常愧疚，发誓一定要好好学习。这样的作文多多少少反映出孩子的心理：没有考好，心里已经很难受了，期待着家长能理解自己。如果家长真要是像前面所说的那样，往往只会增加孩子的挫折感，却于事无补。

正确的做法应该是与孩子平等坦诚地交流：首先让孩子分析这次考试情况，自己哪些科目考得比较好，哪些科目考得不好，不好的原因是态度问题、努力程度不够，还是题目的原因。在孩子找到问题所在之后，家长可以引导孩子做一些补偿性练习，同时让孩子明确以后努力的方向。只凭考试成绩去抓孩子的成绩，远不如抓孩子学习的过程，比如每天与孩子交流学习方面的情况，多向老师了解孩子的在校情况，每天检查孩子的作业等等。当我们家长这样做的时候，孩子就会感觉到家长是始终和自己在一起的，在时刻关注着自己，也就不会对家长产生逆反心理，和谐的家庭氛围自然就形成了。

三、"小孩子懂什么"

孩子是家庭的一员，遇事能不能同孩子商量也决定着家庭是否有民主的氛围，是否能形成和谐的家庭氛围。

相对而言，父母在人生阅历、生活见识方面肯定要优于孩子，因此有些家长总是以长者的身份自居，经常听到的话就是"小孩子懂什么"，"我走过的桥比你走过的路还多"，"我吃过的盐比你吃过的饭还多"。但后生可畏。记得在家里换家具的时候，我和孩子的爸爸主张买一套枣红色家具：沙发、电视橱、茶几，与我们的年龄相符。但孩子不愿意，他看上了一个玻璃面、周身都是白色的茶几，最后我们勉强依了孩子的意见。谁知将家具摆放到家里后，正是这个茶几一下子让客厅明亮了许多、活泼了许多。想想如果都是深红色的家具，虽不会让人压抑沉闷，但也不会像现在这样给人轻松之感。

我们把孩子当作家庭的一分子，凡事同他商量，这表示了家长对孩子的尊重。尊重是人较高层次的需要。如果这种需要不能获得满足，人就会产生沮丧、失落等负面情绪。因此，当父母凡事同孩子商量时，孩子也会愿意主动与父母进行沟通，家长也就能听到孩子的心声，这样就会形成和谐的家庭氛围。建议家长可注意以下几点。

凡是孩子的事情，一定要与孩子商量。随着年龄的增长，孩子总想独立地去处理问题，这是因为他认为自己已经长大了，成熟了。此时父母千万不可把自己的想法强加于孩子，而应在尊重的前提下，把自己的想法传达给孩子，让他权衡利弊，作出决定。虽然有时孩子会碰壁，可没摔过跟头的孩子怎么能长大呢？美国成功学家卡耐基说过，用"建议"，而不下"命令"，不但能维持对方的自尊，而且能使他乐于改正错误，并与你合作。

与孩子商量要用商量的语气。当孩子的要求无法满足或不应该满足时，家长不能简单而粗鲁地拒绝，而是要采用商量的语气，否则，即使孩子表面上答应了，但口服心不服，也不会产生努力的动力。因此，家长可以用"你看这样怎么样"而不是"你必须怎么样"的话语。在这样的氛围中，孩子也会学会如何与人相处，当遇到与他人产生分歧时，他知道该如何去做。

对于孩子的不良行为，家长可以试试"约法三章"。父母在与孩子商量后，制定规则并约法三章，使孩子从心里愿意接受并遵守，这样也就避免了父母与孩子之间的矛盾冲突。

商量不是服软，这是水滴石穿的道理，柔弱会成为家庭和谐的润滑剂。

和谐的家庭气氛需要家长和孩子共同营造，但家长作为长者，更应起到带头、引领作用。请大家设想一下，当你回到家里时，孩子是那么懂事，你也能放松身心，一家人其乐融融，那该是多么幸福的场景啊。让我们共同努力，为建设和谐的家庭而多动脑筋，为孩子创造一个温暖、温馨、充满了爱的幸福家庭。

【点评】

作者选取家庭教育中的三种常见现象，也是最能影响亲子关系的三个方面，为我们阐释了如何营造和谐的家庭氛围，启示我们：不要总拿自己的孩子同别人比，不要总盯着孩子的不足，不要认为孩子是少不更事的。当我们真正尊重孩子、相信孩子、鼓励引导孩子时，孩子才会在和谐的家庭氛围中健康茁壮成长。

（范继梅）

专题三　陪伴

导读：陪伴孩子成长是爱的最好方式

韩树军

随着人们对家庭教育重要性的认识的不断提高，孩子的教育问题已成为当下家庭的头等大事，更是许多家长长期以来头疼的烦心事。那么，怎么样才能做好家庭教育呢？

这个问题的答案很多，不同的家庭有不同的境况，不同的人有不同的看法。然而，在现实当中，很多父母在面对孩子的教育问题时，不是一味地责怪孩子，就是无端地埋怨老师，很少反思自身的问题，这对孩子身心的健康成长是极为不利的。

有人说，每一个优秀孩子的身上，都有其父母的影子；同理，每一个问题学生的背后，都有家庭教育的缺失。这句话道出了父母在孩子成长过程中不可或缺的作用。

父母陪伴是对孩子最好的爱。父母有效陪伴直接影响着孩子的健康成长！父母是孩子的第一任老师，父母怎么做，孩子就怎么学。父母的一举一动都影响着孩子。陪伴不但需要耐心，也需要技巧，更应该注重孩子的长远发展。陪伴应是有质量、有效果的高品质陪伴。所谓高品质陪伴，就是在陪伴孩子的时候，父亲或母亲是全心全意地和孩子一起互动，这时要心无旁骛,既不要想着工作,也不要想着压力。高品质陪伴不只是沟通和互动,更重要的是真正理解孩子及其所需,真正走进孩子的心灵。孩子的成长过程离不开家长的陪伴,陪伴可以增强孩子的安全感和自信心。

父母应该如何陪伴孩子呢?

首先,陪伴孩子形成良好的品质。父母不但得"生"好孩子的身体,而且得"育"好孩子的灵魂。这是为人父母的责任使然。身体属于智商,大多是先天的,靠"智"育。灵魂属于情商,可后天塑造,靠"德"育。智育的主战场在学校,德育的原渠道在家庭。只有两者相互协作、相互促进,才能筑就孩子的成长梦。因此,父母应该把孩子的道德品质作为家庭教育的重中之重来抓。而要做好这一点,父母就应该先从自身的改变做起,要求孩子做到的,必须自己先要做到,给孩子做出榜样。父母的言传身教,对孩子的成长很重要。家长要理性地对待所面临的事情,特别是在凸显家长品德的事情上,一定要给孩子做好榜样,做到有德、有品、有正气!

其次,陪伴孩子养成良好的学习习惯。学习是孩子出生后认识世界的一个过程。提起孩子的学习,几乎每个家庭都有一把辛酸泪。在孩子的学习上,父母要尽力培养孩子独立学习的习惯,既不能撒手不管而让孩子失去控制,也不能越俎代庖而让孩子产生依赖。习惯的培养不是一朝一夕就能做到的,必须持之以恒,常抓不懈,以防反弹。比如,家长可以帮助孩子做好时间规划,吃饭、写作业、读书、玩耍、看电视等事情都要定时、定量。只要能长期坚持,孩子慢慢就会习若自然,形成习惯。

第三,陪伴孩子战胜困难。孩子在成长过程中肯定会遇到这样那样的问题或困难,家长应该密切关注孩子的变化。当孩子在成长过程中遇到了生活或学习上的困难时,家长应该走进孩子的心灵,站在孩子的角度为孩子着想。家长要帮助孩子分析所面临的困难,并给予积极的指导,陪伴孩子走出阴霾,战胜自我,战胜困难,让孩子健康成长!

第四,陪伴孩子一起阅读。在当下网络碎片化阅读的时代,让孩子从小养成阅读优秀报刊书籍的习惯尤为重要。亲子共读是培养阅读兴趣、提高语言能力、进行思想教育的有效途径。家长若能坚持的话,就再好不过了。读书关键在悟，要读有所悟，悟有所获。要通过读，悟出书中的道理、哲理、事理。正所谓读书明理，读书益智，读书修身。要做到这一点，父母最好和孩子共读一本书，读后相互交流心得，共同成长。在幼儿园和小学阶段，家长要对孩子进行引导，做孩子的导师。在中学阶段，就可放手让孩子自己读。孩子养成自觉读书的习惯，那将使孩子终身受益。

第五，陪伴孩子一起了解社会、欣赏自然。新课改要求教师将学习的权利放手交给学生，让学习发生在学生身上，培养学生自主学习的能力。在学校教育里，老师都开始"放手"了；在家庭教育里，家长或许也应该学会"放手"。陪伴孩子去上社会这个"大学校"，去读大自然这本"无字书"，让孩子在社会中提升实践能力，在大自然中探索创新精神，这对孩子的成长是大有裨益的。家长可以利用双休日、节假日陪伴孩子进行有趣的社会实践活动或旅游，让孩子走出家门了解社会，欣赏美丽景色，从而开阔视野，陶冶情操。

一些问题孩子的出现，很多情况下是因为这些孩子在需要指导、需要帮助、需要呵护的关键时刻，没有得到家长的陪伴。没有陪伴就没有温暖，没有陪伴就没有更好的爱。最好的家庭教育是陪伴，"一切为了孩子"不是一句空话，让我们从学会陪伴开始吧！

本专题围绕"陪伴"这个主题，从各个层面、各个角度讲述了"陪伴"的重要性，以及如何进行有效陪伴。相信广大家长能从本专题中领悟教育孩子的有效方式方法，真正发挥陪伴的积极作用，在陪伴中与孩子一起成长。他山之石，可以攻玉。我们不妨走进每一篇文章，寻找自己所需要的答案吧！

多年父子成兄弟

王明山

案例一

张祥（化名），是一名男生，行为习惯、学习习惯都很差。经常违反班规校纪，如果老师批评他，他从不承认自己错误，有时甚至顶撞老师；和同学一言不合就大打出手。有时在家里，甚至顶撞家长。他是典型的问题学生。

案例二

李默闻（化名），是一名男生，行为习惯、学习习惯都很好。只是上课时从来不会举手，眼神中总是流露出怯怯的神情；很少和别人交流，他的天地仿佛就仅仅是那一张小小的课桌。他也是典型的问题学生。

与家长交流得知：张祥同学是家里的独生子，爷爷奶奶、姥姥姥爷都很宠爱他，爸爸妈妈只要是管教孩子，总会受到长辈的百般阻拦。孩子有了错误，父母迫于长辈的压力，有时听之任之，有时无可奈何。久而久之，孩子就形成了"我是天下第一""唯我独尊"的思想。于是，班主任给家长提建议：先要做通老人的工作；结合生活中的实际问题与孩子多交流；给孩子约定好要求，逐渐改变孩子的不良习惯。经过一段时间后，孩子的表现大有好转。

案例二中的李默闻之所以也是问题学生，是因为孩子的内心是压抑的，个性被极大地束缚住了，世界仿佛与他无关。究其原因，这名同学一个月里没有几天能与父母生活在一起，平时由爷爷奶奶照管，父母很少与孩子交流，只关心孩子的成绩。一听说成绩不行，父母就会很厉害地体罚孩子，是典型的"不打不成才"的教育方式。与其家长沟通交流后，家长认识到陪伴孩子的重要性，于是不再外出打工，调整了自己的工作，并时刻提醒自己心平气和地与孩子交流。一个学期下来，孩子的性格有了明显的改变，上课能主动举手回答问题了，阳光般的笑容经常洋溢在孩子的脸上。

综合以上两个有些极端的案例，可以发现：父母与孩子能否建立和谐的关系并让孩子有安全感是何等重要。因此本文拟就这一点与家长交流，期待孩子能快乐学习，健康成长。

有这样一个小故事：5岁的女儿不愿意跟随妈妈逛商场，每次都要哭闹以示抗议。有一天在商场里又发生了这样的事情，妈妈蹲下来哄孩子，一抬头发现虽然商场里人头攒动、热闹非凡，商品琳琅满目，但孩子看到的只是人们的腿。这也许是笑话，但只有当家长能蹲下来，以平等的心态与孩子交流时，才会理解孩子的想法，这就是尊重。

"尊重"的意思是尊敬、重视，古语是指将对方视为比自己地位高而必须重视的心态及言行，现在已逐渐引申为平等相待的心态及言行。从父母的角度考虑，"平等"就是父母要尊重孩子的人格。请各位家长反思一下，您做到了吗？孩子喜欢踢足球，您认为不如学钢琴更有品位；孩子想与同学去爬山，亲近自然，您认为孩子应该在家里学习而不是瞎胡逛；孩子周末想放松一下，您认为孩子应该去上辅导班……

著名作家汪曾祺先生在散文《多年父子成兄弟》中记叙了自己与儿子发生"分歧"的一个故事："按规定，春节可以回京探亲。我们等着他回来。不料他同时带回了一个同学。他这个同学的父亲是一位正受林彪迫害，搞得人囚家破的空军将领。这个同学在北京已经没有家，按照大队的规定是不能回北京的，但是这孩子很想回北京，在一伙同学的秘密帮助下，我的儿子就偷偷地把他带回来了，他连'临时户口'也不能上，是个'黑人'，我们留他在家住，等于'窝藏'了他。公安局随时可以来查户口，街道办事处的大妈也可能举报。当时人人自危，自顾不暇，儿子惹了这么一个麻烦，使我们非常为难。我和老伴把他叫到我们的卧室，对他的冒失行为表示很不满，我责备他：'怎么事前也不和我们商量一下！'我的儿子哭了，哭得很委屈，很伤心。我们当时立刻明白了：他是对的，我们是错的。我们这种怕担干系的思想是庸俗的。"汪曾祺先生与妻子反思自己的行为，认为"我们对儿子和同学之间的义气缺乏理解，对他的感情不够尊重"。如果换作你，你能做到吗？汪曾祺先生放弃了成年人的成熟而世故的想法，不仅支持了孩子的想法（因为他是对的）并与孩子共同承担，还能反思到自己是对孩子情感的不尊重。因此在日常学习、生活中，父母要多听听孩子的心声，换位思考，多从孩子的角度想一想！当然，尊重孩子并不是一味地迁就孩子。

苏联教育家苏霍姆林斯基说："人的全面发展取决于母亲和父亲在儿童面前是怎样的人，取决于儿童从父母的榜样中怎样认识人与人之间的关系和社会环境。"有些父母虽对子女的期望之心恳切，但自己"身歪影斜"，还板起面孔喋喋不休地"教训"孩子。孩子是从模仿中学习的，他们的言行在一定程度上较接近父母，父母如不严格要求自己，不按孩子的心理特点教育孩子，是不能取得良好的教育效果的。这一点与中国俗语"有其父必有其子"的道理是相通的。

因此，父母要做孩子的榜样。父母的言行举止、待人接物、生活方式甚至动作姿势，对于孩子的思想品质、生活习惯都有很大影响。要孩子品行端正、正直诚实，自己就要不说谎骗人；要孩子遵守公共道德，自己则不能违背社会公德；要孩子珍惜时间，养成勤劳的习惯，自己就要办事不拖沓，说到做到。因此，当要求孩子如何如何时，家长首先应问问自己做得怎么样。孩子若长期面对父母言行不一的举止，久而久之就会形成不正确的处世观念，把表里不一当作处世的标准，从而影响孩子一生的发展。例如，在学校里老师每天都叮嘱孩子要遵守交通规则、不要闯红灯，但千叮万嘱也抵不过家长用电瓶车载着孩子闯一次红灯。因此，父母要时刻警醒自己：我的言行对孩子的影响是好是坏。毕竟父母是孩子的第一任老师，是孩子第一个模仿、学习的对象。想要孩子拥有快乐幸福的人生并且有所成就，父母就要成为他们的榜样。

父母对孩子的信任与鼓励同样非常重要。美国大发明家爱迪生入学仅仅三个月的时间，就被老师以"低能儿"的名义撵出学校。童年时期的爱迪生，除了自己的母亲，并没有得到人们的认可。母亲鼓励他自己做实验，让他体验实验带给他的乐趣。对爱迪生来说，母亲南希既是妈妈，也是老师，又是朋友，与母亲的交流对爱迪生的人格形成产生了巨大的影响。爱迪生在日记里留下这样的话："无论发生什么事，都有母亲为我支撑着，所以才会有我的今天。无论在什么样的情况下，只有母亲体谅我任性。无论在多么痛苦的时候，我都能坚持下来，努力想让母亲高兴。这都是托母亲的福。"

还有这样一个故事。卡耐基的父亲对卡耐基的继母说：这是全县里最坏的男孩。然而继母却讲了冬天不能砍树的故事："一位农夫在冬天砍了一棵枯树，但第二年的春天树桩上又萌发了一圈新绿。于是农夫对家人说：'当时我真的以为这棵树已经死了，现在才知道，枯死的树干还蕴藏着活力。'差孩子就是一棵枯树，卡耐基不是全县最坏的男孩，而是聪明但还没有找到发泄热忱地方的男孩。"继母的一句话改变了卡耐基的一生，他也同继母建立起了深厚的友谊。还有一位母亲，带着自卑的孩子来到海边，让孩子从起飞较慢的海鸥身上感受到了信心与坚持的重要。由此看来，父母的信任与鼓励是孩子前进的不竭动力。

反观今天，有多少父母能陪在孩子的身边？有多少留守儿童翘首企盼着父母回家？但是陪伴又不仅仅是时间上的在一起。有一则笑话说："最远的距离是我在你身边，你却在玩手机。"各位家长反思一下自己，生活中的您是用心在陪伴孩子吗？孩子不在乎您能帮助他解决多大的难题，令他真正开心的是您与他站在一起，真正的陪伴是心灵的陪伴相通。带孩子去图书馆，可以让孩子感受文化的氛围；带孩子去运动，可以让孩子强健体魄；与孩子一起种树、种花，可以让孩子感受自然与生命的奥妙。因为孩子不在乎您给他买了多么昂贵的玩具，令他真正开心的是和您一起玩耍的时光。

陪伴，是一种温暖人心的力量，一种给人依靠的信赖。陪伴是父母要全身心地融入孩子的世界，接纳他，建立起与他沟通的桥梁，与他一起分享他的快乐、他的悲伤、他的苦恼、他的困惑……在孩子需要的时候给予帮助和支持，在孩子不需要时当一个好的听众，了解他的心理需求，尊重他的意愿，信赖他的能力。

当父母真正做到了尊重孩子、信任鼓励孩子、陪伴引导孩子时，孩子就会完全信赖自己的父母，父母与孩子也就会建立起亲近、温馨、平等的关系。正像汪曾祺先生在《多年父子成兄弟》中所说的："我的孩子有时叫我'爸'，有时叫我'老头子'！连我的孙女也跟着叫。我的亲家母说这孩子'没大没小'。我觉得一个现代化的、充满人情味的家庭，首先必须做到'没大没小'。父母叫人敬畏，儿女'笔管条直'，最没有意思。儿女是属于他们自己的。他们的现在和他们的未来，都应由他们自己来设计。一个想用自己理想的模式塑造自己的孩子的父亲是愚蠢的，而且，可恶！"

【点评】

作者从做班主任所遇到的两个案例讲起，提出了一个很重要的家庭教育的话题：家长要和孩子建立起和谐的关系。而如何做到呢？就是父母要尊重孩子、信任鼓励孩子、陪伴引导孩子。作者没有讲一番大道理，而是通过现实中的例子通俗易懂地予以说明。相信家长们读后一定会受到很大的启发。

（贾传军）

时间是"挤"出来的

——与孩子一起节约时间

邓明国

我的女儿邓雪，小学就读于长清区石麟小学，初中在长清一中初中部（我校的原名），高中考入山东省实验中学，2017年7月考入中国政法大学。孩子自小学至初中几乎都是年级第一，高中也是年级前列，被同学们称为"学霸"。我把孩子在学习中的体会和这些年来陪伴孩子学习的一些做法，与大家分享。

孩子平时整天发牢骚，总是感觉时间不够用，每天都有忙不完的事情。针对这一点，我跟她一起想办法，既然时间不够用，咱们就想办法让时间变长，想办法节约时间。于是逐渐有了以下做法。

一、把复读机和录音笔用活了

早在小学时期，我就给孩子买了复读机，以准备到时候给孩子听英语磁带之类的。因此，发下英语教材之后（甚至是之前），我就想办法给孩子找到相关的录音磁带。吃早饭时间听英语听力逐渐形成了习惯，这个时间是一天的开始，没有任何事情的干扰，心情也比较平静，我们安静地吃饭，孩子边吃饭边享受英语大餐。十多分钟就这样悄悄地过去了。

后来孩子又逐渐开发了复读机的新功能，利用复读机的跟读功能，把自己背不过的历史题、政治题等读在上面，反复听，一顿早饭时间，就能够牢牢记住一两个大题。

时间久了，孩子的复读机不小心给摔坏了。一段时间用过MP3，后来我干脆给孩子买了录音笔。随着网络的发达，很多东西都是可以搜到的，然后存到录音笔上。录音笔小巧灵活、携带方便，于是录音笔的各种应用又逐渐被开发出来了。我们家里是比较安静的，只要是孩子学习的时间，其他都处于"静音"状态。于是，孩子在洗脸、刷牙、洗脚的时候，都可以听着学习的东西来进行。

有的时候，孩子来不及录东西，我们家长可以临时充当复读机。在孩子洗脚的时候，我经常在一旁读一读她划出来的几个章节片段或者几个重要知识点。能够帮到孩子的学习，我感觉很有成就感呢。

只要有节约时间的想法，很多时间都是可以省下来的。比如，每次带孩子回老家，路上要花半个小时，孩子总是提前准备点材料在路上听。或者干脆我开车，孩子妈妈提问孩子英语单词之类的。高中时期周末回家和返校的路上，也是在听材料中度过的。这样既保护了眼睛，又充分利用了时间，孩子的视力到现在仍然维持在小学时就发现了的轻度近视。

这样，每天能够节约一节课的时间，也就是孩子比普通孩子多学习了近一个小时。我总是跟孩子说，我们把零星时间节约出来，哪怕多玩会儿呢，也比浪费了要好得多。

二、整理错题，家长是可以帮忙的

进入初中，孩子就在老师的指导下，认真整理笔记和错题。到了高中，随着学习内容的增多，每天整理的内容就更多了。我看到孩子每天都很忙碌，就想替孩子分担一些。于是，我跟孩子商量把一些纯体力的不动脑子的活交给我来完成。

一开始，孩子把典型错题从试卷上或者书上划出来，我就把这些题目抄在孩子要求的具体位置，并留出一定的空间，让孩子自己再做一遍。这件事其实是很辛苦的，家长要有耐心才行。

后来，随着网络的逐渐发达，很多题目在网上都能够搜到。于是，我就在网上把题目给搜出来，然后把题目的题干部分整理到一张纸上，打印出来，再用剪刀和胶棒给孩子粘到相应的位置。

再后来，"作业帮""小猿搜题"等软件的出现帮了我的大忙。有些题目用电脑搜起来太麻烦，于是利用"作业帮"的拍照搜题和语音搜题，把题目截屏后发到电脑上，再编辑打印出来。其实，有一些题目并不是非常有必要整理下来。对于这些题目，可以替孩子搜出来（搜题记录里有），让孩子做完作业后再看一眼就可以了。

这样，一个学期下来，每一学科往往都能够整理一大本的错题集。在孩子复习的过程中，错题集是必看的内容之一。这样再复习起功课来，就比较高效了。

三、给孩子树立信心，让她相信人的精力的潜力是巨大的

到了高中，孩子感觉时间明显不够用。即使这样，我也强迫孩子进行午休，一般是10分钟到20分钟。我给孩子打了个形象的比喻，就好比"充电5分钟，通话2小时"，中午的5分钟午休，能抵得上晚上的2小时睡眠。确实是这样，这个是有理论依据的。

而晚上的睡眠，要保证晚上11点以后的4个小时的睡眠黄金时间。高一下学期和高二的一段时间，每周四的下午和晚自习，孩子要参加学校的竞赛辅导，导致周四的作业没有时间完成。我跟孩子商量，每周四晚上到11点按时休息，第二天我早点叫孩子起床再学习。于是每周四晚上孩子只休息4~5个小时，白天上课精力也没有问题。

我听一位高中的资深教师谈论过孩子的升学率问题。他说，在同样积极学习的基础上，晚上休息的时间一般体现了孩子大学的成色。晚上10点之前休息的，往往最好也就是考取一般本科院校；能够到晚上11点休息的，很可能考取重点本科院校；到午夜12点才休息的，可能考取"985"或"211"的本科院校。说的有些道理，只靠聪明，而没有时间的付出是不行的。

最后，真的像鲁迅先生说的，"时间，就像海绵里的水，只要愿挤，总还是有的"。时间，每天得到的都是24小时，可是一天的时间给勤勉的人带来智慧与力量，给懒散的人却只能留下一片悔恨。让我们家长在为孩

子节约时间上共同努力，为孩子更好地成长尽一份力。

【点评】

　　作为邓老师的同事，平时经常听他聊起自己与孩子在学习和生活中的点滴，但今天看到这篇文章后，仍然深有感触，甚至有些令人震撼！从认识邓雪起，就知道她是我们口中的"学霸"，原来这些成绩的背后，既有孩子的努力，也离不开家长的辛勤付出。经常听邓老师讲，在孩子很小的时候，家里的电视就是摆设，几乎不看，就是为了给孩子营造一个安静的学习氛围；当孩子读书时，他们读报纸或看书；当孩子写作业时，他们在一旁陪着；甚至当孩子洗脚时，他们也能为孩子读学习资料；就连在回家的路上，也能帮孩子复习英文单词，真的是做到了言传身教，并且充分利用时间，而这时间都是"挤"出来的！邓老师为我们教育孩子做出了榜样。同样作为家长，虽然我的孩子还小，但是我感到很大的压力，总之一句话：努力向邓老师学习！

（田　青）

孩子成长过程中的教育故事

刘其祥

孩子的教育是每个家长的必修课，可这门课学得如何，或许不尽相同。每个孩子有自己的特点，每位家长有自己的性格，每个家庭有自己的氛围，所以对孩子的教育也会有不同的方式方法。我对孩子的教育可以说也几经周折，今天就说说我的孩子进入初中后的一些经历。

我的孩子性格偏于内向，我认为心理年龄较实际年龄略小，思想单纯，不善于与同学和老师交流。刚进入初中依然如此，学习上只能说还跟得上，因此我对孩子的学习成绩很少过问，但孩子能主动与我交流学习的情况。下面主要是想在孩子的性格和学习习惯培养上与大家分享一下。

首先在性格培养上花费了较大的精力。

我平时能陪孩子的时间也不多，可我仍然要抽时间在孩子空闲的时候陪他做他喜欢的事，在他高兴的时候和他多交流，并加以引导——什么是要说的、什么是要问的、如何去表达，有意识让他在遇到困难时能提出来，我会想尽一切办法帮他搞清楚、弄明白。比如，孩子在刚上初一时喜欢上了魔方，可我不会，这可怎么办？于是，我通过网上搜索以及与同事的交流，终于让孩子学会了最简单的二阶魔方，让孩子入了门。后来孩子又通过网络视频以及与朋友的交流，学会了3~6阶和一些不规则形状的魔方，从而让孩子建立了自信心，逐渐地学会交流。除此之外，还通过参加家庭聚会、家庭组团外出游玩、参加小型比赛等活动，为孩了提供与别人交流的机会。孩子的性格逐渐活泼开朗起来，尽管还有待进步，可我已经很欣慰啦,我和孩子会继续努力的。

再就是在学习习惯培养上多花些心思。

孩子本身是那种不调皮、不捣蛋的性格,可是在学习习惯上,由于之前的疏忽也没有培养好。孩子刚进入初中时,由于感到新鲜、知识相对简单,孩子不用费多大的精力就能相对较好地完成基本知识的学习,但不会复习、不会对知识进行总结、不会对困难问题进行分析解决,更不会注意书写规范等问题,特别是到了初二,知识难度提升,孩子明显感觉吃力。我一开始是给孩子在大道理上讲应该好好学习,应该养成好的习惯,书写要规范。孩子听后默默地答应了,可事后仍然我行我素。就拿书写这件事来说,在进入初中之前,孩子也曾练过书法,写的字不能说很好,可从专业角度来看也是不错的了。后来进入初中,无论是英语单词还是汉字的书写,都一塌糊涂。虽然我再三强调要注意书写,甚至我亲自演示给他看,也没有对他产生一点影响。我很是懊恼,可也没办法。后来抓住一次周末的机会,他妈妈带他去办公室写作业,有个同事看了他的作业,说了一句"孩子单词写得不行,应该这样写",就在草纸上教他如何书写,有哪些注意事项。从那天起,孩子就有了很大的改变,我也趁此机会和他交流规范书写的必要性,效果明显。从这件事我也体会到,孩子不是做不到,而是没有触动他的内心。后来,我在孩子的学习方面不再说空洞的大道理,而是经常结合实际具体地解决细节问题,让孩子学会怎么去思考、怎么去处理,学会坚持,以便养成好的学习习惯。

这仅仅是列举了孩子成长过程中的几点经历和感触,其实我在孩子的培养方面还有很多需要反思和改进的地方。我的孩子虽然不是多么的优秀,但我希望孩子有一个健康的身体、活泼开朗的性格、阳光自信的态度、良好的习惯、积极向上的心态。我会和孩子共同努力,共同分享成长的快乐,我更相信孩子会有一个美好的未来。

【点评】

人的一生会经历三大教育:家庭教育、学校教育、社会教育。相对应的是三位老师:在家庭教育中,父母是孩子的第一位老师;在学校教育中，师长是孩子的第二位老师；在社会教育中，长辈、朋友等是孩子的第三位老师。在这三位老师中，父母是孩子最关键的一位老师，其肩负着三大职责：既是传播知识的老师，又是管理者、策划者，更是榜样。我们都很清楚，一位有心的家长只要帮助孩子养成良好的生活和学习习惯，孩子一定会受益终生。而本文的作者正在以实际行动践行着这样的教育理念。

（范继梅）

陪伴孩子，耐心教育

韩树军

电话铃声响了，来电显示是已毕业的一个学生的家长。我怀着疑惑接了电话，这位家长非常激动地说："韩老师您好，孩子考上重点高中了，考了445分，感谢您的辛勤付出，我和孩子由衷地感谢您！"家长激动的心情和分外高兴的样子，我完全能感受到。

说实话，我真的不敢相信王瑞同学能考445分，但又完全相信这是真的，因为他有一位可敬的父亲。初二年级正是学生叛逆性比较严重的阶段。当时王瑞的叛逆性也比较明显，经常为一点小事和同学发生矛盾，甚至大打出手。以王瑞同学为中心，形成了一个"小团伙"（涉及几个班），由于学校管理严格，问题则出在了校外，出现校外打架、惹是生非现象，安全隐患极大。王瑞的家长深刻认识到，如果任由孩子这样下去，结果一定是极其糟糕的，很可能毁了孩子的一生。"小团伙"危害性极其严重，一个人不敢惹事，几个人在一起互相怂恿就会出大问题。

王瑞的父亲抓住了关键，当务之急就是拆散"小团伙"，隔断孩子与行为不轨的学生的联系。

王瑞的家长首先与孩子约法三章。周一至周五上学期间绝不允许带手机，手机由父母保管。只有周六下午，在家长陪同下可以使用手机。周六、周日如果要外出，家长无条件陪同，但绝不允许擅自外出，否则取消周六下午使用手机的权利。若在校内外出现顶撞老师及打架伤人事件，除接受严厉批评外，取消周六、周日外出及使用手机的权利。这在一定程度上控制了王瑞与其他同学的联系，起到了一定的约束作用。

但孩子上学及放学路上的时间，又成了"多事之时"。王瑞的父亲非常清楚地认识到，如何控制好上学及放学路上的时间，是进一步帮助孩子走出"小团伙"的又一关键所在。王瑞的父亲从控制孩子上学时间入手，做好有效控制，避免王瑞与其他同学的不正当联系。而出现问题往往集中在放学路上，放学路上孩子们碰面的机会要大于上学路上，因此出现矛盾的可能性极大。王瑞的父亲又把注意力和精力放了接孩子回家上。王瑞的父亲是一个自由职业者，有相对宽松的时间。每天中午放学前，王瑞的父亲准时出现在学校门口，见到王瑞总会大声打招呼，一方面表达对孩子的爱，另一方面引起与王瑞有联系的同学注意。王瑞家长通过监督的方式，隔断了王瑞与一些有想法的孩子的不正当联系，保护了自己孩子，也拯救了其他孩子。这种接孩子的做法很明显就是监督或者监视，当然孩子是不情愿的。但王瑞的父亲总是表现出极其热情的样子，令王瑞无可奈何，慢慢地就接受了父亲的做法。

坚持就是胜利。从孩子出现问题的初二学段开始，王瑞的父亲始终把接孩子作为教育孩子的关键。在接孩子的过程中，有效地避免了孩子走下坡路、学坏的可能，也极大地加深了与孩子的沟通交流，培养了深厚的亲子感情。只要是学校上晚自习，下晚自习前王瑞的父亲总会出现在学校门口，两年来风雨无阻。王瑞的父亲以钢铁般的意志和雷打不动的信念爱护着孩子，实际上为孩子点亮了明灯，树立了榜样。

有效的陪伴是最好的教育。王瑞父亲的做法就是最好的诠释。对于这个十几岁的孩子而言，如果不是父亲的及时引导和教育，如果不是父亲的坚守和陪伴，或许他就是校园凌霸中的一员，也绝不会彻底改变自己，最终取得优异成绩。

我们班的于杰同学成绩很优秀，性格活泼，是很受同学们欢迎的漂亮女孩。进入初二后，她在期中考试时成绩很不理想，由原来班里的上游降到了中下游。这么大的差距着实令家长和老师震惊。这孩子怎么了，为何有这么大的差距？后来发现于杰上课精力不集中，经常走神，好像有什么心事。放学后常常出现未能及时回家的现象。经多方观察后，发现于杰与邻班的一个男生交往过密。于杰的妈妈认识到了问题的严重性，意识到如果不能及时帮助孩子走出所面临的"是非之地"，那么孩子的学习就没有了希望。于杰的妈妈理解孩子青春期的表现，同情孩子遇到的问题，于是采取堵与疏相结合的方式，开始了对于杰的转化工作。于杰的妈妈没有声张，装作毫不知情的样子，故意把于杰进入初二后成绩不理想的原因归结为自己没有更好地照顾和关心孩子。

于杰妈妈表示，为了帮助于杰改变当前的学习现状，一段时间内将做到准时接送孩子。于杰和邻班的那个男生同在一个小区，正是在同来同往的过程中激发了他们萌动的心。自从于杰妈妈接送于杰后，于杰与那个男生的交往就少了，家长有意识地干预了他们的交往。一段时间后，于杰表现得非常烦躁。于杰的妈妈当然知道于杰烦躁的原因，但是故意装出蒙在鼓里的样子，顺势转移到学习成绩下滑这一原因上来，耐心地鼓励于杰将落下的功课慢慢补上。

为了调节于杰的心情，于杰妈妈主动邀请于杰看电影，电影内容由于杰选。于杰妈妈和于杰成了每周六下午电影院里的常客。在天气好的时候，于杰妈妈动员于杰一起去登山和郊游。外界的干扰加上时间的冲荡，会慢慢改变曾经的认识，有些东西也会随着时间的冲荡而烟消云散。正是于杰妈妈这种有意的陪伴，在阻止于杰不当发展的同时，呵护着孩子的成长，引导着孩子的进步。

于杰妈妈利用星期天，联合小区内的三个家庭组织了一个小型聚会。于杰邻班的那个男生家庭也在其中。大人们谈笑风生，孩子们也在快乐地交流。家长们心照不宣，孩子们也心知肚明。于杰妈妈充分抓住聚会的机会，让孩子们在聚会上分别谈谈自己的理想以及怎样做才能实现自己的理想。通过谈理想、表决心，增强了孩子们的彼此了解。在于杰妈妈的鼓动下，各位家长就孩子如何交往也谈了自己的看法。于杰妈妈说："交往是培养深厚友谊的基础。交往不能影响生活、不能影响学习，应该充满正能量。通过健康的交往，达到互相鼓励、互相帮助、共同提高的目的。"其他家长也纷纷讲了自己学生时代发生在班里的因男女不正当交往而误了学业的例子。家长形成合力，端正孩子的思想认识，这样实际上是给孩子传递了正确的价值取向，纠正了错误的做法。

孩子在成长道路上难免会出现一些这样那样的问题。明智的家长往往能突破问题看到问题背后孩子的成长，并能够找到合适的方式、科学的方法帮助和引导孩子解决问题。青春期的孩子，无论是思想上还是身体上，正发生着剧烈的变化。如果家长不能走进孩子的内心世界，体会孩子的感受，而采取简单甚至粗暴的方式，那么只会把事情搞糟。如果家长能站在孩子的角度想问题，那么就抓住了解决问题的关键。在所有帮助孩子战胜困难、走出阴霾的方法中，陪伴无疑是最好的方式。陪伴让孩子心中有了阳光和方向！如果我们把陪伴做得更好，孩子将变得更棒！

【点评】

哈佛大学心理学教授吉尔博特说："十年以后，你不会因为少做了一个项目而遗憾，但你会因为没有多陪孩子一个小时而遗憾。"所以，这一程山水，与孩子相遇；这一程风雨，陪孩子成长。这就是最好的方式。陪伴，让孩子心中充满阳光，前进就有方向！韩老师的引导，让我们受益匪浅。行动起来，让我们把陪伴做得更好，让孩子变得更棒！

（边　霞）

牵着蜗牛去散步

庞 敏

上帝给我一个任务,
叫我牵一只蜗牛去散步。
我不能走太快,
蜗牛已经尽力爬,为何每次总是那么一点点?
我催它,我唬它,我责备它,
蜗牛用抱歉的眼光看着我,
仿佛说:"人家已经尽力了嘛!"
我拉它,我扯它,甚至想踢它,
蜗牛受了伤,它流着汗,喘着气,往前爬……
真奇怪,为什么上帝叫我牵一只蜗牛去散步?
"上帝啊!为什么?"
天上一片安静。
"唉!也许上帝抓蜗牛去了!"
好吧!松手了!
反正上帝不管了,我还管什么?
让蜗牛往前爬,我在后面生闷气。
咦?我闻到花香,原来这边还有个花园,
我感到微风,原来夜里的微风这么温柔。
慢着!我听到鸟叫,我听到虫鸣,

我看到满天的星斗多亮丽！

咦？我以前怎么没有这般细腻的体会？

我忽然想起来了，莫非我错了？

是上帝叫一只蜗牛牵我去散步。

（张文亮）

经常听到一句话："别让自己的孩子输在起跑线上。"但是我们忘记了：人这一生并非百米冲刺，而是一场马拉松。马拉松比赛从不会"输在起跑线上"。那些所谓"输在起跑线上的孩子"，往往最后成了人生赢家。对于他们而言，比逐利前行更重要的是奔跑本身，"努力奔跑比跑得快更重要"！对于家长而言，为奔跑的孩子喝彩才是家庭教育的真谛。孩子的成长需要过程，孩子的成长绝不是一蹴而就的。所以，家长要对孩子说："你一定要慢慢来！"家长需要耐心地陪伴着孩子慢慢前行。

孩子心灵的成长需要"慢"，情感的熏陶也需要"慢"。作家毕淑敏曾感慨地说："凡是自然的东西，都是缓慢的。太阳一点点升起，一点点落下；花一朵朵地开，一瓣瓣地落下；稻谷成熟，都慢得很啊。那些急骤发生的自然变化，多是灾难。如火山喷发、飓风和暴雨。一个孩子要长大，是很慢的。一个人睡觉，也是很慢的，从日落到日出，人才能休息过来。"但在现实生活中，往往会有各种各样来自外界的压力，使得父母没有过多的耐心和时间去给予孩子慢慢来的机会。所以，家长和老师要把自己从"效率至上"的快节奏生活及由此带来的精神束缚中解放出来，进入"牵着蜗牛去散步"的教育情境，恢复教育本来的"慢"性子。

我是一名年轻班主任，在自己不长的从教经历当中，一个小姑娘的父亲遇到的问题让我印象深刻。这个小姑娘比同龄学生小两岁，文静、刻苦是我对她的第一印象，成绩虽不突出却也还可以。这位父亲跟我哭诉，不知道怎样帮孩子尽快提高成绩。我把我能想到的方法跟他说了个遍。但是他说，自己和太太都是老师，能想到的方法都已经在孩子身上试过了，起初有明显提高，后来如同到了一个瓶颈，始终过不去。当时的我急得满身是汗，只能问这位父亲："还需要我做什么才能帮助您让孩子提高成绩？"

现在想来，我确实要帮助这位父亲，因为很可能问题不在孩子身上而在家长身上。小姑娘是勤奋、听话、能吃苦孩子的代表，然而她"爬行"的速度远远达不到家长所期望的标准。为了她，尽管家长做了所有能做的事，无怨无悔地付出，却依然没有达到理想的效果。电影《小王子》中说道："大人成为大人前，都是小孩。但是，小孩成为大人前，也不完全能做回小孩。"因为小孩处处要受大人的影响甚至诸多强制规定的约束，就像电影中的小女孩一样，她的整个人生都被妈妈安排得明明白白，天天处于高强度的学习计划中，整天就像一台学习机器，不能动弹。丢了童真的世界，真的一点也不美好。

我们经常听到这样的说法：教育是农业而不是工业。工业生产是开采、加工、再加工的快节奏生产，其产品是无生命的。而像枝芽、稻秧以及那欣欣向荣的向日葵则是会呼吸的生命，其生命力有着四季的回转，有着时令的回旋，不可拔苗助长，需要播种者的耐心和等待。

万物生长总有其自然规律，人更是如此。父母眼中总有"别人家的孩子"，却忘记了每个孩子都是独特的花朵，都有属于自己的花期。若父母忽略了这一点，就会在孩子背后拼命地催促，让孩子拼命地追赶，与孩子相处的时光便成了家长与孩子之间相互折磨的炼狱。最后，无论是孩子还是父母，都错过了成长路上的美丽风景。牵着蜗牛去散步，如果这种现状我们无法改变，为什么不选择静下心来，用心感受孩子成长路上的风景呢？

当然，教育没有统一标准，更不可能从书本中找到适合每个孩子的方法。催促对烈马可能有效，对蜗牛却无效。我们从不推崇放任自流的家庭教育，但家长也应该清楚孩子的眼光是率真的，视角是独特的，家长与其焦虑，不如蹲下来倾听孩子的心声，陪着孩子静静体味生活的滋味。只有尊重了孩子，教育才会自然地发生。

【点评】

"每个孩子都是独特的花朵，都有属于自己的花期。"文章用生动形象的故事，启示我们：家长应该了解孩子的特点，尊重孩子的个性，耐心地陪伴孩子成长，静等花开。

（王 玲）

孩子，让爸妈陪你长大

孙乐飞

"哎！不知不觉，孩子已经长大了！"作为父母，很多人都发出过这样的感慨，但有多少父母能静下心来去想一想：你在忙工作的时候，是否忽略了对孩子的教育呢？孩子在自己身边的时间，能和你有多少真正意义上的交流呢？你对孩子真正意义上的陪伴有多少呢？对孩子来说，最重要的教育时机也就那么几年光景，错过了就再也无法回头了，再去弥补就很困难了。

曾经看到这样一段话，虽然不是出自名人之口，却非常富有哲理：人在年轻的时候，千万不要借口忙而忽略对孩子的教育；在年老的时候，一切荣华富贵都是过眼云烟，而一个不成器的孩子，足以让你晚景惨淡，但是一个成功孝顺的孩子，足以让你生活无忧。

家庭是孩子的第一所学校，父母是孩子的第一任老师。优秀的孩子成就优秀的家庭，优秀的家庭始于父母的陪伴。下面分享两个例子。

案例一：我班的男生董××，聪明伶俐，学习成绩中上等水平，按智力程度应更优秀。初二下学期开始，经常上课时趴在课桌上，无精打采，倦怠无力，有时甚至睡着了；课桌上很多时候是凌乱不堪的；交头接耳、做小动作的现象也时有发生；学习成绩也是一落千丈。于是，我多次找他谈心，晓之以理，动之以情，希望能找到原因，终于他承认自己晚上有时控制不住自己，偷偷地上网聊天打游戏。我严肃地对他讲解了上网打游戏的严重危害，并告诉他"细节决定成败，态度决定高度"，自己一定要端

145

正学习态度。马上就要进入初三，要排除一切外界干扰，静下心来保持旺盛的精力用功学习。只有这样，自己才能超越自我，取得成功。一番劝解，取得了一定的效果。接着，我又打电话联系到他的妈妈，进行了一番沟通交流。通过交流得知他家的特殊情况。他的父亲在区里上班，母亲在老家上班，家里还有一个两三岁的妹妹。平时，父亲和他在城里居住，母亲和妹妹在老家居住。晚上，他的父亲还要经常去应酬，因此疏于对孩子的管理。了解到这个情况，我向他的妈妈分析了当前的中考形势以及时间的紧迫性。我告诉她孩子最近一段时间在学校的表现，孩子现在最需要的是陪伴，要注意对孩子的监管并在生活上给孩子最好的保障。在一番沟通交流后，他的妈妈意识到了问题的严重性，决心克服一切困难，搬到城里一块给孩子最好的照顾。期中考试时，他的成绩有了显著的提高。

案例二：男生刘××，不爱学习，上学经常迟到，上课无精打采，要么搞小动作，要么影响别人学习，提不起一点学习的兴趣；下课追逐打闹，喜欢动手动脚；作业常常不做，也有玩手机游戏的爱好；即使作业做了，也做不完整，书写相当潦草。于是，我到他家进行家访，了解到他的父亲经常出差，母亲刚生了二胎，无暇顾及他的学习和生活，更谈不上陪伴。我首先和他的家长进行了深入的交流，希望家长一起配合工作，多给他一些陪伴，也希望他能遵守学校的各项规章制度，以学习为重，按时完成作业，知错就改，争取进步，争取做一个他人喜欢、父母喜欢、老师喜欢的好孩子。在家长的密切配合下，这个同学各方面表现有了明显的好转。

上述案例引发了我的诸多思考，与大家分享一下。

通过调查，我认为案例中孩子的行为形成的原因之一应该是由于家庭不良的教育因素影响。父母经常在外，没有尽到教育的责任；父母偶尔回家听到班主任"告状"，对孩子不是辱骂就是棍棒相加。针对这种情况，我实施了一些干预措施。首先改变其家庭教育环境。我同家长进行了多次诚恳的谈心。通过谈话使他们明白，孩子的成长离不开良好的家庭教育。建议家长多抽一些时间来关心孩子的学习和生活。当孩子有错时，应耐心开导，而不应采取辱骂、踢打的教育方式。另外，我还要求家长禁止孩子贪玩游戏，或者帮孩子提高辨别是非的能力，鼓励孩子以学习为重。接下来的日子里，我多次与家长电话联系，汇报孩子在校的表现，了解孩子在家的活动情况。由于家庭的千差万别，家长对于子女的教育目标和成才观念各不相同，因此家长对于子女的教育理念和培养目标各不相同，而孩子的情况更是千差万别。所以，学校教育必须在家庭教育的配合下，具体分析每个孩子的实际情况，正确引导孩子成才，陪伴孩子健康成长，成为有用之人。

陪伴，不仅仅是陪在孩子身边，更多的是和孩子进行心灵的沟通与碰撞，是和孩子一起成长，是和孩子一起解决他在成长过程中遇到的困惑及问题。

办公室有这样一位同事，他有一个女儿，自小学至初中几乎都是年级第一，高中也是年级前列，被同学们称为"学霸"。后来不负众望，考入名牌大学。和他交流得知，孩子的优秀与家长这些年来的用心陪伴是分不开的。

他的女儿聪明好学，上高中时，总是感觉时间不够用，他便当起了女儿的临时"复读机"。当孩子洗脚的时候，他经常在一旁读一读孩子划出来的几个章节片段或者几个重要知识点。每次带孩子回老家，路上要花半个小时，孩子妈妈就会帮着提问孩子事先准备好的英语单词之类的。

看到孩子每天都很忙碌，他就想替孩子分担一些。一开始，孩子把典型错题从试卷上或者书上划出来，他就把这些题目抄在孩子的练习本上，并给孩子留出一定的空间，让孩子自己再做一遍。随着网络的逐渐发达，很多题目在网上都能够搜到。于是，他就在网上把题目给搜出来，然后把题目的题干部分整理并打印出来，再用剪刀和胶棒给孩子粘到练习本上。当我问道："这样不是很辛苦吗？"他却笑着说："这件事当然是很辛苦的，家长要有耐心才行。能够帮到孩子的学习，感觉很有成就感呢。"

是啊，父母也是孩子教育过程中的实施者，对待孩子成长过程中的系列问题，父母的教育思路、教育方法，同样决定着孩子未来的成长发展方向。因此，父母要以平和正确的心态面对孩子成长中的问题，以积极的方式加以正确引导，以足够的耐心去帮助孩子克服困难。

孩子幼小的心灵易受损伤，陪伴是抚平创伤的良药；孩子稚嫩的肩膀需要呵护，父母是最值得信赖的亲人。当作为父母的自己年华老去，有个优秀的孩子陪在身边，不也是一件很幸福的事吗？愿为人父母的我们都能用最清澈的源泉，浇灌孩子最纯洁的心灵，给孩子留下阳光明媚的未来。

【点评】

孩子就像一棵小树苗，在成长过程中，难免会长出一些枝丫，幼小的心灵和稚嫩的肩膀也易受损伤。这就需要有人修剪其枝杈，呵护其心灵，陪伴其成长，而父母无疑是最值得信赖的人。只有在父母的陪伴下，孩子才能拥有一颗纯洁的心灵，才能茁壮幸福地成长，才能拥有阳光明媚的未来！

（贾传军）

陪伴是最长久的鼓励和温暖

董德清

曾经有一段视频风靡网络，引得无数为人父母者默默垂泪：在孩子需要我们陪伴时，当父母的不堪其扰，然而当孩子开始远离父母后，那份甜蜜的负担却成为父母求而不得的期盼。今天，儿子已经成为一名二年级的小学生。回顾与孩子一起成长的点点滴滴，感悟最深的莫过于这句话了，那就是——陪伴是最长久的鼓励和温暖。

小孩子的心是最敏感的，他们往往能最真切地感受到父母的爱和期待。当孩子遇到困难时，我们不妨放下手里的手机，和孩子一起努力，陪他一起渡过难关。

一、小写作之旅

从上学期开始，我想着力培养孩子写日记的能力。当时，我一边拿着手机看电子书，一边看着儿子写日记。儿子抬起头，不服气地说："妈妈，你为什么不写呀？"我下定决心，拿出个笔记本，取名"亲子日记"。我写在本子的左边，儿子写在本子的右边。写完后有感情地朗读给对方听，评比谁写得好。孩子好胜心强，为了比过我，必定写满一页。我也从不特意写与儿子相关的事情，就是如实表现自己工作中的喜怒哀乐，让孩子近距离接触妈妈的工作，让他认识到妈妈工作中的努力上进、对生活的珍惜和热爱。我似乎从孩子听读文章时晶亮的眼睛里听到了儿子内心成长的声音。就这样，我们娘俩坚持写完了厚厚的一本日记。

前几天，孩子的语文大本中有个写话作业，是"小熊过河"。这家伙又捣蛋不愿写了，磨蹭了半天也不动笔。我故意说这个简单好写，结果儿子反将我一军：你不是说好写吗，你写一篇我看看。最后，他竟然命题让我写"五七三十五"。就这样，我以孩子的口吻写了一篇名为"五七三十五"的童话故事。我发现儿子那天的写话写得特别认真，内容也很丰富，应该是妈妈的陪伴给了孩子无上的动力吧！

现在，在我们娘俩的共同努力下，孩子的写话不再是学习上的障碍了。上次李老师让写2018年第一场雪，最后统计字数时发现这孩子竟然写了970多个字，虽然语言不简洁、重复累赘之语甚多，但看着孩子对写作的劲头，我和老公感到由衷的欣慰和满足。

虽然有时也因为工作繁忙、压力过大，一度懒得提笔，但是看着孩子的进步，还有什么是不能坚持的呢？儿子，妈妈会努力陪你一起前行，在写作之旅中越走越远！

二、背诵积累之旅

儿子有个小毛病，背诵东西一旦背不过就极易发怒，一着急就掉眼泪、撅挑子。我也曾怀疑这孩子懒，不愿背或者太笨背不过。可怎么办呢？总不能不管他放任自流啊！我想了个办法，就从《唐诗三百首》入手，给孩子描绘诗句表达的画面，有了理解上的基础做铺垫，儿子背得很快。在很长一段时间里，就在接孩子回家的路上，我们娘俩几乎都是一路比赛背着诗回家的。渐渐地，孩子掌握了文字间的联系，背诵也不再那么困难了。等到李老师让背诵积累《鸟岛》《小纸船》《蝴蝶谷》等文章时，孩子就能快速准确地背过了。

回过头想想，当孩子遇到困难、孤独无助时，假如我们当家长的只是说一句"多背诵两遍就背过了"这种敷衍的态度，或者怒其不争骂上一句"真是笨死了"，或许孩子会更加彷徨，进而怀疑自己、否定自己，最终放弃。我们何不用自己的一点经验拉孩子一把呢？有时，静静守望、默默陪伴都会成为孩子成长中的一种助力。

三、读书感悟之旅

儿子认字比较早，但有时懒，不愿意写字。当一年级下学期李老师让孩子读书积累、摘抄背诵好词好句时，孩子懵了。第一，不会找好词好句；第二，孩子写字慢，不愿写下来。怎么办呢？面对孩子的焦躁不安，我陪坐在一旁，和孩子讨论词语和句子的优劣。即使孩子怕背诵麻烦，找的都是简单的人物对话，我也极力肯定，就怕孩子缺乏兴趣而中途放弃。孩子不会写，我就替他摘抄，只要求他背过就行。渐渐地，孩子能自主选择好词好句了，也能试着摘抄了。特别是进入二年级以来，全是孩子自己摘抄的。即使老师没布置，这孩子也一直在做着这件事。

由于李老师高瞻远瞩，极早注意了孩子语文能力的培养，才使孩子的朗读能力飞速提升。现在，儿子读书时，已经在熟练的基础上学会倾注感情，有模有样地代入文本了。不能不说这是孩子语文学习的一大进步。

四、娱乐游戏之旅

除了文化课的学习，我在娱乐游戏方面也尽可能抽出时间陪陪儿子。陪他去园博园观赏冬天的园林，儿子在结冰的湖面上扔石子，听到石子在冰面上蹦跳远行发出的清脆声响，高兴得欢呼雀跃；在地下车库陪儿子学骑自行车，我虽然累得腰酸背痛，依然收获满满；陪儿子弹钢琴，看着儿子的小手在黑白琴键上灵巧地跳动，内心无比喜悦；甚至陪儿子爬14层楼梯步行回家，明明腿酸得站不住，可是看到儿子在前方热情地召唤，我又咬牙继续往上爬……

前几天，我心血来潮写了一篇小文章《你是我最爱的人》给儿子看，算是送给儿子的节日礼物。儿子，你是上天赐予妈妈最美的礼物，你是妈妈血脉相连的亲人，我会用最长久的陪伴助你成长。因为你是妈妈永远的守望！

随着现代社会生活节奏的加快，特别是国家二胎政策的施行，越来越多的父母忙于工作、社交、照顾幼小的孩子，有点时间就拿起手机刷刷朋友圈，却忽略了对家里大孩儿的陪伴和教育。听到更多的是"这孩子越来越叛逆、越来越不听话了"。殊不知，孩子叛逆背后的潜台词就是缺少爸爸妈妈的陪伴和关注。或许我们不能给予孩子太多的时间，但是情感的沟通和交流是必不可少的。孩子需要的爱不是给他多少零花钱，不是给他报多少辅导班，而是你陪他聊聊生活、学习中的喜怒哀乐，给他点热情的鼓励和中肯的建议，让孩子感受到你在陪他成长。

著名教育家陶行知先生说："生活教育是生活所原有，生活所自营，生活所必需的教育。"家庭是教育的原生土壤，父母是孩子的第一任老师。来自父母的关注孩子成长的每一句温馨的话语、每一个鼓励的眼神，都会成为孩子成长的莫大动力。

亲爱的宝爸宝妈们，请停下手头的忙碌，多给孩子一些陪伴吧！孩子会铭记于心的，因为陪伴是最长久的鼓励和温暖！

【点评】

"家庭是教育的原生土壤，父母是孩子的第一任老师。"这一点是毋庸置疑的，可是一些家长还缺乏这样的认知。本文中的家长深刻认识到了一个家庭中父母对孩子教育的作用之大、影响之深，于是尽己所能陪伴孩子，并在陪伴中引导孩子养成"写作、背诵、读书、游戏"的好习惯。希望为人父母者都能读一下本文，并能够从本文中找到一个家庭对孩子培养的最基本方式——陪伴。

（范继梅）

"爸爸妈妈，我恨你们"

齐 凯

留守儿童是当下社会颇受关注的问题，个别自己上进的孩子能独立成才，但多数留守儿童因没有家长的关注和管理，学习和生活都受到了严重影响，往往走向社会的底层。

小鑫是我的2011级学生，之所以想起了他，是因为遇到了他的同班同学小康，在聊起班里一些孩子的发展和去向时提到了他。他是班里极少数没上高中的学生之一，当时小鑫只上了个技校。小康说，小鑫技校也没有毕业就辍学了，辍学后卖过二手车，卖过房子，送过快递，送外卖，但都没有干长，现在终日在社会上游荡。

在为小鑫感到遗憾的同时，小鑫的一些情况又浮现在眼前。2011年，小鑫刚上初一，班里的同学都很活泼开朗、积极上进，可是小鑫总闷闷不乐，作业也总完不成。找孩子交流，孩子说想爸爸妈妈。原来小鑫跟着爷爷奶奶生活，爸爸妈妈搞长途客运，常年不在家，并且越是节假日越忙。孩子想父母，实在受不了了，就让爷爷奶奶送到济南长途汽车站，在父母等班的间隙跟父母匆匆见上一面，父母对孩子的生活和学习根本顾不上。小鑫的父母有时候也感觉亏欠了孩子，就用物质和金钱来弥补，对孩子是有求必应。小鑫当时穿着班里最好的鞋，骑着最好的自行车，用着最好的手机，但可以看得出，小鑫并不快乐。由于缺乏有效的管教，小鑫放学后经常出入网吧、游戏厅，作业则应付了事，甚至后来连应付也不应付了，学习上肯定是一塌糊涂。

　　在了解情况后，我跟小鑫家长联系面谈，但约了好几次，家长都因为出车没时间来不了。最终见上面是因为小鑫病了，挺严重，家长来接孩子去看病。我和家长进行了简单的交流，分析孩子的现状，告诉家长，进入初中阶段以后父母的陪伴教育相当重要，是别人所无法代替的，建议家长多关注孩子的学习、成长。当时的一段对话还记忆犹新。

　　我说："男孩子进入初中以后，当父亲的要多关注，建议雇个司机，让孩子的父亲能够经常回家来管理孩子。"

　　家长说："雇个司机一个月四五千元，花费太高，恐怕雇不起。"

　　我说："要不雇个卖票的，让孩子的母亲回家来带孩子。"

　　家长说："那更不行，把钱交给别人管，怎么放心？"

　　我说："把钱交给别人管你不放心，把孩子交给别人管你怎么就放心？孩子才是你们最最宝贵的财产啊！"

　　这次谈话最终不欢而散。时间一天天地过去，小鑫身上的问题也越来越严重，由最初的迟到、早退、完不成作业，到后来干脆逃学，甚至离家出走。

　　临近毕业，为了给孩子加油鼓劲，激发孩子奋勇争先、冲刺中考的干劲，我安排孩子每人给自己的家长写一封信，题目就是《临近中考，爸爸妈妈我对你们说》。绝大部分孩子都能够认识到父母养育自己的不易，在信中抒发自己对父母的感激之情，表示要通过努力拼搏，力争中考取得优异成绩，来报答父母的养育之恩。可是，小鑫同学写给父母的信第一句话却是："爸爸妈妈，我恨你们！"小鑫何出此言啊？小鑫继续写道："我知道你们很爱我，你们辛辛苦苦挣钱都是为了我，在花钱上你们也都能够满足我的要求，可是从小到大你们陪伴过我几天啊？当我迷恋于网吧甚至逃学的时候，你们为什么不像小康的父母一样严格管教？临近毕业，人家都有自己的目标，准备考高中，将来考大学，可是我却落下了太多的功课，什么也不会，爸爸妈妈，我考什么啊？"

　　当时小康和小鑫是好朋友，小康也曾出现过这样那样的问题，但小康的家长对于孩子出现的问题从未姑息迁就，管理很严格。当时小康也很逆反，抱怨家长管得太严格，曾一度很羡慕小鑫玩手机、上网吧、逃学而家长不管。但小康的家长不抛弃、不放弃。在家长的督促、管理和引导下，小康顺利走出青春的迷茫，度过了逆反期，初中毕业考上了高中，三年后又进入了心仪的大学校园。后来了解到，现在的小康才真正理解了家长的苦心。

虽然我没有再和小鑫的父母联系过，但想必现在他们应该明白了，是挣钱重要还是管理孩子重要，但一切都已经晚了。

现在，留守儿童问题也是教育的一大问题，在孩子成长的关键时期，父母管理与教育的缺失是造成很多问题少年的原因之一。家长背井离乡、抛家舍业外出打工的初衷，肯定也是想着改变家庭的经济状况，为孩子创造更好的学习条件，但他们忘了，孩子需要的不仅仅是物质的满足，精神的抚慰和心理的安慰同等重要。陪伴是最长情的告白，父母的陪伴教育更是任何金钱、物质所替代不了的。

【点评】

在孩子成长的关键时期，如果父母不在身边，孩子缺乏父母的关爱，容易致使孩子性格孤僻、懦弱，出现问题偏差也得不到父母的及时纠正引导，可能会影响孩子的正常发展，甚至导致孩子走向犯罪的深渊。本来外出打工是为了给孩子创造更好的生活条件，结果却因此影响了孩子的发展。家长要对孩子负责，不能只顾眼前啊。

（赵　霞）

有一种爱叫放手

——由一张卡片想到的

董德清

　　一日，闲来无事，与两岁的儿子在灯下玩卡片游戏，规则是我拿出一张卡片，让儿子随意组词。

　　"山"。儿子脱口而出："高山，大山。"我微笑着问："还有什么？"儿子想了想，说："文昌山。"我不禁莞尔。前几日刚与儿子爬过文昌山，可见生活经历已活化烙印在了儿子的认知体系中。"贝"——"贝壳""宝贝"；"奶"——"奶奶""旺仔牛奶"；"生"——"生肉"。一切进行得非常顺利，我刚想把写有"生"字的卡片收起来，儿子两眼放光，一把拉住我的胳膊，兴奋地大声说道："妈妈，还有'医生'！""医生"和"生肉"是风马牛不相及的两个概念，两岁的孩子竟能迅速、准确地把它们反馈出来。在感动、欣慰之余，我内心深处更多了一些深沉的思索。

　　孩子在识字游戏中的出色表现，究其根源，不外乎以下三个方面：

　　一是鲜活生动的生活积累。平时的见闻、感受沉淀在孩子心中，就成为一种宝贵的财富，它随时都可能喷薄而出，外化在言行、认知中。"行万里路"，在生活这本大书里指导孩子多观察、多思考，一定会让孩子受益终生。

　　二是家长和老师只能以知识引导者的身份出现，而不可越俎代庖，成为孩子的权威。要知道，朋友比权威更易被孩子接纳。假如我在教给孩子

156

认卡片时直接灌输"贝——贝壳的贝""山——高山的山",在孩子的视野里就不会有"宝贝""文昌山"这样的精彩呈现了。相信孩子,给孩子点空间,你会享受到更多的欣喜和感动。

三是对孩子来说,及时的肯定和鼓励比什么都重要。当下比较流行的一种教育观点是"好孩子是夸出来的"。我们成人在工作中做出点成绩都渴望得到领导的肯定和认可,何况是孩子呢?"孩子,你太厉害了!妈妈都没想到还有这个词!"一句话会让孩子小脸泛光,激发出更多的潜能。千万别吝惜你百忙之中的一句表扬哟!

由此可见,"爱"不是简单地给予,而是适当地放手、巧妙地引领,让孩子自己去摸索,在生活这部无字之书中获取知识、获得技能。

有关社会调查表明,现代社会家长给予孩子的太多,甚至一切包办,使孩子丧失了自主学习、从生活中获取知识的能力,甚至变成了生活中的"低能儿"。有些小学生不会系鞋带,有些中学生不会收拾房间,东西随手乱放,不会洗衣服,不会做饭,因为身后总有爷爷奶奶爸爸妈妈为他们"擦屁股"。有些高中住校生每周拿回家的都是大包的脏衣服、臭袜子。我们密不透风的"爱"却培养了一个个"巨婴"。学习上也是如此,做家庭作业时,孩子一遇到难题向你求助,你总会赤膊上阵,一遍遍不厌其烦地讲。若自己也不会,就上网搜"作业帮",舍不得向孩子说"不"。可我们培养出了怎样的孩子呢?动手能力差、责任淡薄、不懂得感恩!面对这样的现状,我们除了痛惜,还有茫然吧?

纵观人类思想发展史,对受教育者尊重的教育思想古已有之,像苏格拉底、亚里士多德等教育家就倡导在教育实践中对孩子的尊重,卢梭主张在教育教学中给孩子自主权,强调从孩子的生理和心理特点出发来设计教育,遵循自然的原则去培养"自然人"。这一教育思想对后人影响非常大。裴斯泰洛奇是卢梭教育思想的实践者,提出"教育必须适应自然"的原则。涂尔干注重对孩子自主性的尊重,对自己职业选择的尊重。杜威提出自由教育思想,强调"以学生为中心",认为过去教育的弊端是将重心放在了教师、教科书上,来自教师的刺激和控制太多,对学生的经验和兴趣考虑太少,甚至忽略了学生的主体性存在。他认为,教育过程应该是教师和学生共同参与的过程，也是教师和学生真正合作的相互作用的过程，在这个过程中，教师和学生是平等的。这一系列的教育理论无不证实了这样一个道理：放手给孩子一点空间，我们会收获更多的惊喜。

儿子又拿着拖把在费力地拖地了，与其说是在"拖地"，不如说他拉着拖把在行走，嘴里还不忘表扬自己："妈妈，看我拖得干净整洁，多好呀！"

我欣慰地笑了，就冲着这个"干净整洁"，明天我一定再去书店买本《婴幼儿画报》！

【点评】

"有些小学生不会系鞋带，有些中学生不会收拾房间，东西随手乱放，不会洗衣服，不会做饭，因为身后总有爷爷奶奶爸爸妈妈为他们'擦屁股'。有些高中住校生每周拿回家的都是大包的脏衣服、臭袜子。我们密不透风的'爱'却培养了一个个'巨婴'。"寥寥几句话就将目前部分学生的学习生活现状及家庭现状呈现在我们眼前，令人触目惊心。这样的"巨婴"于家庭于国家有用乎？爱，就请放手：一是给孩子锻炼的机会，哪怕受挫也是成长；二是相信孩子，给孩子自信的勇气，让孩子变得更坚强。

（范继梅）

最好的教育是陪伴

刘玉东

爱孩子几乎是每个父母的本能，怎么爱，却是一个常谈常新的话题。托尔斯泰说过："爱孩子是老母鸡都会做的事，关键是如何教育。"教育是深入灵魂的事，是精神上的扎根和熏染。家庭教育是学校教育永远的底色，而父母是这底色最重要的绘制者。

陪伴才是对孩子最好的爱，陪伴才是最好的教育，没有什么比父母的陪伴更重要，一切理由在教育孩子面前永远是借口。然而，随着生活节奏趋向于越来越快，更多的父母如今已难得有充足的时间来陪伴孩子，由此而导致的种种教育问题，已不可小觑。

一、孩子成长过程需要爱的陪伴

在孩子成长的过程中，父母的陪伴是世界上最重要的事，绝大多数父母的最大难题是没有时间。有时候，父母不会教育不可怕，不懂教育也没关系，因为，教育是深入灵魂的事，是精神上的扎根和熏染。对孩子而言，他们需要的不是奢华的物质享受，而是寂寞时有人陪伴，迷惑时有人指引，成功时有人鼓励，失败时有人理解。我们先看一则故事《爸爸，我想买你1小时》，或许就会明白：一切的爱，都基于陪伴！

一位父亲下班回家已经很晚了，身体疲倦，心情也不太好。这时，他发现5岁的儿子正靠在门边等他。"我可以问你一个问题吗？"儿子问。"什么问题？"父亲有些不耐烦。"爸，你1小时能挣多少钱？""这与你无关。为什么要问这样的问题？"父亲生气地说。儿子望着父亲，恳求道："我只是想知道。请告诉我，你1小时挣多少钱？""假如你一定要知道的话，那我就告诉你吧。我1小时挣20美元。"父亲有点按捺不住了。"喔。"儿子沮丧地低下头。过了一会儿，他又抬起头，犹犹豫豫地说："爸，可以借给我10美元吗？"父亲终于发怒了："如果问这种问题就是想要向我借钱去买毫无意义的玩具，那你还是回房间去，躺到床上好好想想为什么你会那么自私。我每天长时间辛苦工作，现在需要休息，没时间和你玩小孩子的游戏。"儿子一声不吭地走回自己的房间，轻轻关上了门。

儿子走后，父亲还在生气。过了一阵儿，他渐渐平静下来。想到自己刚才有些粗暴，他走进孩子的房间，轻声问："你睡了吗？""爸，还没呢。我还醒着。"儿子回答道。"爸爸今天心情不太好，所以刚才可能对你太凶了，"父亲说，"这是你要的10美元。""爸，谢谢你。"儿子欣喜地接过钱，然后又从枕头下拿出一些皱皱的钞票，仔细地数起来。"你已经有钱了，为什么还要？"父亲又开始生气了。"因为只有那些还不够，不过现在足够了。"儿子回答道。然后他将数好的钱全部放在父亲手里，认真地说："爸，我现在有20美元了，我可以向你买1小时的时间吗？明天请早一点回家，我想和你一起吃晚餐。"

父母对孩子一生的成长，无疑是举足轻重的。父母的陪伴不仅仅是生活上的陪伴，还是精神上的陪伴。父母要静下心来听听孩子的心里话，慢下脚步陪陪孩子，因为孩子是多么渴望父母能抽出时间陪自己聊聊、陪自己走走，多么希望父母能多看自己一眼、能见证自己最开心的时刻。

二、心灵陪伴需要真诚

心灵陪伴是空间陪伴、生活陪伴的升级，是人与人之间建立以感情紧密联结为基础的良好关系。通过真正的、内心真实的感受来交流与沟通，传递给他人爱、信任和安全感，从而了解他人、关爱他人、相互信任。在儿童养育的领域，父母与孩子建立亲密的关系比采用所谓"正确"的技巧更为重要！父母通过心灵陪伴传递给孩子的爱和信任将会影响孩子一生。

家长要做孩子言行的镜子。著名教育家马卡连柯对家长说过："不要认为只有你们同孩子谈话教育他、命令他的时候，才是进行教育，你们怎

160

样穿戴，怎样同别人谈话，怎样议论别人……这一切对孩子都有着教育的意义。"因此，家长要做到举止文明、言行一致，不要在无意中给孩子留下言行不一的恶劣印象。一位同事曾向我讲过这么一件事：上周六，她和孩子上街买服装。付钱时，她随手拿孩子身上的衣服价格和商家商量价钱。谁知她的话还没说完，站在身旁的6岁儿子突然大声冲她嚷："妈妈，你骗人！我身上的衣服是150元，你却说是100元，你骗人！"她是真没想到孩子会注意这些，当时，她尴尬极了……因此我认为，努力做到举止文明、言行一致、情趣健康，做孩子言行的镜子，是父母不可忽略的大事。

常记得教育家雅斯贝尔斯的一句话："真正的教育是用一棵树去摇动另一棵树，用一朵云去推动另一朵云，用一个灵魂去唤醒另一个灵魂。"一个普通的父亲，不在于有多少文化、有多高的学识、有多大的本事，而在于用自己的榜样和影响，教会孩子堂堂正正地做人、踏踏实实地做事，具备了这一点，孩子就会走好自己的路。

岁月无声，而匆匆的光阴却在生命的每一个空隙不着痕迹地流着。流年的浪花总是荡漾在辽远的心际，水波涟漪般徐徐散开，风中花瓣样轻轻坠落。而那些小到令人难以察觉的陪伴，却在不经意间留下点滴感动……大教育家陶行知说过，学生在学习上大致可分为四种："大凡生而好学为上，熏染而学次之，督促而学又次之，最下者虽督促不学。"生而好学与督促不学的人毕竟是少数，大多数得到熏染、督促就学习了。

爱需要时间来表达，工作缠身的父母，请尽量留一些时间给孩子吧，倾听他们的心声……

【点评】

作者从孩子需要家长的陪伴、陪伴孩子要真诚这两个方面，与家长分享了自己对家庭教育的思考。不要忽略孩子的感受，不要错失孩子成长中的陪伴！家长是最需要训练却最缺乏训练的一种职业，父母事业上的成功永远无法弥补家庭教育的失败。对于孩子的成长教育，父母只有一次机会，千万不要错过！

（王明山）

新手妈妈也说家庭教育

孙小花

用心养育过孩子的人都理解养育孩子的不容易，但是作为晚婚晚育的夫妇，我们还是低估了养育孩子的难度。

从照顾初生婴儿的手足无措，到享受跟娃斗智斗勇的乐趣，虽然短短两年，但漫漫家庭教育路，我在养育中不断学习，自以为已经初窥门径。

孩子虽然还没上学，但是总听别人说"不能让孩子输在起跑线上"，所以教育当然要从娃娃抓起了。

先说语言，孩子的语言能力在三岁以前有个爆发期，但准备工作其实从一岁以前就开始了。首先是听和说，不管去哪里，不管做什么，我都把怀抱里的小婴儿当成一个具有独立人格的"人"看待。我们要去做什么，看到的是什么，听到的是什么，能想到的都"叨叨"给孩子听。虽然我也不知道作为小婴儿的孩子能不能听得懂，但是我明白，语言就是需要输入才会输出的过程，日积月累才会见到成效。所幸孩子到一岁时，效果就开始显现了，先从一个字开始，娃很会表达自己的意图，比如要开某个她感兴趣的盒子，就会说："开，开，开！"很快就爆出两个字，然后三个字，不知不觉到五个字，不到两岁就可以说出七八个字的短句子了！目前不过两岁，有时候都不知道她在哪里学到的话，说出来就很搞笑，比如某一次跟姑姑的对话。姑姑说："你这本书很好看，我拿着了啊！"娃立马来了句："可不行！"请自行想象一个两岁奶娃带着山东腔的口气……当时大家就笑喷了，不行就不行吧，还"可不行"……

当然，除了多跟娃说话，多输入，还有多读书。小婴儿自己当然读不了文字性的书籍，刚开始是以图画为主的绘本，主要由家长讲述；逐渐地，字多一点点，每页三五行的样子，基本就开始讲配图的故事书。虽然孩子还不认识汉字，但故事内容还是听得懂的，加上讲解时我们的个人自由发挥，所以一本书讲很多遍，孩子也不会厌倦。现在在讲故事的时候，我逐渐地有意识指读，给孩子读得多了，孩子对那些方块字自然眼熟，想来到识字的年龄也是有益的。

汉语还好，毕竟生活环境就是汉语化的。但对于目前地球村世界化的趋势，作为一门语言工具的英语，应该也不能错过2～3岁的语言敏感期。虽然英文儿歌从一岁前就磨耳朵，英文绘本也买了不少了，但看起来真正让娃喜欢的还是小猪佩奇。我有意让她看英文版动画片，只是希望潜移默化地培养孩子的英语思维模式，至于具体运用，还得靠日常对话。

除了深有体会的语言能力培养，再就是"叛逆期"。别小看两岁的孩子，他们的第一个"叛逆期"已经出现了，"不不不""不要不要不要"就是他们的口头禅！我家娃一样。孩子在一岁左右开始产生自我意识，把自己和妈妈、世界分开，有了"我"的个体独立意识，同时也就有了强烈的自我需求。所以，我觉得"叛逆期"这个词语对于孩子来说并不公平。从孩子的角度来说，他们只是想争取自己的利益或者满足自己的需求而已，没有特意地去叛逆。

虽然如此，但在"叛逆期"成长过程中总难免有冲突，也是很现实的问题。比如娃想看电视，而作为妈妈，我想控制她看电视的时长，那怎么去解决这种矛盾和冲突呢？我觉得不管小孩子还是大孩子，只要坚持很多心理学家提倡的"温柔而坚定"原则，就可以了。有原则，在家庭教育中是必不可少的，否则孩子会没有界限感且缺失安全感，大人也会苦恼，这孩子怎么管不了呢！其实不是管不了孩子，而是家长的习惯性妥协太多，原则性不强，天长日久就会造成家庭教育中的规则缺失。

当然有原则不代表就能简单粗暴地对待孩子，甚至打骂。"温柔而坚定"中的"温柔"，我的理解是耐心，不要急躁。虽然情绪控制不容易，不过家长也是要不断学习进步的，学会控制自己的情绪，才能给孩子做个好榜样。家长应不急不躁地坚定坚持原则，不需要河东狮吼的咆哮，不需要男女混打的暴力，只要"温柔而坚定"地坚持下去，孩子会明白家长的底线。虽然孩子可能会强烈反抗，像小娃娃的撒泼打滚，但小孩子注意力更容易转移，所以最终会趋于稳定和妥协。当然大孩子更容易沟通了，只要有足够的技巧，相信说服通情达理的孩子坚守原则就更容易些。其中还牵扯到一个同理心的问题，简单地说，在跟孩子沟通的过程中，不能否定孩子的愿望和感受，而是表达自己的理解，但是原则就是原则，讲明白不能违背原则的道理，孩子就更容易接受。

对于电视问题，如果看时间差不多了，通常我会选择在一集结束时打断，这样孩子更容易接受，当然也是有意选择五分钟一集的短剧类型节目。对于年龄大点的孩子，如果能直接协商好时间就更好了，不需要直接冲突，而是提前协商，把违背协议的代价加大，也提前协商进去，这样才能发挥规则的作用。

当然家庭教育不是说说那么简单的，最重要的还是家长的执行力，还有相互配合度，或者说即使不相互配合也不能相互干扰，最忌讳这个说这样，那个说那样，让孩子有空子可钻，或者无所适从，那就不利于孩子的教育和发展了。家长要先协商一致，共同努力，当然若能不断学习、与时俱进就更棒了。为了每个家庭的希望，为了孩子的未来，我们作为家长要担负起自己的责任，尽到自己应尽的义务！

我的孩子还小，家庭教育未来路漫漫，但是相信能够不断学习的家长，一定不会把孩子教得太差。不管是教育学生还是教育自己的孩子，都需要"上下而求索"。

【点评】

只有为人父母了，才知育子路上的艰辛。只有让自己成长为智慧家长，才会培养出智慧孩子。教育要从娃娃抓起，这是不可否认的。本文中的智慧家长意识到"先有输入才会有输出"，所以用各种方式输入。面对娃娃的小叛逆，用"温柔而坚定"原则让孩子明白底线。再小的孩子也需要教育的智慧存在，走在孩子前面，才能走得稳当，才能让孩子拥有更健康的人生。

（范继梅）

成长的路上，有风雨，有彩虹

崔 莹

　　二十三载，仿佛是眨眼的工夫，儿子已从一个襁褓婴儿，成为一个大学本科毕业生，又进一步成为读研深造的壮小伙子。其间有风雨，有彩虹，有酸甜，有苦辣，我想每个家庭都有自己深切的体会。我自己也是别有一番滋味在心头，充满许多感慨，絮叨几句，与大家共同分享。

　　幼儿时期，我们对孩子也倾注了全部的慈爱和关切，陪孩子做游戏、讲故事、放风筝等。孩子的童年得到了家庭的温暖，身心得到了健康成长，智力水平也得到了充分锻炼提高。小学阶段，有了学业上的要求，孩子也懂事了，我就开始给儿子讲一些道理，提一些要求。对孩子身上出现的一些不良行为，如过度看电视、玩游戏、作业完成不好等，进行限制、批评、教育。在这个阶段，我认为培养孩子养成良好的习惯非常重要，关键是家长一定要以身作则，给孩子起一个良好的示范带头作用。古话说：己所不欲，勿施于人。比如在孩子做作业时，家长不可以看电视、玩手机或大声喧哗等。那家长可以做什么呢？可以做一些有益的事情，如钻研自己的业务等，为孩子做学习的表率。让整个家庭充满浓厚的学习气氛，对孩子的成长是非常有利的。

　　初中阶段，孩子的身心快速成长，有了自己的初步世界观，也就是有了自己的主见。孩子可能会对家长产生抵触情绪，也就是进入所谓的叛逆期。我想，这时就到了我和儿子交朋友的时间了。了解孩子所思所想，掌握动态，对孩子出现的一些不好的苗头要批评制止，不该让步的决不能让步。记得在初一时孩子也迷上了打游戏，偷偷地进了几次网吧，学习成绩明显下降。我们对他进行了严厉的批评，孩子不接受，情绪大，脱口而出："我走，我不在这个家了！"我当时心一横，坚决地说："你要走就走，我不会阻拦也不找，你自己想清楚，假设出了意外，不要后悔。"后又经过爷爷耐心地劝导，孩子的心情渐渐平复下来，这场风波平稳地解决了。

到了高中，儿子已长成一个小伙子了，身高超过了我们。我们的教育方式也转变为激励和批评相结合。记得高二学期，儿子的学习成绩比较好，就有了骄傲之心。有一段时间，我发现他做作业时经常戴着随身听耳机。问他听的是什么，他说是英语口语，我信以为真，没有深究。直到有一次我好奇地拔下了他的耳机，一听竟然是流行音乐。我勃然大怒，直接把耳机摔碎了。他辩解道："好学生都这样。"我说："如果这样对学习有好处，我让你听上一个月，你能让成绩再上多少个名次？"他顿时哑口无言，低下了头。此后儿子的学习态度变得更加专注和耐心，学习成绩也一直保持在一个比较平稳的水平上，高考取得了一个还算不错的成绩。

记得电视剧《士兵突击》中有一句台词：不抛弃，不放弃。在孩子成长的过程中，面对风雨，面对起伏，这句话对孩子、对家长，我觉得格外重要和有意义。

【点评】

作者既是一位母亲，又是一位教师，能结合孩子每个成长阶段的特点，采用不同的方式引导、指导孩子成长，有时甚至是严厉的批评。作为家长，作者始终能耐心地教导孩子，不抛弃、不放弃，最终让孩子学有所成。家长应当如此，及时发现孩子存在的问题，及时予以教导。相信家长从本文中会有所启发、收获。

（王明山）

你的参与将照亮孩子成长的路

刘　晶

曾经看到一篇文章中有这样一句话："在儿童的教育过程中，没有什么能比父母参与更能影响儿童的学业成就。"我亦有同感，父母的教育可以影响孩子的一生。也许你的事业是成功的，但孩子成了你永远的痛，这样的悲剧正在一次次地上演，那为什么不加入孩子的成长中来呢？家长要参与孩子的成长，融入孩子的心灵，让孩子把你当成朋友、当成知己，让孩子成长的路充满阳光。

我的学生中就有这样一个小女孩，她叫小雅。小雅生活在一个优越的环境里，父母给她创造了良好的生活环境，却没时间管她，所以这个孩子觉得父母并不看重她，因此很叛逆。她在学校上课不遵守纪律，和同学疯玩，不完成作业。她经常放学后不直接回家，而是和同学玩到很晚才走，她妈妈经常为此事打她骂她，她却像没事人一样，根本听不进去。"我想干什么就干什么"成为孩子的口头语，小雅也从来不把学校的事情告诉妈妈，她妈妈却不知该怎么办。难道挣钱是错误的吗？她妈妈闲下来的时候就会这样想。后来通过和老师的沟通，知道了孩子在学校的表现同样糟糕，她妈妈真的迷茫了，难道自己的孩子天生不成器？不，应该不是。

我对小雅妈妈说，也许你和孩子之间缺少信任吧，你应该多关注孩子。

于是小雅妈妈开始观察孩子，从点滴小事上关心孩子，面对孩子的错误，也不再是一味地打骂，而是与孩子讲道理，与孩子换位思考。一开始小女孩并不接受，但渐渐地，小女孩的目光中对父母有了信任。痛定思痛，妈妈决定放下更多的事情，多与孩子沟通，并参与到孩子的学习中来。在孩子放学后，妈妈总是认真听孩子讲学校的事情，讲到可笑之处，妈妈与小女孩一起大笑；在孩子做作业时，妈妈总是陪伴在一旁，孩子有不懂之处，妈妈与孩子一起研究作业。有一天，小女孩趴在妈妈的耳边悄悄地说："妈妈，我还以为我不是您亲生的呢！"这时妈妈意识到，孩子可能是以前觉得父母缺少对自己的关心、关注，觉得自己是一个没人关心、没人爱的人，所以想通过异常的举动来引起父母的注意。妈妈感觉到以前确实愧对孩子了，后悔还来得及。妈妈将以前忽视的对孩子的关心重新找回来，积极地参与到孩子的成长中来，让孩子体会到父母时时刻刻都关注着她，她再也不是无人问津的孩子，而是父母的殷切期望。正是因为小女孩的成长有了妈妈的参与，我发现小女孩作业能按时完成了，上课也认真听课了，成绩提高了，性格变得开朗活泼了，学校的活动也能积极参与了，还竞选担任了班干部。我惊讶于小女孩的变化，打电话问小女孩的妈妈，妈妈却说：我只是分出一些时间参与了孩子的成长。

每一个做父母的都爱自己的孩子，希望自己的孩子成才，但往往会使爱变了"味道"。大多数父母都是以忙为理由，忽视了对孩子的关注，认为给孩子创造良好的物质条件就行了；有些父母认为孩子需严格管教才能成才，一味地抱怨或打骂孩子。其实很多孩子所需要的是父母的关注，是父母的支持，是父母的赏识。小女孩的妈妈就是不希望孩子受苦，一心放在生意上，在教育方式上过于单一，过于粗暴，没有积极参与孩子的成长，导致小女孩用叛逆的思维对待家长和学校。好在小女孩遇上了一位聪明的妈妈。妈妈及时改变思想，首先积极了解自己的孩子，不仅是孩子的学习状况，还包括性格脾气、兴趣爱好、思想动态，在此基础上认识到对孩子加以关注的重要性，认识到参与孩子的成长远比给她富裕的物质生活重要得多，于是多与孩子沟通，逐步取得了小女孩的信任，进而引导小女孩走向健康成长。所以，每当孩子跟我们做父母的说话时，父母应尽可能放下手头上的事情，全神贯注地听孩子说话，这能让孩子觉得父母很在意他说的话。孩子感觉受到尊重和鼓励，就会很愿意说出自己心里的感受。

当你全身心地投入孩子的教育，不断学习并提升教育能力，多了解孩子，多与孩子沟通时，你会赢得孩子的尊重和爱戴。当你真正参与了孩子的成长时，你会体会到孩子成长的快乐，给孩子播撒一路的阳光。

【点评】

只给孩子提供良好的物质条件并不是爱孩子的全部，孩子的成长离不开家长的陪伴。案例中的妈妈真正走进了孩子的生活，与孩子共同学习，体会孩子成长道路上的烦恼、快乐，赢得了孩子的信任，也才有了家长与孩子之间的有效沟通、和谐关系。这样父母才能真正成为孩子成长道路上的良师益友，才能促进孩子的健康成长。

（王明山）

和孩子一起战胜困难

袁静平

最近各式各样家长辅导孩子作业的视频火爆各大网络平台:

"九九四十五,你生气不?"

"我就觉得你啊,是上天派来收拾我的!"

"你说他俩什么关系?啊!什么关系?"

......

关于家长辅导孩子作业的视频,"金句"频出,看罢之后,几多欢喜几多愁。欢喜的是,现在的家长都在关注孩子的成长,不再是任由其疯长了。愁的是,很多家长因为辅导作业气出了各种病不说,还不见效果。

我的女儿今年上六年级。作为家长,我也是陪伴着孩子磕磕绊绊一步步走过来的,在帮助孩子成长方面有几点感悟和反思。

一、放平心态,正视孩子之间的差异

家长要放平心态,正视孩子之间的差异;针对孩子出现的问题,家长要帮助孩子制订细致可行的补救计划。

我见过那种在家长会后孩子被一顿暴揍的情形,家长边打边骂:"为什么别家孩子考得那么好,你却考了三四十分?我天天扯着耳朵嘱咐,到了学校好好学,可是你就不听,我今天非要好好打你一顿,看你长不长记性。"这种放任后只看结果式的管理,对孩子成长不会起到积极的作用,相反会激发孩子的叛逆情绪,情郁于中,终究会发之于外。

对待孩子的成长如同种庄稼，需要浇水施肥、精心呵护，而非闲时猛浇水、忙时荒草地。

我的孩子语文成绩一直不理想，从小学一年级到现在的六年级，所有的考试只在低年级时得过一次满分，随着年级的增高，与班级其他同学之间的差距越来越大。对于成绩，开始的时候我并没有在意，总是觉得孩子与其他同学之间的差距是正常的，没有引起我的重视，这样的情况持续到五年级上学期。在五年级上学期的时候，有一次我与孩子的新语文老师闲聊，她的一番话让我猛然醒悟。她说：每次考试都比其他孩子差的话，这就不是偶然现象，也不是差异的问题，而是综合能力的问题，语文综合能力的提高是一个很漫长的过程。我立马意识到家长必须要动手给孩子做补救了。我首先给孩子讲明她与其他孩子之间的差距，以及不容乐观的形势，然后把提高语文综合能力作为目标。我和孩子一同分析了语文的整体结构，将语文知识总结为：字词句等基础知识、课外知识积累、阅读理解题、作文等几大板块。

我和孩子制订了详细可行的补救计划。同时，成绩的提高还离不开字迹美观这个细节。孩子的字写得不够美观，哪怕一笔一画地认真写出来，也不美观，我经常戏称她的字天天"翻跟头"。

我对照字帖，仔细分析了一下原因，发现问题在于：一是个别笔画写得不美观；二是整个字的结构掌握不好。分析她写的字的笔画，发现孩子写字时，"横"这个笔画总是"左低右高"斜度很大，导致只要带"横"的字都不美观，于是确定第一个目标是改"横"。只是改一下"横"的写法习惯，岂非说说就能改好的易事？每次写作业之前，我就嘱咐"横"的问题，可是不见任何改观。我心急如焚，甚至用了暴力语言来说这件事，希望能引起孩子的重视，但依旧收效甚微，我真的是束手无策了。反复思考几天后，我痛定思痛，决定放下手头的事情，帮她一起改正这个问题。我拿出一周晚饭后的时间来，面对面看着她做作业，当有"横"时，我便提醒；当孩子能够想起把"横"写好时，我及时表扬。慢慢地，"横"的问题得到了有效的改观。在单个笔画改得差不多后，我们目前在一点点地改正字的框架结构。

二、要想孩子驰骋，先扶他上马

要想孩子驰骋，先扶他上马。扶他上马，就是督促其形成习惯的过程。习惯的养成非一朝一夕。要想让孩子养成一个好的学习习惯，我们做家长的只是给他一些大而空的计划要求是不足取的。这种"要求式"的方法对于计划性、实践性很强的孩子来说，是有效的。只要老师或者家长说一遍操作过程，这些孩子就能做得很好。但是我家的孩子是那种计划性不强、执行力不强且容易忘事的孩子，所以我就采取了引导与督促相结合的方法。

"错题本"的重要性大家都熟知，但是如何把错题本真正建立并利用起来，需要我们家长勤监督、重检查。

在上个学期，孩子的数学老师要求建立"错题本"。我平时在给孩子检查作业的时候，发现错题时常有，而错题本上却一直不见更新。我就明白了，孩子没有从根本上理解错题本的真正意义，她不过是做了一个给老师看的错题本，这种现象产生的原因可能是忘性大，或者是偷懒。所以，对于每天晚上检查作业时发现的错题，我提醒孩子写到错题本上，写完后我接着检查错题本。通过这样督促，当孩子形成习惯之后，我们就可以放手了。

三、知孩子之难，与孩子一起战胜困难

我经常对孩子说一句话：如果你觉得哪件事请让你困扰，你就给妈妈说，我们一起想办法解决。实践证明，这种方法很好地缓解了孩子的焦虑情绪。如果焦虑情绪得到随时化解，就不会情郁于中而发之于外了吧！

记得有一次孩子参加跆拳道考级，考前那几天孩子给我说过几次，她害怕考不过，我能看出她情绪有波动，表现出不安。可是那段时间我工作特别忙，忙完回家后就累得不行，真的没有精力照顾到她的情绪，总以为她出现这样的情况是因为练习得少，只要不缺课跟着老师多练习就好了，因此也没有分出更多的精力来管她。

考前集训的一天，我去陪课，发现她做的360°后旋踢确实与其他同

学做的差距很大，而且明显感觉她跳不起来。眼看还有一周就要考试了，我自己购置了脚靶，从网上看视频分析步骤，每天拿出时间来陪她练习，给她录制训练视频发给教练，请教练给予指导。经过一周课余时间的专项训练，考试那天，因为有了这段时间的集中训练，她的技术与自信心都得到了提高，因此考试顺利过关。

可能有的家长说：我家几个人照顾一个孩子且每人分工不同，比你照顾孩子用心多了，可是我家孩子怎么"不行"呢？请问，这"不行"的标准是什么呢？实话说，我即使做到了以上几点，我家孩子也不是班级里最优秀的那个，目前在班级里的排名也只是十几名而已。所以我觉得，我们发现孩子的问题，能够与孩子一同改正，让他变得越来越好，孩子就是"行"的。

有个比喻很好，养孩子如同养植物，每种植物都有自己的属性。有的孩子天生如仙人掌，家长只需隔段时间浇次水，他就能长势喜人，既能开花又能入药。而有的孩子就如同蝴蝶兰，水多不行水少不行，热了不行冷了不行，精心地照顾到最后，开出的花也不见得会惊鸿一瞥。而我的孩子就如同草莓，花不惹人却深得我心。

每种植物都有自己的正确打开方式。家长要摸索适合自己孩子的道路，让他们变成更好的自己！

【点评】

"最好的教育是陪伴。"袁老师在陪伴孩子一起成长的道路上积累了很多成功的经验，非常值得我们家长参考。愿所有家长都能找到适合自己孩子的教育方法，愿所有的孩子都能茁壮成长。

（邓明国）

如何面对孩子的失败

孙光乾

　　"家长是孩子的第一任老师。"从孩子呱呱坠地的那一刻起，家庭教育便担负起启蒙孩子的重任，为孩子今后的学校教育奠定基础，并持续影响孩子的一生。作为一个有近30年教龄的教育工作者，同时也是一个孩子的家长，我在教育孩子方面感受颇多，既有成功的经验，也有失败的教训。今天在这里向大家一吐为快，如果大家能从中感受到些许收获，本人也会甚感欣慰。

　　我的孩子孙宏展，现就读于中国地质大学李四光学院"地质学实验班"遥感专业，兴趣爱好广泛，尤其热爱运动，打篮球、踢足球样样精通，现任李四光学院学生会副主席兼体育部部长。当年小学就读于石麟小学，初中就读于长清一中初中部（现第一初级中学），高中就读于长清一中高中部。回想孩子的成长历程，感慨甚丰，一是为孩子的成长而自豪，虽然孩子不是那种特别出类拔萃的学生；二是内心五味杂陈，心里对孩子满含愧疚之情。近20年来在孩子身上的花费，包括时间、精力及金钱，可以说少之又少。亲朋好友及社会上的一些人认为，孩子学习好、表现优秀是由于我这个当老师的爸爸辅导的结果。说句实在话，除了在小学阶段的一至三年级给孩子检查作业并签字，初中及高中阶段最多就是关注一下孩子的成绩，有时和老师进行沟通、了解，其他"额外"的知识性辅导可以说根本没有，一是因为没有时间，二是孩子根本也没有把我当成他的老师，所以这根本就是外界对老师的一种误解或错误认识。在此也建议家长们不要再"好为人师"了，但不"好为人师"不等于"不管不顾"。我们必须关心、关注自己孩子的学习及成长，但一定要"抓大弃小"，抓住根本。

现在我的孩子爱好广泛、阳光开朗，就读的学校不上也不下，不好也不坏。如果这也算成功的话，我觉着得益于家校合作的培养、优秀老师的管理和教导，得益于良好的行为习惯和学习习惯以及较好的沟通能力和耐挫能力。下面就"如何让孩子面对失败"谈一下自己的粗浅看法。

如果孩子在考试时并没有发挥出自己的全部能力，让孩子保持积极的态度是非常重要的。

当孩子考试成绩不好时，不要责备孩子。家长应该和孩子好好谈谈，向孩子表明你对他的想法更感兴趣，而不仅仅是那个分数。我坚信自己的孩子在考试没有取得理想成绩时心里是有数的。因此，此时再絮叨他的成绩和分数可能没什么好处，甚至会带来负面的影响。这时我不是和他谈论分数，而是心平气和地告诉他，这只是一次测验或者一个分数，我对他下次的表现充满信心和期待。然后让孩子拿出他的试卷，逐一就每个错题进行归因分析，和他共同分析一下分数低的原因，也许是努力不够，也许是准备不好，也许是对关键性的材料理解不足或者考试本身的一些内容还没学过。这样做的主要目标是制订一个发展计划，但不要强求孩子，否则会让孩子越来越没信心。

另一个可能的方法是问问老师（更好的方式是让孩子自己问老师），是不是可以重新考一次或者重新做一次作业。大多数教师都会意识到，教育的最终目的是学到知识或者习得技能，而不是为了分数。随便给学生一个糟糕的"D"或"F"成绩，之后又不审阅或者不指导，这样一来孩子就没有理解内容或者掌握能力。同时，这也传递了一个潜在的而且通常是无心的信息，即学习某个具体的知识对于孩子的教育是不重要的。作为家长，我们应该意识到，课堂测试或作业不是衡量孩子知识水平或努力程度的最佳方式。例如，课堂测试通常是对所有问题答对率的分数化，没有考虑测试的难易程度，也没有准确地比较学生之间的表现差异。另外，和教师交流沟通比对孩子责骂抱怨更有效。

如果孩子在考试时并没有发挥出自己的全部能力，增强孩子对自身学习能力的信心也是非常重要的。

即使一个非常优秀的孩子，也会偶尔遭遇滑铁卢。我的孩子也是如此，这时我都是努力帮助他积极地对待学习和考试。我会向他解释："学校和老师测试的目的不是难为学生，而是帮助学生掌握知识，进而教会学生如何学习。"也就是要尽一切可能帮助孩子增强对自身学习能力的信心。我们可以尝试采取下面一些具体的做法。

（1）多表扬，少批评。我们见惯了那些在球场边大声叫喊的教练，他们通过威胁和恐吓来刺激队员。尽管队员在短期的比赛里可能会更加卖力，但从长期来看，许多队员因为达不到教练的期望而士气低落，最终可能会放弃比赛。因此，要强调孩子已经学会的东西，帮助孩子学习还没理解的东西。

（2）向孩子说明之前的成功经验。如果孩子有过失败的经历或者没有达到自己的目标，要让他知道，所有伟大的人物都经历过失败，而且失败次数通常远高于成功次数。英国首相丘吉尔在二战前最黑暗的几小时里说过：成功就是从失败到失败，也依然不改热情。

（3）放手让孩子自己完成学习任务，增强自信心。如果你能帮点忙，孩子一般不会在学校作业上犯错误。如果你太过插手了，孩子可能会过于依赖你或者其他人。所以，可以给孩子提供一些能够提高成绩的方法，然后尽可能让他自己去做，并尽自己的最大努力去做。

（4）当孩子最需要你的时候，你更应该懂得如何陪伴孩子。在孩子成功或失败时，陪伴在孩子身边，有时不需要太多的循循善诱或谆谆教导，一个温情的眼神或手势，都会激起孩子成功后的自豪或失败后的奋起。

总之，以上几点归根结底就是一个与孩子顺畅沟通的问题。在生活中，家长要经常与孩子进行开放式对话，这是了解孩子学习成长状况的最佳途径。家长要真诚地与孩子对话，倾听孩子的声音，而不是一味单向地表达自己的想法。这样，你会有更多惊喜的发现。

家庭教育是一个日积月累的渐进过程，是一门实践的艺术。而为人父母也是不断学习、不断摸索的实践活动。家庭教育不仅是孩子学习成长、日日精进的过程，也是家长不断付出、自我提升的历程。我相信，在家长的鼓励和帮助下，每一个孩子都能养成良好习惯，都能热爱学习，都能学会学习，从而把握自己的人生。

作为家长，我们从今天就开始做吧，给孩子多一点信任、多一点鼓励、多一点空间，和孩子同学习、共成长，让我们和孩子离幸福更近一步。

【点评】

孙老师在本文中着重围绕如何调节孩子的考试状态，谈了自己的育子经验，相信大家肯定能从中有所收获。在孩子的学习上，很多家长总是盯着分数，当孩子的成绩不理想时总是抱怨，却不懂得帮助孩子分析原因并寻求好的方法去解决孩子所面临的问题。孙老师的做法很有教育智慧，为我们树立了教育孩子的榜样。在增强孩子的自信心方面，善于倾听孩子的心声，与孩子顺畅沟通是非常有效的教育方式，值得学习和借鉴。

（韩树军）

专题四 青春期

导读：遇见青春期，让青春绽放成最美丽的花朵

王 玲

我们常常这样说：青春如火，燃烧着激情与活力；青春如花，绽放着智慧和希望。然而，青春期的孩子，叛逆、对抗、早恋、厌学、网瘾、自我封闭、学习障碍……让父母惶恐、愤怒、困惑、无助，甚至有的家长如临"大敌"。

青春期是每个孩子在成长过程中绕不过的坎儿。一个人自母体呱呱坠地，完成个体的分离。个体在成长过程中，心理上需要两个阶段的分离。第一个阶段一般从2岁多开始，到3岁上幼儿园，是孩子与家庭心理分离的一个标志。第二个阶段一般从10岁开始，由于体内激素水平的提高，分离与独立的冲突再次回来，孩子会用比以往更加激烈的方式向父母宣告自己的独立需要。这两个阶段虽然能量强度不一样，但相同的是，自己想要独立。由于孩子在能力上还不够，所以要寻求大人的帮助，但同时，如果听取大人的意见，又象征着自己不是独立存在的个体。孩子在此期间反复体验着独立与依赖的矛盾，处于一个自己和自己较劲的时期。这个时候，对于外在批评的声音，孩子体会到的可能不是被爱、被接纳，而是被否定、被孤立、被拒绝。因此，青春期是一种常态的危机时期，孩子必须建立一

种个人身份的认同感。不被老师、家长或者同学认同都会深刻影响着孩子对自我的判断，或多或少陷入彷徨迷失、角色混乱的危险当中。与此同时，青春期孩子还需要完成一个分化，那就是自己个体的理智过程和情绪过程的分化。孩子的大脑渐渐从爬行动物（鳄鱼）的"爬行脑"发育到哺乳动物（马）的"情绪脑"，再到人的"理性脑"，一般到18岁左右，掌管理性的大脑皮层才能完全发育好。所以，青春期孩子的特点是用情绪说话，扛不住批评，很脆弱，易激惹，这不是因为孩子性格不好，要变坏，实在是因为大脑和身心还处在继续发育之中……青春期的孩子如同一只迷途的鹿，徘徊在人生的十字路口，心灵上诸多困扰，心理上无尽迷茫，这就需要家长们在这危急时刻伸出援手。然而，仅凭着家长的权威、强大的武力，往往会适得其反。家长必须与孩子一起学习，共同成长，用丰富科学的理论和经验指导自己的言行，用适当的方式和方法与孩子互动，建立起良好的亲子关系，为孩子的青春期揭去神秘的面纱。

无论是家长还是孩子，都要了解：只有优异的学习成绩，却不懂得与人交流，是个寂寞的人；只有过人的智商，却不懂得控制情绪，是个危险的人；只有超人的推理，却不了解自己，是个迷惘的人。只有心理健康的人，才是真正成功的人。

本专题收录了多篇应对青春期孩子常见现象的案例，以期给为人父母者以启发，在青春期孩子寻找自己内心如何安放的过程中，当处于迷惘时，为他指引一条道路；当面对黑暗时，为他打开一扇窗户；当感到怯懦时，为他增加一丝前行的勇气。最终，让孩子在青春期也能绽放成最美丽的花朵。

家有"青春期"的孩子

王 玲

班里一位男孩的妈妈又发微信留言："老师，你再给孩子说说，我说的话他一句也不听。我说一句，他顶我好几句，都是青春期给闹的，叛逆得不行。"

"我给他买的现代文阅读，他光看不做。"

"让他练字，他也不写。"

……

这位妈妈时常来电关心孩子的语文学习，言语间流露着迫切和焦虑。她的孩子课上活泼有余而沉静不足，口头反应快而书写潦草，语文成绩也总是不尽如人意。因此，也就有了男孩妈妈时常的微信留言。

这样交流的情形，已不是特例。时常有家长给老师说："老师，孩子青春期，叛逆啊，管不了！""上了初中，就不好管，一说就闹，发脾气，叛逆得厉害。"……

当看到孩子不尽如人意时，家长满心焦虑的情绪是可以理解的。但是，青春期叛逆不是家长放纵孩子的借口，更不是孩子拒绝家长管理的借口，而是家长和孩子共同成长的良机。孩子就是在"青春期"的矛盾与碰撞中不断成长的。家长要不断反思自己的教育方式是否在随着孩子的成长而改变。

首先，家长要理解"青春期"的孩子。

从心理学的角度说，青春期的孩子面临着心理发展过程中最为矛盾的阶段。

独立性和依赖性的矛盾。青春期的孩子在心理上出现成人感，增强了独立意识。比如，他们渐渐地在生活上不愿受父母过多的照顾或干预，否则心理上会产生厌烦的情绪；对一些事物是非曲直的判断，不愿意听从父母的意见，并有表达自己意见的强烈愿望；对一些传统的、权威的结论持异议，往往会提出过激的批评之词。但由于其社会经验、生活经验的不足，他们经常碰壁，又不得不从父母那里寻找方法、途径或帮助，再加上经济上不能独立，父母的权威作用又强迫他们去依赖父母。

成人感与幼稚感的矛盾。青春期孩子的心理特点的突出表现是出现成人感——认为自己已经成熟，长成大人了。因而在一些行为活动、思维认识、社会交往等方面，表现出成人的样式。在心理上，他们渴望别人把自己看作大人，尊重自己、理解自己。但由于年龄不足，社会经验和生活经验及知识的局限性，他们在思想和行为上往往盲目性较大，易做傻事、蠢事，带有明显的小孩子气、幼稚性。

开放性与封闭性的矛盾。青春期的孩子需要与同龄人，特别是与异性、与父母平等交往，他们渴望他人和自己一样彼此间敞开心灵来相待。但由于每个人的性格、想法不一，他们的这种渴求找不到释放的对象，只好诉说在日记里。这些在日记里写下的心里话，又由于自尊心，不愿被他人所知道，于是就形成既想让他人了解又害怕被他人了解的矛盾心理。

渴求感与压抑感的矛盾。青春期的孩子由于性的发育和成熟，出现了与异性交往的渴求。比如喜欢接近异性，想了解性知识，喜欢在异性面前表现自己，甚至出现朦胧的爱情念头等。但由于学校、家长和社会舆论的约束、限制，青春期的孩子在情感和性的认识上存在着既非常渴求又不好意思表现的矛盾状态。

自制性和冲动性的矛盾。青春期的孩子在心理上出现独立性、成人感的同时，自觉性和自制性也得到了加强。在与他人的交往中，他们主观上希望自己能随时自觉地遵守规则，力尽义务，但客观上又往往难以较好地控制自己的情感，有时会鲁莽行事，使自己陷入既想自制又易冲动的矛盾之中。

青春期孩子的心理就是在这样的矛盾中形成并慢慢趋于成熟的，这是一个自然过程。因此，智慧的父母就应该顺势而为，而非滥用自己作为父母的权威。进入初中之后，孩子在认知、交往、情绪等方面都会有所不同，对父母的态度不再是崇拜盲从，而是试着掌控自我，甚至掌控周围的人或事。因此，孩子与家长的冲突，可以说是一种掌控权的争夺。

因此，如果家长仅用权威，必然会引发孩子的对抗情绪。对抗情绪一旦形成，冲突也就在所难免了。家有"青春期"的孩子，我们做家长的要学会逐渐放权，消除孩子的对抗情绪。

其次，家长要不断地学习，寻找更适合自己孩子的教育方法。

童话大王郑渊洁的家庭教育故事或许能启示我们做家长的如何去做称职的家长。

郑渊洁老师的大儿子郑亚旗从小就辍学，18岁的他外出求职，还因为学历太低而碰壁，被人误认为是残疾。其实，郑亚旗辍学的起因是小学时他受到一个老师的辱骂，令郑渊洁老师大为惊骇，于是在郑亚旗小学毕业后就让其退学，郑渊洁老师接他回家亲自培养，还为他编撰了10本教材作为郑家的"私塾"教育之用。在旁人看来，这是非常荒谬的选择，没想到郑渊洁老师把自己的儿子培养成为年收入1.5亿元的CEO（首席执行官），不断为自己所创造的童话故事建立更好的知识产权保护。

郑渊洁老师的小女儿郑亚飞则与郑亚旗不同。许多人看到郑式教育的成功，认为郑渊洁老师同样会让女儿辍学回家，去继续接受他个人的教育。没想到郑渊洁老师却听从女儿的意见，他的女儿想要读书，郑渊洁老师就让她读，并为她从小写教育日记，倾听女儿的需求，直到她的女儿以全校最高分的成绩毕业，并被美国六所名牌大学同时录取，那时，教育日记的字数已经超过了一百万字。不得不说，由于郑渊洁老师采取因材施教的教育方法，才会培养出过人的"学霸"女儿。

我讲郑渊洁老师教育儿女的故事，并非要说一定让孩子做学霸，做CEO，而是想说，家长要静下心来，倾听孩子的心声，理解尊重孩子，陪伴帮助孩子成为最好的自己。

第三，家长要学会沟通的技巧，与孩子好好说话，实现有效沟通。

家长与孩子之间可以争论，但绝不要争吵。带着情绪的争论会演变成争吵，而不带情绪的争论是有效沟通的一种。有效沟通一定要将情绪和事件分开。因此，无论家长还是孩子，面对事件，当带着强烈的情绪时，一定先处理好情绪，再交流事件本身。面对孩子的情绪，家长要学会倾听，且接纳孩子的不良情绪。同时，真诚地作出反应，不敷衍，不训导，只需表达家长自己的真实感受。有冲突时，家长不要言语攻击伤害孩子的自尊，应只对事不对人，用建设性的意见代替批评指责，共同寻找解决问题的途径。

当然，家庭中的沟通形式需要多样化。比如，常见的有定期家庭会议、专门的对话本、书信交流等。

家有"青春期"的孩子，只有不断学习的家长才能成为智慧的家长，孩子才会跟着家长学习的步伐走向优秀。家庭教育并不是一场管理与被管理的"战场"，而是一场家长在孩子面前真实的人生"秀场"。

【点评】

本文作者针对孩子青春期的特点展开多方面的剖析，并指出了家长在这期间的重要作用，只有不断学习的家长才能成为智慧的家长，使读者十分受益。

（李振宁）

网络双刃剑，我们抓"剑柄"

——家庭教育如何引导孩子学习网络正能量

潘正林

"如果你想毁掉一个孩子，那么给他一部手机。"有人这样调侃。"看见孩子玩游戏，气得我真想砸了电脑！"有家长真的砸过电脑（最后结局是又买了新的）。"不给我手机，我就不吃饭啦！"孩子总是为手机进行种种要挟……

在家里，教育孩子的最大障碍成了"网络"。面对网络对孩子的"危害"，家长往往产生无奈、无力、气愤、着急、抱怨等情绪，可是责任真的在网络吗？

我们不能否认网络是科技发展的结果，是推动社会进步的标志。随着社会的进步和现代通信技术的发展，现代生活节奏加快，家庭空间意识增强，网络的使用变得越来越频繁。查看知识需要网络，了解信息需要网络，联系朋友需要网络……人们的工作和生活都离不开网络。

网络有其消极的一面：网络游戏让人沉迷；存在许多不良页面信息；被不法分子钻空子利用等。国家有关部门对网络环境的审查越来越多、越来越严，相信这些消极的方面不久就会消失或者越来越少，但是网络更多的是对生活有用有利的方面，也就是我们所说的"正能量"传播。网络传播信息的速度非常快，当一件正能量的事情被别人关注之后，就会有越来越多的人参与正能量的传播。利用网络传播社会生活中的积极事情，可以促使参与和围观的人们对社会产生爱。比如，微博上经常会有"我的中国梦""圆我中国梦传播正能量""我为社会主义核心价值观代言"等许多与正能量有关的话题，而这种话题一般都能在微博上得到广泛的讨论，这也能够很好地为社会传播正能量，营造良好的社会舆论氛围。网络上有许多类似于水滴筹的网络捐款箱，许多网民朋友会帮着转发一些需要帮助的人的信息，让网络上能看到的人帮助他们。再有一些贴近生活的例子，现在有许多同学丢东西后都会在网络上发寻物启事，而且还有不少同学帮忙转发，这都是实实在在的网络正能量。

如果说网络是一把双刃剑，你去抓剑刃，肯定会割伤自己，但是我们要是能抓住剑柄，掌握舞剑的方法技术，那么划伤自己的可能性就微乎其微了。

下面我结合《一个桶》视频，谈谈自己在网络问题上教育孩子的心得，和天下父母交流一下。

2019年2月11日，我在浏览济南教育百师通网站时，看到这样一篇文章：《一个桶》，赚了我一桶的眼泪，你觉得桶里装的是什么？

文章叙述的是：一个春节后返城的青年，一路颠沛流离，乘摩托车、大巴车、公交车，带着一个沉甸甸的桶返城，打开桶后才发现那是一桶鸡蛋，神奇的是一个鸡蛋都未曾损坏，原来细心的母亲用细沙把鸡蛋埋起来间隔开。虽然千里迢迢，沉甸甸的桶看似累赘，却是母亲深深的爱。

看完6分36秒的视频，我接着招呼正在看动画片的儿子，还有看杂志的妻子，我们一起观看了一次《一个桶》。看完后，我没有直接问儿子感觉怎样，因为我知道那样会让他反感。我从一个容易让他接受的问题吸引他："我觉得我妈做得比视频中的母亲还要好。"孩子听后顿了一下，说："奶奶也这样给我们带过柴鸡蛋，桶比视频里的小一些，但是奶奶用小米把鸡蛋埋起来，一下子给我们带了两份土特产。"妻子也在旁边补充："还有花生、大葱、自家榨的花生油和香油等等，每次都把车后备厢塞得满满的。"

话题一打开，我们越说越多，越说越动情。儿子又说了一件让他特别感动的事，那是前年暑假，奶奶有一天突然打电话给他，原来是奶奶在核桃树上发现了一只特别漂亮的大豆虫，像极了《花千骨》里的糖宝，就在树上养着等他回去捉。儿子说，他无意中给奶奶说起喜欢养昆虫，奶奶就记住了。

沉浸在回忆中的我突然觉得这些不都是好的作文素材吗？于是我又抛出一个话题："可是我拍不出《一个桶》这样感人的效果来，人家是怎么拍的呢？"我们一家又议论纷纷：人家用"一个桶"作为线索，所有拍摄都围绕一个桶来，而这个桶又最能代表母爱；人家还用了设计悬念呢，一开始都好奇桶里到底装的什么，最后才揭示出答案；不光有悬念，还有伏笔，一开始母亲拿着桶驱赶一只老母鸡，就暗示了在捡鸡蛋……

《一个桶》让我们三人聊了很久，仍意犹未尽，儿子就问我还有没有类似的视频，我趁热打铁向他推荐了《三分钟》《啥是佩奇》《给妈妈洗脚》等，儿子逐一观看了，并收藏了央视公益广告网址。

事后反思，这次引导孩子学习网络正能量比较成功，总结一下经验，主要有以下几点：首先，家长浏览网站要充满正能量，才能做好榜样，你再向孩子推荐一些好的网站、视频等资料，孩子才会衷心接纳。其次，家长要和孩子一起观看或者交流，一定要没有任务、没有压力地去交流，不是强迫式的，也不是写观后感式的。第三，家长要接着孩子感兴趣的话题多角度引导，只要是能激发孩子正能量方面的都可以。第四，借助班级微信群、班级QQ群、教育平台网站等平台，引导孩子利用网络正能量。

相信我们会把网络这把双刃剑，变成教育孩子在成长追梦路上披荆斩棘的利器。

【点评】

网络是现代科技进步的产物，就像任何事物一样都有两面性，我们不能因为网络有欠缺的一面就否定科技进步。教育学生就是引导学生去辨别真伪，存精去妄，而网络学习可以传播满满的正能量。潘老师在家庭教育案例中能够不回避网络问题，并且努力去寻找解决问题的方法，用孩子感兴趣的点去引导，这就是教育的力量。

（贾传军）

儿子"爱"上了邻班女生

张 健

儿子刚上初中时，本来是一个学习优秀、阳光帅气的小男生。不知道从什么时候开始，他对邻班女生君同学着迷了。从此他开始神魂颠倒，魂不守舍，学习成绩直线下降。更有甚者，有一天他向班主任提出，他要转班，进邻班就读。尽管他的班主任给他说出种种理由，转班是绝无可能的，但他仍然坚信他能，而且一定要走这一步，并宁愿在校园里游荡，也不再走进原班级教室上课。当班主任把这一切告诉我之后，我心急如焚，但又手足无措，无所适从。最后经过与班主任协商，在尚未有成熟解决方案之前，还是再停一停，静待其变。毕竟当时不过是儿子自己一厢情愿的单相思。对方女孩对我儿子没有意思。也许经过多次碰壁之后，他自己就会惊醒。

没有想到，儿子矢志不渝，遇挫更勇，而且胆子越来越大。他频频向人家女孩示爱，从找人传口信，到写情书，直至在上学和放学路上紧紧尾随，弄得人家不胜其烦。他这样明目张胆的直白表达，已经弄得班内满城风雨，同学们议论纷纷。该女生也终于忍无可忍，既告知了老师，又对她的家长说出了自己的苦恼。再有不到半年就要中考了，在这节骨眼上，竟然遇上这档子事，女孩家长很是恼火，很想到学校直接找到我儿子做个了断。但孩子的班主任，作为有着几十年教龄的老教师，显然经验十分丰富，料到家长会带着负面情绪来处理此事，可能把事情搞砸，所以班主任老师向女孩家长做出保证，称一定会妥善处理此事。随后，班主任老师把我招去学校，首先向我通报了孩子当前存在的问题，然后让我把孩子先带回家，并如此这般地叮嘱我回家怎样与孩子进行沟通和交流。

回家后，按照班主任老师的叮嘱，我与儿子进行了下面的交流。

我问："你知道你的班主任为什么要我把你领回家吗？"

儿子说："我知道。"

我又问："你是不是很喜欢君同学？"

他很率真地承认："是。"

我说："我挺佩服你的，你太有眼光了。君同学不仅聪明好学，是班里少有的学霸，而且颜值还高。另外，你知道吗？君同学读书很多，知识面很广，内涵也很丰富，对许多问题都有自己较理性的分析和看法。她不会轻易盲从别人，也不易被别人所左右。如果我是你，我也可能像你一样喜欢上她。"

这样与孩子交谈，没有一点指责的意思，而是通过态度上的共情，打破其心理上的自我防御，再通过同理性语言，获得他的接纳，而不是排斥，这就为进一步交谈下去做了较好的心理铺垫。

我接着说："你知道吗？我处在你这个年龄的时候，像你一样，也曾疯狂地迷恋过自己班上的一名女生。那个时候，我就视她为我心目中的女神，哪怕她是在骂人，于我听起来，都比别人唱歌还要动听。"

我又说："从我个人的经历，我能猜到，现在每到放学，你都喜欢跟在她的身后，哪怕和她不说一句话，只要能够看到她的背影，心里就会感到暖暖的，是吧？"

他频频点头，表示认同。

"对于你的一些做法，我感同身受。你是如此喜欢她、爱她，该不会现在就想把她领回家，与她结婚成家吧？而且你和她都还要继续求学，完成学业，是不是？我想你也一定希望她学业有成，将来前程似锦吧？"我耐心地劝导孩子。

我接着说："你抑制不住自己内心的渴望，频频向她示爱，惹得她可是真的不胜其烦了，外有同学的舆论，内有自己心绪难宁，让她如何能再安心于学业？中考临近，她本来考你们学校高中部推荐生蛮有把握的，你

188

这样一弄，她的这个计划可能要泡汤了。"

"真的有这么严重吗？"他似乎有些惊讶。

"真的，为此她已经向班主任求助，并告知了她的父母。她的父母本来要亲自找你的，是你的班主任阻止了他们。"我说。

"我会找她谈谈，要她一定考上推荐生。"他说。

"那么你呢？你的中考目标是什么？"我问。

"我当然也想考推荐生，但是我办不到，不过无论如何我也要考上一中。"他认真地说。

"你挺自信的。不过近几次考试，你的成绩一直在下降吧？以现有成绩看，你还觉得自己有必胜的信心吗？"我表达了自己的担心。

我继续说："你现在一天不见她就心里堵得慌。可是这样下去，如果你不能考上一中，再见她一面是不是就很难了？"

最后，我叮嘱道："中考迫近，暂时把这份情放一放吧，为她，也为自己，还是在学业上做最后的拼搏吧！你回去想想今天咱们的谈话，找个机会给我一个回话，怎么样？"

他沉默了一会儿，接着就对我说："爸，我想通了，中考前我不会再找她了。但我有一个请求，想最后再找她说句话。"

我说："你看能不能这样，把你想说的话写成一封信给她。用笔写出来，可能比面对面交流更好啊。"

"行，我就照你说的做。现在我就去给她写封信，说明中考前我绝对不再打扰她。"孩子接受了我的意见。

之后，他悄然回到已经几周不曾进入的教室，开始了正常的学习生活。从此，他也不再到邻班门前徘徊，不再尾随君同学。一切趋于正常，一场弄得沸沸扬扬的单相思之恋逐渐归于平静。

回顾整个事件过程，我有这样几点思考。

其一，冷静理智地看待青春期孩子的恋情。初中学生，正值青春期，对于自己思想意识中突然出现的儿女情思，往往表现得强烈而执着；由于受各种不良信息的影响，往往又表现得过于直白而毫不掩饰。在他们看来，"爱就是爱，心中有爱我就要说、就要表白"似乎是很稀松平常的事。所以，作为家长，我们也应该与时俱进，不要带着情绪看待他们对爱的追求、对爱的表达，更不要对他们讥讽和嘲弄，否则就会把他们推向我们的对立面。

其二，当孩子想爱、追求别人或被别人追求的时候，是会有很多困惑的，他们希望对人倾诉，希望得到家长的支持和帮助。此时，家长应该学会使用一些心理辅导的技巧，与孩子共情，使用同感性语言，解除孩子的心理戒备，让孩子接纳我们，为我们能够对他们采取必要的帮扶做好准备。

其三，一个人的初恋总是刻骨铭心的，难忘而美好，所以任何时候都不要抱着要拆散孩子恋情的想法来处理此事，尤其当孩子已经两相情愿的时候。在同情与保护的前提下，予以积极引导，可以让他们适当、适度发展两个人的感情，但又不沉迷其中而荒废学业。学生时期的感情是纯真的，家长越是接纳、宽容孩子，越容易赢得孩子的信任，越容易对孩子产生积极的教育影响。

其四，若以让孩子专心学业为名，强行阻止孩子的所谓早恋，强行拆散孩子已有的恋情，貌似是为孩子的未来负责，实际上也可能是在毁掉孩子的后半生。青春期孩子的小狗小猫式的恋情，正是为他们成人后确立恋爱关系所做的一种尝试。许多孩子成人后，迟迟不恋爱、不结婚，或许就是因为他们在青春期缺乏这方面的尝试而造成的。

【点评】

青春期孩子的早恋问题是令家长、老师都颇为头痛的事：处理分寸不易把握，一旦出现偏颇，会导致孩子针锋相对，影响孩子健康成长。面对青春期孩子的早恋问题，本文给出了许多有益的建议。家长要冷静客观地面对，不要大惊小怪；不要讥讽和嘲弄，否则会把他们推向家长的对立面；要使用一些心理辅导的技巧，与孩子共情，使用同感性语言，解除孩子的心理戒备，让孩子接纳家长，为家长能引导孩子正确对待做好准备。

（王明山）

每一朵花都需要呵护

卢庆荣

案例一

在校表征：

小红，15岁，初二学生，聪明伶俐，伶牙俐齿。学习成绩中等。她的好朋友大都是男生。经常打架斗殴，老师找她交流，她说得头头是道，好像什么都懂，但都是歪理邪说，让老师很头疼，家长也很无奈。

家校共思：

老师多次与家长交流沟通，了解小红的家庭现状。小红有两个妹妹，姐妹三人全由妈妈来带。爸爸在外边包工程，挣钱挺多的，但也很不容易。小红在家不听妈妈的话，还经常跟妈妈打架。但小红特别喜欢爸爸，爸爸也比较宠她，爸爸回来的日子是她最高兴的。妈妈和爸爸的关系还可以。小红的大妹妹比较听话，妈妈很喜欢她。小妹妹才半岁，妈妈的主要精力放在小妹妹身上。

家校共商：

第一，小红在家得不到温暖，爸爸不在家，妈妈的精力有限。

第二，小红正处在青春期，叛逆心理严重。

第三，小红缺少爸爸妈妈的陪伴。

第四，小红缺少家庭管教，养成自我放纵的习惯。

第五，小红结交了一些不求上进的朋友。

家校共享：

经过老师的指导和家长自我反思，对孩子的教育做了如下调整。

第一，妈妈要多关注小红，让她找到做女儿的感觉。她虽然比妹妹大很多，但在妈妈面前也是妈妈的女儿，应该享受女儿的待遇。

第二，妈妈要和小红多交流，多了解她的需求，多尊重她的想法，让小红有长大的感觉。

第三，妈妈要和爸爸多交流，注重教育的一致性、统一性，达成教育合力。

第四，爸爸要和小红多交流，可以打电话，也可以写书信，让小红感到爸爸就在身边，增强安全感。

第五，对小红的管教，要有耐心，用爱心去温暖她，给她时间去改变。相信小红在父母温暖的怀抱里，一定会健康成长。

在老师和家长的共同努力下，小红在悄悄地改变着。在老师的指导下，小红有了正确的价值观、人生观和世界观，不再无理取闹。在父母的感召下，小红不再那么暴躁，也不再那么逆反。半年之后，学习成绩有了很大提高。小红在家也很爱两个妹妹，也比较尊重妈妈的建议，在班里人缘好了很多，还当上了班干部。

家长自我成长：

在孩子成长的过程中，我收获了很多。我知道每一朵花都需要阳光、水分和肥料的滋养，才能绽放出它的美丽。我了解到了青春期孩子的特点以及教育方法，学会了怎样与孩子沟通和交流，意识到了做父母的艰巨性，只有不断学习成长，才能做合格的家长。

案例二

在校表征：

小强，16岁，初三学生，学习成绩中上游，考高中很有希望。但最近学习不在状态，也不和其他同学交往，还经常旷课，不愿去上学，经常去游戏厅。班主任多次与他谈话，效果不明显。

家校共思：

班主任帮家长求助心理辅导老师，分析产生问题的原因。无奈，家长把家庭的现状告诉了班主任和心理辅导老师。半年以前，小强的爸爸和妈妈刚离婚，孩子可能接受不了，才有了如此变化。经过多次交流，我们共同分析了原因。

第一，父母离婚，让小强没有了安全感。

第二，父母离婚，让小强产生了自卑感。

第三，父母离婚，让小强产生了无助感、孤独感。

第四，父母离婚，让小强对未来迷失了方向，无所适从。

第五，父母离婚，让小强感到非常焦虑，而又无法释怀。

家校共商：

经过班主任和心理辅导老师的帮助，家长对小强的教育管理做了如下调整。

第一，父母虽然离婚了，但要更加关心孩子，多陪孩子聊天，多关注孩子的成长。

第二，告诉孩子，别怕，爸爸妈妈虽然离婚了，但我们非常爱你，我们会永远陪伴你，你永远是我们的好儿子。

第三，告诉孩子，爸爸妈妈离婚，不是你的错，也不是爸爸妈妈的错，而是为了让我们三个都过得更开心。

第四，告诉孩子，爸爸妈妈离婚，不是因为爸爸不好，也不是因为妈妈不好，而是因为现阶段爸爸妈妈在一起不开心，这一定会影响到你。所以，爸爸妈妈的选择也是为你考虑。儿子，请你相信，爸爸妈妈无论如何选择，都会为你负责。

第五，告诉孩子，有些事情，等你长大了，就更懂爸爸妈妈了。

第六，父母一定要充满正能量，给孩子做好榜样。

第七，对孩子的情和爱，是时间和精力，不能用金钱代替。

第八，多陪孩子参加社会活动，培养自信。

第九，父母离婚，并不欠孩子什么，不要让过度溺爱害了孩子，和正常孩子一样对待就行了。

家校共享：

经过一段时间的疗愈，小强慢慢走出了阴影，逐步找回了自信，学习也走上了正轨，正在大步向自己的理想迈进。

家长自我成长：

通过对孩子的陪伴，我们成长了很多。面对问题，我们不能回避，要学会求助，想办法解决问题，帮孩子走出误区，找回自我，重拾自信，永远为孩子撑起一片蓝天，做负责任的合格家长。

【点评】

是的，每一朵花都需要呵护，不让任何一个孩子掉队！这是一种情怀！父母更应如此，帮孩子走出误区，找回自我，重拾自信，永远为孩子撑起一片蓝天，做负责任的合格家长。

（贾传军）

执着行动，静待花开

董淑娟

　　进入初二，有五六个学生的家长找我长谈了孩子的"叛离"——"你别管我！"有的孩子是突然从"乖乖儿"变成了"不服管"，有的孩子是原来的"不听话"升级版。家长们焦虑得很：不让管，甚至连下雨天上学、放学也不让接送，这是要成断线风筝了吗？

　　刚开始，我挺纳闷，为什么这些孩子在家里表现得如此抵触父母，而在学校里却没什么明显表现呢？之后，我就"孩子不愿让我们干预"的话题在家长群里让家长们都聊一聊，一聊真的吓一跳，半数以上的孩子都或多或少有了"中二症"的表现。在班里，纪律要求高，作为班主任，我管的事又细，想发泄的孩子不敢在班里发作，回家后就更加激烈地表现出种种对父母的抵触。

　　怎么办呢？能硬管吗？吃饭的时候让他多吃点青菜，他撂下饭碗，说一句："就是不愿吃！不吃了！"周末晚上追了两个多小时的电视剧，让他早睡，他却说："看个电视都不让，还让人过周末吧！"如果父母硬要和孩子较真，必定是一番鸡飞狗跳，直至动用武力，但必定是双方都气鼓鼓地收场，抵触快速升级。"硬管"等价于两败俱伤！

　　难道不管了吗？他和同学上街去玩，一个下午过去了还没回来，不管不问会是什么后果？他可能去了网吧，一个下午就会染上网瘾；可能在外面通过同学家的亲戚朋友结识了有不良爱好的所谓新朋友，缺乏辨别力的孩子就会受到影响，形成对很多事情的错误认识；也有可能几个孩子互相壮胆，一起到黄河边散心、玩水，后果不堪设想。孩子在书房里一个晚上不出来，父母如果不了解真实情况，不能提醒纠正，可能就有许多自律性差的孩子在看小说、玩手机、抄作业，不用久了，半个月下来，孩子的学习就会直接掉队！"不管"是"温水煮青蛙"式的代价！

　　管与不管，真的不是那么简单！在我琢磨这事时，一个男生的影子在我的脑海里清晰起来，他就是我班的子龙同学。一进初一，就有学生、家长及同事向我反映关于子龙的信息：小学时是校运动队的，虽然身强体壮，但有一些不良习气，有几个铁哥们儿，曾在酒店宴席上耍脾气，隔着桌子用鞋扔他爸。子龙妈妈是我最早认识的家长，开学后不到一周，她就到校和我聊孩子的情况，我的脑海里一直有子龙妈妈充满担忧的眼神和打战的话音："现在上街看到有一伙染黄头发、抽着烟的半大小伙子，我都不敢仔细看，我怕里面有我家子龙！老师，你一定帮我管住他啊！"当时，我已经震惊得无话可接。

　　一年后的子龙怎么样了呢？班里有62个孩子，他在初一的期末考试中排在第12名，全年级700多名学生，他排在前100名；在秋季与春季运动会上，以子龙为核心的运动员代表队为我们班分别夺得全校第二名和第一名；全年没有一次违纪情况出现；朋友圈里是他的小学同学和现在的篮球球友，而且大多已经被他发展成了我的QQ好友。子龙妈妈的电话要么是感激，要么是描述孩子哪里又有了新进步。

　　对于子龙的现状，我们是很满意的，但是他从叛逆的"坏小子"到优秀的预备团员的历程背后是我们数不过来的心思。每周我总会和他妈妈多次电话联系或QQ交流，我们达成共识：不论校内校外，只要和子龙有关的事，都要了解得一清二楚；凡是不出格的情况，我们就假装毫不知情，不直接出面；创造机会利用班级、家庭及社会一切可利用的资源，对他产生正面影响；创造和利用"独立自主"的环境促使他真正成长。我在繁忙的教学工作和班主任工作中，在关注每一个孩子的同时，重点关注子龙的学习、生活、思想、言行，用优秀同学影响他，用班级活动激励他。他的父母在工作之余，大量学习了家庭教育的新理念，周末时间都在"暗中"了解子龙在家学习、外出活动的情况。我们双方不断交流、商量，将设想付诸行动，为子龙的一点进步而费尽心思。渐渐地，在班会上，同学们的发言也有了子龙的共鸣；他不再认为父母看不起他，能给妈妈留的小条写回复了；我给他额外布置的背单词任务，他也能天天达标了；他在周末经常去书店或打篮球，而不是和原来的朋友有约了。改掉坏习惯的事情总不是一帆风顺的，中间的反复、胶着甚至退步时有发生，但是每个孩子的本质都是善良而单纯的，如果让孩子感受到我们相信他、支持他的这种爱意，而不是把我们的爱化成倾盆大雨兜头把他灌蒙，孩子就会为我们绽放动人的成长之花！

刚进初一的子龙，给我带来相当大的压力和烦恼；面对现在的子龙，我不再担心班里那些正在"中二症"中挣扎的孩子们了。让孩子们看到我们把他们当成大人对待，不再总"管着"他们，而"不管"的同时却是时时管、事事管，在背后引导、把关，让孩子们有更多的自主发展空间，这样家长和老师织成的网更密了，而孩子们更独立了。日复一日，我们就在辛苦忙碌中走向花开的那一天！

面对青春期的孩子，用"严格管理"支撑的"不管不问"让我们有了一个个欣喜：对孩子不再说教，避免冲突，时时事事暗地关注，家长与老师实时沟通，多管齐下，抓大放小，静待花开！

【点评】

董老师将自己的教育故事娓娓道来，一气读完，感觉将困扰我们很久的难题瞬间解决了。在孩子的教育问题上，许多家长很容易盲目、简单处理，凭情绪管教孩子，缺乏科学的方式方法，缺乏和老师的沟通交流。这篇文章没有给我们说教，却给了我们最有效的指导。初中阶段的孩子或多或少总会有些叛逆，董老师告诉我们如何与孩子一起顺利度过这一时期，让孩子健康全面发展。相信你也会被董老师对孩子们的关爱所感染，为她润物无声的做法点赞，为她全力培育学生的责任感所折服，为她静待花开的情怀所感动！

（段淑婧）

从一个电话谈起

程 展

背景："气死我了，孩子放学回来就玩手机，我说他，他还不听，还给我狡辩，最后躲到洗手间里不出来了。快期末考试了，最近某老师反映他成绩下滑很快，我说他，他还不服气，和我大吵大闹，说我不理解他，真是没办法了……"周五晚上8点多了，一个朋友打来电话，说孩子周末放学回家，亲子之间发生矛盾，就向我这位"老师"求救来了。

分析：工作20年来，当班主任10多年，像这样的情况，我经常遇到。对于家庭教育遇到的这些问题，数不胜数。我就以上面的案例为背景，谈一下自己对家庭教育遇到的这类问题的看法，以及家长在与孩子交流产生矛盾时的处理办法。

首先，家长要反思一下自己，在陪孩子时是不是经常看手机。如果父母因为工作等原因经常看手机，孩子就会对手机产生兴趣，进而有样学样，发展成爱玩手机。而孩子玩手机不但会对孩子的眼睛造成不良影响，还可能因为长期保持固定姿势不动，影响脊柱发育。所以，家长要做好榜样。如果父母经常看手机，对孩子直接造成的伤害就是孩子感觉自己被冷落了。孩子就会效仿父母的做法，也开始热衷于低头看手机。最后的结果就是，父母反过来又为孩子热衷于看手机而苦恼不已。所以，家长要从自身做起，放下手机，多跟孩子交流，使家庭关系更加融洽。家长遇到这种情况，要么把手机藏起来，不给孩子可乘之机，要么既然孩子拿到手机了，就顺水推舟，让他痛快地玩一会儿，但是给他商量好时间，半小时后准时收起来，这样也能培养孩子的自我约束能力。

其次，如果不能合理引导，家长只知道着急，将坏情绪发泄到孩子身上，就会产生亲子矛盾，影响家庭和睦，导致青春期孩子叛逆，甚至亲子之间无法正常进行语言沟通交流。遇到这种情况，如何处理呢？不妨试一试用"书面"的形式和孩子沟通。比如，可以夸奖一下孩子的优点，目的是让孩子感觉到父母是爱自己的，然后分析一下自己的心态，让孩子体会父母的良苦用心，最后给孩子提出建议，引导孩子努力改正自己的不足，向着父母期望的方面发展。

反思：对于上面的案例，通过交流，家长反馈自己心态好多了，利用我给他提供的这些办法，效果非常好，孩子能接受父母的教育了，也变得懂事多了，遇事不再着急，能够与父母沟通解决问题了！

初中生正处在一个是非观念逐渐建立的阶段，父母是孩子的第一任老师，是帮他建立是非观念的人。如何将正确的观念植根于孩子的心里，靠的不是压力，不是一味地说教，而是令其心悦诚服的熏陶，家长自身的人格力量——有宽容，但还不够，还要有理解、尊重和关怀……所谓"己所不欲，勿施于人"，就是用自己的心推及别人——我们不愿意别人怎样对待自己，就不要那样对待别人。

总之，家长要从自己的内心出发，推及孩子，理解孩子，关爱孩子。这样的沟通有助于家长走进孩子的心灵，达到互相理解和信任。

用书信的方式与青春期的孩子沟通，通过这种方式，家长能表达出真情实感，让孩子静下心来体会到父母的爱与关怀；能反映出真情实意，让孩子感受到父母的良苦用心；能体现出真心付出，让孩子懂得奉献，学会做人。付出的是真诚，投入的是真心，涌动的是关爱，收获的是喜悦。隔阂消失了，代沟也就不存在了，因为亲子之间的沟通是从心灵开始的！

【点评】

沟通要从心灵彼此靠近开始。程老师用案例告诉我们，父母对孩子要宽容，多与孩子沟通，走进孩子的心灵，取得亲子之间的理解和信任，最终才会实现家庭教育的理想效果。

（王　玲）

手机风波

聂玉美

　　像小树在生长过程中会长出枝杈一样，孩子在成长过程也会犯错误。小树长了枝杈，要及时修理才能长成参天大树；当孩子犯错误时，家长要及时帮助孩子改正。请家长不要吝惜说"孩子，你错了"，"孩子，我们应该怎么做"。一次手机风波，让作为家长的我更清楚地知道孩子的成长一定离不开指导。

　　小泽又一次在家里玩手机游戏被妈妈发现了。家长虽然多次三令五申，严禁小泽玩手机游戏，并且自初三我担任班主任以来，小泽妈妈已经因为小泽玩手机游戏向我汇报两次了，说每一次批评教育，他都保证再也不玩了，但这一次又违反了。小泽妈妈拿出小泽以前写的几份保证书，问他为什么说话不算数。小泽脸红了，坦言自己玩手机已经上瘾了，不玩就难受，也知道玩手机不对，但自己管不住自己，就想玩。

　　家长请我家访来了解情况，并协助教育。从家长处了解到，手机是孩子一次考试进步时的奖品，当时说得很好，只是用来查询一些难题的，孩子在单独外出时为了便于联系家长也可以携带手机，但决不允许玩游戏，平时手机由父母保管。

　　一开始，孩子还是听话的。每次外出回来，孩子都能按时把手机交给家长，也只在做完作业时查询一些难题。问题出现在暑假期间，孩子外出回来后说还要用手机联系同学，要求晚上自己拿着手机，保证第二天交给家长。禁不住孩子的软缠硬磨，家长同意了，强调只此一次，下不为例。

有了第一次，就会有第二次，此后孩子总有理由把手机带在身边，甚至带到学校。家长也明白不该让孩子带手机，甚至有一次忍无可忍把孩子的手机给摔了。这可捅了马蜂窝，孩子是又哭又闹，以不上学、离家出走相威胁，要求家长必须赔偿一部更好的手机。家长劝、骂、打都不管用，为了让孩子来上学，又一次做出妥协，给孩子买了一部新手机。

在这样的妥协之下，尝到甜头的孩子一发而不可收，再也不管什么约定，要求自己的手机自己说了算，自己已经长大了，再也不需要家长保管手机。一开始，孩子在学校里还有所顾忌，一般不玩游戏。可怎么能禁得住诱惑，慢慢地就开始偷偷玩手机，并且自己也控制不自己了。

小泽随便玩手机游戏仅仅过了不到两个月时间，成绩一落千丈，从中上游退到了倒数，并且对家长的教育极其逆反。家长管得严一点，就拿不上学和离家出走威胁家长，搞得家长害怕真出什么事，也不敢真管孩子了。

对于小泽的情况，当然不能听之任之。毕竟，如果处理不好，将会对孩子的一生影响巨大。

于是，我联系了家长会两位擅长做工作的家长，尤其是有成功经验的小涵妈妈，分享了她们的做法。小涵妈妈说：小涵也拥有自己的手机，但小涵并未因为使用手机而影响成绩以及与父母的关系，法宝是她与孩子签有手机使用协议，在给孩子配手机之前先把协议制订好，内容包括使用手机的时间、场合，违规以后的处罚方法等，父母、孩子双方认可后签字，一式三份，父母、孩子各执一份，上墙张贴一份。有了这样的协议的约束，小涵使用手机的情况基本上是风平浪静。当然，也有例外。有一次，周末小涵和同学在QQ上聊天，有一个话题没有聊完，要求延长手机使用时间，小涵妈妈的答复是不行，要严格遵守协议。小涵不高兴，拒绝下线。家长提醒，违规是要接受处罚的，那就是一周都不可以使用手机。小涵以为妈妈也就是说说，没有理会。家长警告，最多延长五分钟，把话说完，并且要履行协议。五分钟后家长强行收起了手机，并且真的按照协议要求取消了小涵一周的手机使用权利。对于周末做完作业以后不能够使用手机，小涵很是抗拒，对父母软硬兼施，软磨硬泡，但家长不为所动，最终是按照协议办事。有了第一次，小涵意识到，在遵守手机使用协议方面家长是认真的，只能够按照协议严格执行。

听取了小涵妈妈的分享，小泽妈妈认识到，就是因为当孩子第一次对手机使用提出无理要求时，自己没有狠下心来制止，导致后来的一发而不可收。亡羊补牢，为时未晚。借着因为小泽玩手机游戏而要对他进行批评、教育、惩罚这一机会，小泽妈妈也仿照小涵妈妈的做法，与孩子签订了手机使用协议，并横下心来严格执行。一开始小泽还比较抗拒，但后来看到家长真的是没有一点商量的余地，也就死心了。

没有了手机的干扰，小泽的学习态度转变了很多，但毕竟已经很长时间没有认真听讲，功课落下很多，学习上有点力不从心。我及时安排班里学习优秀、纪律良好、乐于助人的班干部在学习上帮助他，在纪律上提醒他，对于他的点滴进步在班里及时表扬，并电话告知他的家长。渐渐地，小泽变了，学习上开始积极主动，有不会的问题也开始主动请教，月考时一下子在级部进步了50多个名次，被评为班里的学习进步之星。

分析小泽和小涵的家长对于孩子使用手机的管理，我们会发现，其实两位家长对于孩子使用手机的情况都有明确的要求，一个是表现在口头上，一个是体现在书面上。这倒不是最主要的，关键是当孩子违反要求，特别是第一次违反时家长的态度，两位家长一个是纵容，一个是在讲清道理的情况下严格执行协议，最终的结果是小泽越来越放纵自己，最终沦为手机的奴隶，而小涵能够自觉做到合理使用手机，成为手机真正的主人。

实际上，在孩子的教育管理过程中，不只是手机使用问题，对于任何问题，当孩子第一次犯错时，家长和老师都应该及时指出，并进行相应的批评教育和处罚，让孩子自己承受犯错误的后果。没有惩戒的教育是不完整的教育，孩子很多时候提出无理要求是在试探家长的态度，此时家长一定要态度鲜明，不行就是不行，哭闹也不行，该怎么样就是怎么样。如果家长妥协了，让步了，就会让孩子感到有机可乘，从而孩子会变本加厉，提出更加无理的要求，造成一发而不可收的后果，进一步迈向错误的深渊。

当然，对待犯了错误的孩子，家长也不要简单粗暴，要动之以情，晓之以理，把道理讲明白了，再严格按照要求执行。

无原则地姑息、迁就孩子，并不是疼孩子，只会害了孩子。为了孩子的健康成长，让我们把握好当孩子第一次犯错误时的教育时机。

【点评】

当孩子的不合理要求得不到满足时，孩子往往会哭闹。这时，孩子的哭闹往往是一种试探，一旦通过哭闹能够达到目的，他会感觉到这一做法管用。如果父母一味地妥协，随着孩子的长大，他的不合理欲望和要求会越来越多，这时候哭闹就会变成威胁，直到父母无法满足。案例中的小泽以不上学和离家出走相威胁就是这种情况。因此，对于孩子在不合理要求得不到满足时的哭闹，家长要理智处理，一方面要坚决拒绝，另一方面等孩子情绪平复后要给他讲清楚道理，让孩子知道，你很爱他，但也正是因为你爱他，对他的不合理要求，答案是"不"。规则和爱同等重要，规则也是爱的一部分。

（赵　霞）

让爱走进孩子的心灵

王振宇

当前，关于孩子的教育问题已经成为社会热点话题。很多父母对孩子的教育存在教育方式的不当，也有很多父母面对孩子出现的问题束手无策。下面我将自己在教育工作中遇到的一个案例与大家分享，希望能给我们家长带来些许启示。

案例

董奇同学是一个非常聪明的学生。但自初二开始，上课就不够专心，有时在课堂上睡觉，平时与同学交流也很少，显得不合群。自从那时起，我就觉得他存在一定的心理问题。但他课后有时能与科任教师交谈，在上体育课时能表现出积极锻炼的一面，而且学习并不落后，纪律表现相对较好。因此，我对他也没有过多地予以关注。

到了初三，他的纪律表现相当松散，经常不参加早锻炼、晚自习，还有旷课现象，他的行为表现得越来越令人担忧。与他谈话，他的理由几乎每次说的都一样，说身体不好，晚上睡不着等等。他上课时精神不集中，经常在课堂上睡觉；学习成绩下降，考试时卷面非常差；除体育课以外，在教室里不与同学交流，大多时候是趴在课桌上睡觉，一点活力也没有。

我多次找他谈话，他总是表示会改，一定准时参加各项活动，认真学习。但后来依然是我行我素，收效甚微。这更引起了我的警觉，觉得肯定有问题，不然他不会表现得如此消沉和迷茫。我想我应该想办法帮助他，使他尽快从低迷中走出来。这不仅因为我是班主任，而且因为他相信我。

我意识到，他的这种低迷一定来自周围环境：是沉迷于网络游戏？这好像不可能，因为他不属于这种类型的人。是与同学之间的关系不和谐？还是由于家庭自身的原因？当时，他家长的电话要么打不通，要么是空号，根本没法与他的家长取得联系。因此，我只有从与他关系密切的同学那里了解情况，但同学们都说他在宿舍里就是喜欢看看小说，没有发现什么异常。也许同学们对他也不了解，或者不肯对我说出真心话。为此，我再次找他谈话，但他还是没有真心地告诉我，只是说身体不舒服，不能早起，要么就是不说话。怎么办？于是，我从其他途径打听到他在镇中心校上班的姨妈的电话，给她打了电话。他的姨妈感到很意外，没想到孩子在学校是这种表现，很快就赶到学校，我把孩子在校的具体情况跟她反映。在与其姨妈的交谈中，我了解到他家的情况：他父亲开车跑运输，由于一年多以前意外遭遇车祸，丧失了劳动能力，至今买车的贷款还没有还完，家庭生活比较困难；母亲为了挣钱也很少在家，在外做家政，挣点钱，供他父亲看病，供其上学，却疏忽了对孩子的管理和思想引导，而青春期的孩子又比较敏感。针对这种情况，我和孩子的姨妈又与孩子面对面地交流，共同引导孩子说说到底为什么会这样，希望他能说出心里的真实想法，但他并没有，只表决心会改的。根据他的情况，我认为只有和家长一起从思想认识、人生观等方面对他进行教育，他才有可能转变过来，发愤图强，积极向上。

从那时起，我也掌握了孩子家长的常用联系方式。我对他的家长表示，家庭和学校要多加强交流，及时关注孩子的思想波动。同时，为了唤醒他心灵的复苏，每次我和家长的谈话都告诉他。然而，没过多久，他又旧病"复发"。由此看来，我的工作还没能深入到他的内心世界。为此，我又多次与他谈心，从各个层面上启发他，希望能走进他的心里，让他掏心把心里的秘密说出来。同时，我也从同学们那里了解情况。我抓住每一个教育时机，和家长一起充分做好他的思想工作，使他真正能"变"。孩子哭了，从此以后，他真的变了，虽然还比较内向，但学习刻苦了，纪律也好了。我对他更加关注，只要有一点点苗头，立即与他交谈，帮他分析自己的不足，鼓励他要相信自己，战胜自己。通过不懈的努力，董奇同学在当年的中考中以优异的成绩考上了区一中，人也变得阳光、开朗了。

现在，无论家庭还是学校关注较多的是孩子的成绩，而对于初中阶段的孩子来说，他们感情细腻敏感，受外部环境影响较大，我们往往忽视了孩子的心理健康。孩子面临中考，压力大，心理脆弱，压抑得他们不能宣泄。再者，由于缺乏良好的生活环境和教育环境，孩子身上的各种不良现象、失控行为时有发生。例如，某些孩子由于家庭生活困难，与家庭条件富裕的学生相处，感觉自己低人一等，产生自卑感。于是，为寻得心理平衡，以个人利益为重的行为动机就会产生，加上各种主观、客观原因，使他们在道德观念形成中逐渐造成道德认知上的偏差。这些都与孩子的素质有关，尤其是与心理健康、心理素质有关。

对孩子积极开展心理健康教育势在必行，而这仅靠学校是不够的。社会环境和家庭影响尤其重要。创设良好的家庭环境，加强家校合作，帮助家长发挥家庭教育功能，对于改善和预防学生的心理障碍、帮助学生成长是极其重要的。

反思以上案例，有几点启示与大家共勉。

首先，加强思想教育。

注重正面教育和诚信教育，引导孩子分辨是非；重视和开展品德心理形成过程的认知辅导，运用德育环境化教育模式，以学校德育活动为环境载体，以社会规范和学校行为规范为主要目标，以自我教育为主要手段，开展各种活动，用活动结果去体验规则的重要性。这样体验，有利于学生处于转化过程的醒悟阶段，提高判断能力，逐步接受正确的道德行为规范。

其次，加强心理辅导。

走进孩子的内心世界，真正了解和发现孩子的需求。通过心理辅导，让每一个孩子在情感上悦纳自己，在情绪上体验快乐，在笑声中反思自我，在成功进步中激励自我，使他们身心良健，快乐成长。

第三，做好家长工作。

急功近利，面子观点，都会对学生的心理产生重大的压力。学校要与家长保持联系，家校共育，并对家长给予适当的指导，使学生良好的心理素质在良好的家庭环境中得以培养。

第四，加强情感教育。

教师要教育转化学生，单靠丰富的知识去教育学生是不够的，还得靠老师用爱心去感化他们。每个学生都渴望得到老师的爱，只有让学生处处感受到老师的关心与呵护，我们才能打开他们的心扉，倾听他们的心声，从而对学生进行正确的引导和点拨，发现他们的闪光点并加以鼓励，让爱走进孩子的心灵，让我们的每一个孩子真正站到教育的中央。

【点评】

青春期的孩子叛逆而又敏感，情绪容易受到周围环境的影响。王老师通过自己细致的观察，发现学生的变化，及时采取行之有效的措施，引导孩子面对现实，勇于担当，真正做到了让教育走进学生的心灵。这给我们很多家长带来一些教育启示，也一定能够给家庭教育带来积极的思考和帮助。

（唐 梅）

成长路上的那些事

邵学强

初中阶段，关于学生自身学习态度、学习方法等影响学生成长的因素，我们都曾作过深入分析。其实，游戏、追星、恋爱、家庭这些因素也一路追随着他们，成长路上的那些事还真不少。现在我就针对孩子学习之外的事情给家长们谈点感受，提点建议。

一、关于游戏

可以说，几乎每个孩子都有玩游戏的经历，比如最近很火的王者荣耀、吃鸡，甚至植物大战僵尸，都能让人把持不住地一玩一上午。一说到游戏，老师、家长的第一反应都是反对："孩子学习最重要！""接触到游戏就完了！""坚决不能沉迷于游戏！"为什么会有这种情况呢？就是因为我们经常看到的一种现象：孩子一玩起来，作业学习什么的全抛到一边去了，全部的心思都是我要赢！哪还考虑别的事情？一局不过瘾，再来一局；一局输了，再赢一局。总之，孩子若沉浸在游戏之中，理智已经不受控制了，他们唯一能做的就是不断地玩。有的孩子能控制住自己，适当地放松一下然后就停止，这也是可能的，但是我相信，绝大多数孩子都缺少这种自制力。就算成年人，有些都没法完全管住自己，更别说孩子了。其实，我们要让孩子正确看待游戏，虽然玩的时候确实很开心、很刺激，这些在生活中很少能体会到，但是也要适可而止。当孩子做作业累了，可以打开游戏玩一会，放松一下，然后及时停止。也不要花过多的心思在游戏上，它只是生活学习中的一点点小娱乐。虽然有的孩子已经意识到了这一点，但就是控制不住自己，怎么办？

下面我给家长提几点建议，不妨试一下：

（1）从源头上制止：平时干脆不让孩子玩游戏，周末可以玩两小时。

（2）从环境上制止：手机上交，父母是手机的最好管理者。

（3）从精神上制止：转移注意力，让他们找别的小事情放松。

（4）从心理上制止：让他们暗示自己，杀人游戏有什么好玩的？还是学习令自己快乐。

最重要的是，鼓励孩子在学习上不断进步，获得成就感。当孩子得到了成绩上的回报，获得老师和家长的表扬时，他们就会发现这种胜利感是一个游戏远远不能给自己的。

二、关于追星

在青少年中，追星是很普遍的现象。如今，娱乐圈已成为孩子生活中必不可少的一部分，看电影、听歌、看综艺节目都是他们追星的一种方式。回想过去，我们当初根本没有精力做这些事情，电影更是一年看不了一部。为什么呢？因为当时我们的温饱问题都还没有解决，有上顿没下顿，自然没有心思花在这上面。可是如今，他们生活条件优越，物质生活得到了满足，就会有更高层次的追求。于是，他们把注意力转移到了明星身上，所以经常会有以下现象发生：孩子们课间都在讨论哪个明星结婚了、离婚了、生孩子了、去世了等等，更有甚者，时刻关注新闻，一有明星的动态就激动不已；手机不离手，美图一大堆；不遗余力鼓动亲朋好友打榜投票；用零花钱买专辑、周边，送礼物；上课、写作业时游离一会去关注明星。我们观察一下周围，肯定有这样的孩子存在。这已经严重影响了他们的生活。他们追星，追的是什么呢？撒贝宁说过一段话：追星其实就是在追你自己，你在为自己设计着一个理想生活的人设状态。因为我们每个人的现实世界都是不完美的，你不能如愿以偿，但你至少可以把自己架构在一个虚幻的世界里，看着他的样子，就是希望自己将来能像他一样优秀。因此，我们要让孩子认识到，正确的追星方式是：学习他身上的优秀品质；把他当作自己的理想激励自己；为了偶像努力提升自己；利用有限的资源去靠近他。我们不反对追星，相反，有一个自己认为完美的人能时刻鼓励自己，这是一件好事。应该让孩子摆正明星在自己心中的位置，正确认识追星是什么，把他的能量发挥到最大，因为最终要做的还是自己。

三、关于早恋

什么是早恋？我认为这个词就错了，什么时候是早？有没有晚？难道七八十岁再谈个恋爱就是晚恋了？恋爱是一种感觉，你对某个人有好感，和对方在一起感到快乐，这就是一种恋爱。每个孩子有这种感觉很正常，说明他们是健康成长的。那为什么在未成年时谈恋爱就叫早恋呢？因为这个时期的孩子有一个最重要的事要做，就是学习。国家规定把孩子送到学校里来读书，父母和老师费尽心思跟孩子讲学习的重要性，这说明学习这件事是贯穿他们学生生涯始终的。在这期间，他们做一些不恰当的事，尤其是影响学习的事，可以说都是不正确的。校园恋爱，正是这样一件事。谁能保证在学习的时候不去想？能保证不花费过多的时间在两人相处上吗？如果孩子把这些时间用在学习上，是不是成绩能更好一点呢？分数在我们现行教育体制下确实是最重要的，甚至能决定孩子的命运。当然，也有两个人谈恋爱互相鼓励、互相支持，最后一起考入好大学的，但是那真的是个例。所以，我们干脆从源头上做起，不让孩子谈恋爱，扼杀其想象。告诉孩子，当你学习进步、事业有成、有能力给你的另一半提供更好的生活时，那样的恋爱才是令人羡慕的。

四、关于家庭

家庭可以说是影响孩子成长的最重要因素。因为，它是决定孩子身体、心理成长的关键。父母的教育方式，家庭成员的生活氛围，对孩子的人格和处事能力有极大的影响。但是没有哪一个家庭是完美的，或多或少都有矛盾和误解存在，这就需要我们学会正确处理家庭关系。我认为，现在的家庭存在以下几种情况。

1. 父母——错爱
不可否认，父母对孩子的爱是最无私、最伟大的，但是有时父母表达爱的方式不恰当，导致孩子与父母之间产生了矛盾。这就是我们现在所说的代沟。父母过多的指责和关注，使孩子得不到自由，遇事不知如何处理，做事没有自信、恍惚不定、缺乏自主等。这样的爱，他们是不接受的。

2. 兄弟姐妹——夺爱

在过去讲，长兄如父，弟弟妹妹要听从大哥大姐的，要尊重他们；哥姐有责任照顾弟妹，也是应该去做的。可是，现在家庭中的老大，往往责怪自己的爸妈又给他生了弟弟妹妹，这样妈妈就不喜欢自己了；而有哥哥姐姐的孩子，就觉得自己小，什么都应该让着自己，这样就会产生很多的家庭矛盾。要让孩子相互关心爱护，营造和谐的家庭氛围，从而促进他们健康快乐地成长。

3. 爷爷奶奶——溺爱

现在的孩子有很多的想法和做法，他们不愿接受别人的管控，往往老一辈人会按自己的方法去说教他们，他们虽然对老人的态度很好，但不会按老人说的去做，因为老人的教育方法已经不适合教育现在的这些孩子。还有的老人对孩子呵护关注太多，使得孩子不能自理，甚至丧失最基本的生存能力，这种爱就是溺爱，实不可取。但老人身上有着优良的文化传统，做事的执着与耐心是孩子应该学习的。

以上内容是我对青春期孩子的教育问题的体会，许多问题也是家长们可能遇到的困惑，这些事情会在今后的学习生活中给孩子带来很大的影响。希望每一个孩子都能在家长正确的教导下，放下本不属于自己的一切，快乐、健康地成长。

【点评】

游戏、追星、早恋，既是中学生心中的热门话题，也是家长眼中的洪水猛兽。围追堵截或者高压政策并不能解决孩子在特定年龄、特定生理阶段必然出现的问题。错爱、夺爱、溺爱，既是中学生无法言说的痛，也是家长最易忽略的错。面对这些在学校生活和家庭生活中不可回避的问题，本文提出了自己独到的认识问题的角度和解决问题的方式方法，值得借鉴。

（范继梅）

"父母请懂我的心"

——家有宝贝青春期系列之一

刘 玲

亲爱的家长朋友，孩子终有一天要远离，今天纠结于青春期烦扰中的我们，是否意识到了孩子的背影终会渐行渐远？今日与孩子的形影不离，也许正是明天念念不忘的幸福啊！

一、什么是青春期

青春期是以性成熟为主的一系列生理、心理、内分泌及行为的突变阶段，是儿童逐渐发育成为成年人的过渡时期。关于青春期的范围，一般指12～18岁，我个人认为应该提前到10岁，四年级左右。通过多年的班主任工作，我发现有些初中学生的学习习惯问题、纪律问题、逆反心理等都可以在小学找到答案。小学四年级，学生自主意识明显增强，情感萌发和心理变化也较为明显，开始出现成绩分化，开始向父母要话语权，要尊重和理解，开始注重在人前展现自己，自主表达自己的愿望，这个时候会因为一些愿望得不到满足又没有与父母及时沟通而产生对父母的误会和不满。到了初中，随着父母对学习关注度的提高，矛盾会凸显出来。

二、青春期孩子的心理需求与问题

1. 物质需求

刚刚进入青春期，孩子较少追求个性化，更多的是要求自己从众。从众会让自己有安全感，融入集体环境。随着年龄的增长，孩子开始彰显个性，暗暗地在群体里比高低，而且由于异性意识的觉醒，也会要求父母给自己买高档的衣服、鞋子、手机、电脑等物品。若父母买不到，有的会偷着买；若资金达不到，便会向同学借钱，甚至去偷。

2. 交往需求

在青春期之前，孩子依赖的是家长；在青春期开始后，则转移到朋友身上，既有同性朋友，也有异性朋友，而且随着交往的深入，会把相当一部分精力倾注到异性朋友身上。

3. 认可与尊重的心理需求

进入青春期，孩子由对家长的依赖，转为对自我成长的关注，他们开始在意周围的人对自己的评价和态度。他们急于表达自己，观点却稍显稚嫩，甚或偏激。他们想在父母和老师面前，证明自己长大了，渴望父母认识到自己的长大，并给他们足够的成长空间；希望父母尊重他们的想法和做法，认可他们的观点，尊重他们的选择；希望得到父母更多的称赞、鼓励和信任。训斥和说教式的大道理会引起他们的反感，很多时候他们会认为父母不理解他们，对他们没有足够的尊重。他们希望父母能给更多的零花钱供自己支配，他们会把爷爷奶奶无原则的溺爱看成对自己好，把父母的管教看成是找自己的事。在青春期前期，他们会把不满埋藏在心间；而在青春期中期，他们的自主和独立意识逐渐增强，父母对学业的要求和自身的焦虑感也同时增强，矛盾便爆发出来，会与父母发生直接的冲突。有的孩子会把自己封闭起来，不再同父母有更多的交流，就连自己的房间也不愿让父母进入。他们用一种无声的行动向父母抗议：我长大了，爸爸妈妈，请尊重我！

4. 希望成长中的压力小一点

青春期的孩子其实不容易，因为他们背负了很大的压力。

首先，生理变化带给他们很多的困扰或苦恼。男孩的遗精，女孩的月经，会让刚刚踏入青春期的他们惶恐，他们不知道为什么会这样，这个时间出现在自己的身上是不是正常。现在女孩的月经有的在10岁左右就开始了，而课本上细致讲述生理卫生知识（性知识）是在初一下学期，这个时间差会让他们因"无知"而紧张不安和苦恼。有的孩子会从手机上浏览黄色网页来满足性心理，有的孩子会因身体发育得晚一些而紧张纠结，有的男孩会因个子太高而烦恼无比，有的女孩会因月经初潮的早或晚而忐忑不安。这个时候，有的女孩还会收到男孩的小纸条，内容虽然稚嫩，表达却很大胆，惊喜与不安同在，又不敢告知父母，学习自然就分心了。

其次，爸爸妈妈要二胎。小学四年级，我认为是孩子进入青春期的初始阶段，生理、心理、学习会在这个时期出现较大的变化和分化。这个时段，有的孩子成绩开始下滑，学习压力产生。而这个时间，他的妈妈可能正着手要二胎了。孩子很想此刻能得到爸妈的关注、鼓励和指导，爸爸往往因工作忙而很少在家，教育和引导孩子的重担则压在妈妈身上，可是妈妈又在为孕育二胎忙碌着。孩子出现了问题，没有得到及时有效的关注和处理，却又要有个弟弟或妹妹来分享爸爸妈妈的爱，他们开始担心父母不再爱自己，甚至有的孩子会给同学说，注意你们家的房子，将来怎样怎样。这个时候，孩子已经深刻感受到了自己长大的压力。他们学习不再优秀，和父母的交流越来越少，学习问题开始出现，也开始听不进父母的话了，而家长可能还没意识到问题的出现。其实，要二胎不是问题，关键在于家长要做好充分的预案，采取有效的方法，帮助孩子调适好接纳的情绪和心态。

第三，青春期中期学业压力逐渐加大。初一刚升入初中，学业负担加重，初二加物理，初三加化学，初二还有生物和地理的会考。孩子在小学时稚嫩的学习方式、学习习惯已难以应对繁重的学习任务，而不适应所带来的学习压力会让一部分学生在初一就开始掉队。随着学习内容的加深，学习能力差些的学生，学习压力会逐渐增大。

第四，父母对孩子心理和行为的不理解，教育方式的简单粗暴等，导致孩子与父母之间缺乏有效沟通，加剧孩子的成长压力。

第五，诉求得不到满足，便会出现一系列的问题。有的会出现严重的违纪行为，如吸烟、喝酒、打架、早恋、网瘾等，甚至离家出走。有的会违法犯罪，更严重的，还会自残或自杀。

三、青春期问题产生的原因

除了前面提到的父母要二胎和孩子生理变化带来的困扰，我想青春期问题出现的原因，还可能是：父亲教育的缺位、父母离异、留守儿童、同伴的不良影响、游戏吸引、性知识匮乏、手机上黄色视频和小说的诱惑、母亲的朝夕相处使他对母亲的教育变得麻木和逃避、进入青春期独立意识的萌发和妈妈的唠叨使他不胜其扰、父母不能正确而及时地了解孩子的变化或没有采取有效的解决方法、父母教育方式的简单粗暴、妈妈和爷爷奶奶无原则的溺爱等。

综上所述，如何能读懂孩子的内心，疏解孩子的心理压力，尽可能减少孩子的逆反心理，促进孩子生理、心理健康地发育和成长，就成了家长、学校和社会共同的责任。

【点评】

青春期孩子的心理变化万千，呈现不尽相同。孩子与父母对同一问题的认知也具有明显的代际差异，这就需要我们更多地了解、更好地明白孩子的内心。作者从青春期孩子的心理发展入手，阐释了青春期孩子的心理需求及问题，为家长解决与青春期孩子之间的矛盾提供了有益的借鉴。

（贾传军）

"借力打力"

——家有宝贝青春期系列之二

刘 玲

教育的本质意味着：一棵树摇动一棵树，一朵云推动一朵云，一个灵魂唤醒另一个灵魂。

——哲学家卡尔·雅斯贝尔斯

孩子进入青春期，很容易逆反，教育要讲究方法才会收到实效。在孩子的成长过程中，自我的肯定和追求是他们度过青春期内在的主动力，家长、社会以及学校老师的肯定与引导是外力，巧妙地借助外力，激发孩子的内动力，可以取得更好的教育效果。这是借助了哲学上内外因辩证关系的原理。

一、借榜样之力

1. 父母给孩子做勤奋的榜样

"童话大王"郑渊洁曾说：作为父亲，在女儿上学的十二年间，我从来没有对女儿说过你要努力，我只对自己说，郑渊洁，你要努力。郑渊洁几十年如一日的创作热情和坚持，是整个家庭教育中最大的财富。他的儿子郑亚旗现在是皮皮鲁公司 CEO，女儿从小学到大学一直是"学霸"，被美国六所名牌大学同时录取。郑渊洁的榜样教育形成了一种激发儿女励志的力量，鼓励他们在勤奋中走向成功。

216

2.善用名人和身边人做榜样

根据孩子的兴趣爱好，选取有关领域的榜样人物做指引。2014级有个孩子叫齐帅（化名），因为酷爱篮球，经常逃课去操场打篮球，学习成绩较差，上课经常违纪，有时还会欺负同学，在班里横行霸道。他崇拜的明星是火箭队的詹姆斯，我就在给班级购买的书籍中加入了一本詹姆斯写的自传《我的兄弟，我的篮球》。詹姆斯从追梦少年到超级巨星的演变过程，深深打动了齐帅，他看到了詹姆斯为实现心中梦想而奋力拼搏，看到了詹姆斯遇到困难和压力却不惧挫折，依然每日刻苦训练、奋勇前行，看到了詹姆斯成功后不为盛名所累，与队友团结友爱，不耍大牌。他被詹姆斯深深地震撼，他说詹姆斯就是自己学习的榜样，他也要向着心中的梦想努力拼搏。在家长和老师的共同努力下，他逐渐把学习和纪律调整到正常轨道，考上了高中。这个故事启发我们，家长也可以借用榜样之力，既照顾了孩子的兴趣特长，又给孩子做到了有效引领。

二、与老师勤沟通，借用老师之力

小强同学是高中边缘生，分数在高中线以下。由于重理轻文，初三下学期，语数外的成绩依然达不到高中的最低录取分数线。家长比较着急，每次考试一看到成绩，必然给孩子来一顿疾风暴雨般的说教，孩子开始把自己封闭起来。近段时间，小强上课没有精神，老师也反映感觉他的思维很慢，变"笨"了。我意识到这个孩子出了问题，便约了家长到学校。在办公室里，小强和妈妈只交流了几句话，孩子的眼泪就流了下来（这是初中三年我第一次看到他掉眼泪）。从孩子的眼泪中，我看到了孩子所背负的巨大压力，看到了妈妈由于心急而口不择言给孩子造成的伤害。但是从妈妈道歉的话语中，我又看到了父母在孩子面前很卑微，小心翼翼地说话，生怕说错了话让孩子着急。我看到了矛盾的焦点，于是先给妈妈剖析孩子的压力和心中想法，然后用自己孩子高考的例子引导孩子体谅妈妈的隐忍和良苦用心。孩子情绪平稳了下来，我知道他对妈妈多了一分理解。我们三个人又一起探讨上课为什么没精神，妈妈说从去年冬天开始孩子就一直不吃早饭，小强也说了一堆不吃早饭的理由。我给他举了这样一个例子：烧一锅水，在有限的时间里要尽快地烧开，怎么办？小强说："柴越多，火越旺，水开得越快。"我说："对呀，你早饭不吃，一上午的学习能量从何而来？身上没有力气，思维也会迟钝，学习效率就低了，和把一锅水烧开是同一个道理呀！"小强点点头，表示认可我说的话。我又告诉他，青春期正好长个子，能量不足，会影响骨骼发育，有时会腿疼。妈妈说："老师，有时他的腿就是疼。"家长和孩子的认识一致了，我们就共同商定了早餐食谱。最近孩子坚持吃早饭，学习的精神头也足了起来。

这个故事给我们的启示，就是当孩子出现一些问题，家长不能较好解决时，可以与老师联系，借助外力，达到家长与孩子的有效沟通，从而尽快解决问题。

三、科学借用辅导之力

科学借用辅导之力，帮助孩子查漏补缺，短板补长，真正通过辅导丰富知识，提高学习能力。

孩子报了辅导班，家长一定要经常和辅导老师联系，询问孩子的辅导情况，要关注辅导质量，不能把钱一交了事。因为我有时经过辅导机构楼下，会发现有不上课的学生在玩耍，家长是不知道的。

家长要与班主任、任课老师联系，与孩子商量，共同制订辅导方案，以免因盲目辅导而事倍功半，浪费时间。班里有个孩子英语成绩经常不到70分，济南市英语考试满分是150分，他远远在及格线以下，单词和词组背诵困难。家长给孩子报了辅导班，老师只辅导语法，孩子的成绩进步缓慢。我在一个早读课上，发现这个孩子连音标都不会，单词记忆非常吃力。对于这个孩子，应该是单词背诵和语法指导同步跟进，同时尽快辅导音标，这样既解决记忆的根本问题，又能通过积累提高成绩。教学要讲究因材施教，辅导要科学分析、对症下药，才能事半功倍，收到良好的效果。

四、借助课外读物之力

家长可以借助视频资料和图书，鼓励孩子上进，指导孩子学会做人。

初三下学期，一些学困生没有学习信心。一次班会课上，我播放了一个小视频，内容是鸭妈妈带着一群小鸭子，要跳跃上一个很高、很陡峭的石台方可继续前行。我只说了一句话，让大家数一下最后一只小鸭子跳上高台努力了多少次。三分钟的视频看完后，他们告诉我小鸭子跳跃了多少次，然后谁也没说一句话，默默地低下头去学习，所有的同学都信心百倍。（家长朋友可以看一下这个视频：https://www.365yg.com/a6660422986723492366#mid=1570649041937410）

优秀书籍的教育功能就更不用说了，家长朋友应该都懂得。

五、巧用鼓励，帮孩子调整航向

巧用鼓励，就是把期望孩子做到的事情，巧妙地利用一个契机（发生的一件小事都可以），用信任的语气或鼓励的话语表述出来。比如我的女儿谈恋爱了，我心里有些牵挂，总想唠叨唠叨，又怕女儿烦。一天，与女儿通电话，我给女儿说，我与王姨说起了恋爱的事情，王姨嘱咐要多交流一段时间，我就给王姨说："没事，相信丫丫会解决好一切，相信她处理事情的能力。"女儿听了后，说："嗯嗯。"放下电话，我就笑了：我的信任让孩子明白了我的心意，还增强了她做最好自己的信心。把想要的结果，通过鼓励和信任的语言变通地传达给孩子，这种教育方式我经常在班级管理中运用，非常有效，家长朋友不妨试一试。

六、借爱慕异性之力，帮早恋孩子找到学习的动力

小玉和小翰是我班的两位同学，小玉是女生，小翰是男生。在一次排位时，我从学生的口中知道了他们彼此喜欢，也找到了他们成绩退步的原因。我没有把他们调开，担心却还是有的，就把他们叫到办公室，对他们说："喜欢和爱慕一个人，是希望他因为这份喜欢变得更好，而不是带来更大的伤害。喜欢一个人不是错，更不是罪。喜欢一个人，应该让自己更加优秀，通过你的上进和自强，带动对方更加美好。听到了没？"只有鼓励，没有指责。再次走进教室，我发现了女生挺直的腰板和自信的学习态度，男生也多了一些学习的从容和宁静。理解与尊重，让孩子的心静了下

来，不仅增添了学习动力，还明确了前行的方向。发现早恋问题，我有时会给家长沟通，让他们观察孩子在家的表现和变化，及时与老师联系和沟通，不要贸然指责和干涉，也收到了较好的效果。

另外，小学培养良好的学习兴趣和读书习惯，初一培养良好的学习习惯，初二、初三注意提高学习能力，都会形成孩子学习的助推力，不再赘述。

【点评】

青春期孩子的生理和心理都会发生微妙的变化，从而会影响到孩子学习的实效。兴趣是一种甜蜜的牵引，榜样是一股不竭的动力。家长可以借助一些外力，引导孩子明确目标，端正态度，培养兴趣，形成源源不断的内在动力，助推孩子学习成长，最终实现自己的理想。

（孙乐飞）

专题五　榜样

导读：长大后我就成了你

——榜样是最好的教诲

潘正林

记得看过这样一句话：良好的家庭教育，最理想的境界应该是"每位爸爸都成为孩子敬仰的英雄，每位妈妈都成为孩子崇拜的偶像"。

这句话说的就是父母在家庭教育中的榜样力量。所谓育人先育己，父母在日常教育中，一定要做榜样，才能成为孩子的镜子。在生活中，孩子是最好的观察者和模仿者，对于父母的一言一行，他们无时无刻不在学习，并努力成为父母的样子。明白了这一点，你就会发现，教育其实并不是那么高深莫测的事情。

古人说，欲教子先正其身。做好自己，才能真正起到润物无声的作用。在我们与孩子相处的过程中，耳濡目染的熏陶是最持久、最有影响的教育。试想一个自己手机不离手、连吃饭时都在看肥皂剧、每天都松散慵懒的家长，却偏偏对自己的孩子严格要求，要求孩子作业要及时完成，学习要优秀，不许玩手机，不许看电视，效果会有多大？

令人印象特别深刻的是以前中央电视台经常播出的一则公益广告：一个中年妈妈在床前给自己年迈的母亲洗脚，一个七八岁模样的孩子在旁边看着。不一会儿，孩子也端着一盆水喊道："妈妈，洗脚。"父母是孩子最好的老师，这个公益广告告诉我们，家风是代代相传的，父母的行为会深深影响着孩子，教会他变成父母的样子。我们常说：一流的家长做榜样，二流的家长做教练，三流的家长做保姆。做最好的父母，喊破嗓子永远不如做出样子。

房杰老师在《如何做最好的父母》中强调，要从建立良好的家庭氛围入手，营造育人环境，并且建议父母在五个习惯方面要做到"榜样"，才能再去要求孩子。告诫我们家长，不同孩子之间的差距，很多时候是其父母之间的差距！

卢庆荣老师在《破茧成蝶的故事》中谈到，她的女儿就曾对她说："今天我才真正明白，我确实是最幸福的，因为我从小就不缺营养，爸爸给我的是物质的营养，妈妈给我的是精神的营养。我生活在一个令人羡慕的家庭环境里。"这就是榜样的影响！

孙德美老师的《树立榜样，让父母成为孩子心中的学习典范》用诗一样的语言带给我们这样的启示：父母艰辛，孩子就学会珍惜；父母勤奋，孩子就明白了努力；父母冷静，孩子就学会观察；父母认真，孩子就学会方法；父母尽责，孩子就明白做人要担当；父母宽容，孩子眼里计较的事就少了；父母开怀，孩子眼里快乐的事就多了；父母仁爱，孩子的心一定是宽广、善良、充满阳光的。

焦玉华老师在《父母好好学习，孩子天天向上》中，引导一些父母慢慢地意识到，孩子还真的不是成为我们希望他成为的样子。慢慢地，你就会发现，他会成为我们的样子，所以说教育是王道。他知道你是热爱生活的，你是对人礼貌的，你是积极热情的，你不是冷漠的，他都能看到，他也会去那样做。所以说，做好自己，孩子就会成为我们的样子。

王欣老师在《以身作则，传承良好家风》中，从家风传承的角度揭示榜样的重要性。家风，就是父母的行为对孩子的熏陶，就是父母在孩子身上留下的印记。

房立强老师在《以身作则，身正为范》中提出，家长要以身作则。如果想让孩子认真，家长就必须要有原则；如果想让孩子勤奋读书，家长最好也要勤于读书……总之，打铁先要自身硬，要求孩子做到的，自己先要做到。

学生家长董文华在《那眼眸里的一汪春水》中告诫我们，不要当"驯兽师"，学做"镜子"。孩子只有认识自己才能战胜自己，但开始往往只能依据他人的反馈来认识自己，这时父母的"反馈"作用即镜子的作用就很重要了。

其身正，不令而行；其身不正，虽令不从。身教永远优于言传！孩子一生很多时候会有自己要独自面对的人生课题，让我们做一个言行一致的人，做孩子的好榜样，努力树立良好形象，给孩子以健康、积极的带动，引领孩子向着美好的方向发展吧！

如何做最好的父母

房 杰

人这一生当中要接受三种教育，即家庭教育、学校教育和社会教育。对一个孩子来说，最重要的便是人生开始阶段的家庭教育。要想正确地教育孩子，家长需要形成正确的养育观念，掌握有效的教育方法，合理利用教育资源。而学校教育的成功离不开良好的家庭教育，只有家校合作，才能共育良才。家庭教育的好坏直接取决于家长的教育方式。我担任班主任工作十几年来，接触过很多家长，因此更深刻地认识到，家长的教育方式直接影响孩子的成功与否。下面就"如何做最好的父母"这个话题简单谈一下自己的观点。

一、建立良好的家庭氛围，营造育人环境

良好的家庭氛围对孩子的成长起着重要作用。无论是孩子的生理健康成长，还是心理健康发展；无论是良好习惯的养成，还是性格上的定型；无论是学习成绩的提高，还是多元智能的有效开发，都需要一个良好的家庭育人环境。一个在和谐的、积极的、民主的、相互尊重的、学习型的家庭环境中成长起来的孩子，长大后就能与人和睦相处，对生活抱着积极乐观的态度，热爱学习，讲究民主，性格开朗，团队意识强；反之，如果家里物品凌乱，父母在家中谎话连篇，成天谈论金钱物资，不读书看报，经常批评或嘲笑孩子，甚至打骂孩子，在这种环境中成长起来的孩子，长大后可能就是另一番景象了：做事随便，团队意识差，与人合作困难，自私

自利，生活态度消极，性格相对孤僻内向，不爱学习，处事极端。

张凯是我教过的一名成绩优异的学生。他天资聪颖，思维敏捷，学习上的许多问题都难不倒他。无论在课内还是在课外，总能见到他活跃的身影。可是，接触时间越长，我越是发现他的身上存在着不少思想问题，比如：自我感觉过于良好，优越感太强，争论问题时喜爱咄咄逼人；凡事喜欢以自我为中心，喜欢吹捧，看不起其他同学；自认为很聪明，学习上不努力，态度不端正；还经常三五成群，惹是生非，给班级管理带来很大麻烦。经过了解，这是因为他的家长在家里经常因为鸡毛蒜皮的事情吵架，甚至动手，从来不在乎孩子的感受，也就忽视了对孩子的引导和教育。针对这种情况，我多次对其进行家访，了解情况，引导家长给孩子创造一个良好的家庭环境。记得有一次，我去他家，恰巧他的父母都去田地里浇水了，我便找到田地里，与他们交流，期望得到理想中的效果。随着交流的增多，他的父母吵架少了，关注孩子多了，张凯同学也变化了很多。经过不懈的努力，在当年的毕业考试中，张凯同学以优异的成绩考入了长清一中。

二、陪伴才是对孩子的最好教育

教育专家曾指出，12岁之前父母陪伴缺失会造成孩子未来人格的缺失，不利于孩子健康的身心发展。家庭是人生的第一个课堂，父母是孩子的第一任老师，也是孩子一辈子最重要的老师。"问题儿童"大都是由于缺少父母陪伴造成的。孩子在成长过程中有许多非智力因素，就需要父母通过言传身教加以培养。

孩子的安全感和归属感来自父母，这是任何人无法取代的。实际上，孩子年龄越小，心理感知能力越强，越需要父母的陪伴。民间有句俗话"三岁看大，七岁看老"，指的不仅是行为习惯，更重要的是心理发展。对孩子来说，父母的陪伴是给他们的最好的爱。

我教过的一个孩子小明，父亲在银行上班，母亲在机关单位上班，平时工作都很忙，但是他们对孩子的付出和关爱是许多家长无法相比的。自孩子上初中以来，父母天天接送孩子，每天晚上回家给孩子检查作业，陪

做更好的父母

——中学生"家校共育"创新实践探究

孩子读书；每到周末，更是推掉不必要的应酬事务，全天候陪伴孩子学习和完成作业，遇到孩子不会的问题一块儿研究，读了文章一块儿分享。父母与孩子感情融洽，亦师亦友，无所不谈，帮助孩子健康成长。整个初中三年，小明成绩一直稳居年级前列，最后考取一中推荐生。

三、做孩子的榜样——带动孩子养成良好习惯

"训子千遍，不如培养一个好习惯。"实际上，没有一个孩子不想成为好孩子，也没有一个孩子不想好好学习。习惯决定孩子的命运，教育的核心是培养健康人格，培养健康人格最有效的途径就是从培养行为习惯做起。家庭是培养习惯的学校，父母是培养习惯的老师。儿童教育就是培养好习惯，我们通过培养好习惯来缔造孩子的健康人格。

在现实中，家长往往要求孩子这样做、那样做，而对自己的要求却不到位。比如，要求孩子专心做作业，而自己在玩手机、看电视；要求孩子讲究卫生，而自己邋遢得要命；要求孩子远离游戏，而自己在打牌、玩麻将；等等。最终结果，孩子还是没有养成良好习惯。只因家长的榜样作用做得不到位，起了反作用。

在这里，我同大家分享一下关于习惯培养的五个方面，共同交流，当然前提是父母要做出"榜样"，才能再去要求孩子。

（1）提高认识，或者说，引导孩子对养成某个良好习惯产生兴趣。

（2）明确行为规范，让孩子对养成某个良好习惯的具体标准有清楚的认识。

（3）适时进行榜样教育，让孩子对养成某个良好习惯产生亲切而向往的感情。

（4）坚持不懈的行为训练，让孩子由被动到主动、再到自动，养成某个良好习惯。

（5）及时评估和奖惩，让孩子在成功的体验中养成良好习惯。

总之，不是孩子不优秀，而是父母太落后。其实，很多孩子的问题，都是家长的问题。今天给大家所作的交流，希望能带给家长们些许启发，真正做最优秀的父母，进而对孩子的成长和教育有所裨益。

226

【点评】

父母是孩子的第一任老师，孩子的健康成长离不开父母的精心呵护。通过文中的事例，我们可以看出，孩子的心智健康也需要父母的关注。正所谓"养不教，父之过，教不严，师之惰"，连古人都能意识到教育孩子最重要的责任人是父母，而现在还有很多家长觉得教育孩子是老师的事情，自己只负责孩子的身体发育，却忽视了孩子的心智发育，这是万万不可行的。殊不知，一个孩子学习成绩的好坏，老师只是客观因素，最重要的还是学生自己。而"学生自己"之间的差距，归根结底是父母之间的差距！

（李　玲）

破茧成蝶的故事

卢庆荣

　　我的女儿，今年28岁，是一名小学教师，有一个幸福美满的家庭，还有一个可爱的儿子，生活美满而充实。我也很满足，可谁知她曾是一名学困生，下面就她的成长经历与大家分享。

　　女儿小时候性格温顺，是活泼可爱的乖乖女，家人都很喜欢她。那时候，她自己经常说"妈妈，我真幸福"，尽管她还不懂什么是幸福。女儿上了小学之后，由于我对工作的挚爱，身为班主任，我一心扑在学生工作上，根本无暇顾及自己的孩子，完全把女儿托付给了她的爸爸。爸爸非常疼爱女儿，把女儿的生活照顾得无微不至，我很放心。但是，爸爸只凭感性，对女儿的教育有些溺爱，也不讲究方法，女儿的学习成绩不尽如人意。我看到后非常着急，加之我的工作压力大，回家后就把不良的情绪带给了女儿，给女儿带来了很大的伤害。现在想起来，我很自责，当时经常埋怨孩子，大声吼孩子，辅导孩子也是没有耐心。为了孩子，我也经常和她爸发脾气。慢慢地，孩子变了，变得不再活泼，变得不再自信，变得小心翼翼，变得不与我交流，甚至躲避。这让我很焦虑，但又无可奈何。

　　升入初中以后，女儿的数学成绩很不理想。由于孩子在学校的时间比较长，老师主要面向全体学生，于是难以开展个别辅导，女儿经常听不懂、学不进，甚至考试不及格。我看在眼里，急在心里，又没有机会给孩子辅导，更让我不知所措，便采取了放任的态度。孩子对数学失去了信心，关闭了智慧的大门，但我也意识到了孩子的压力之大，那时的家长和孩子都在受煎熬。我曾和孩子商量，找个辅导老师，不上晚自习了，在家辅导，但孩子不同意。

到了初三，学校统一不上晚自习了，我在中医药大学给孩子找了个辅导老师，是大三的学生，名叫嘉玲，女儿叫她玲玲姐。嘉玲非常聪明，性格宜人，我女儿非常喜欢她。我跟嘉玲商量辅导的内容、方法和要求，分析女儿的现状。我们决定辅导数学、物理和化学，提出从基础抓起，不做难题，目标要求70分到80分之间。嘉玲领会了我的想法，也了解了我女儿的状况。通过做题，找到了辅导的突破口。从课本抓起，低起点，小步子，对于女儿不明白的反复讲解、反复练习，把零碎的知识点链接起来，形成了完整的知识体系。这让我女儿豁然开朗。做题有了进步，嘉玲就鼓励她，不断指导她学习方法，加之学校老师的关心和帮助，让她那扇关闭的大门渐渐地打开了，也逐渐找到了学习数学的自信。看到孩子的进步，我们全家都很高兴，对孩子的态度也发生了很大变化，孩子有了很多的温暖和笑容，我心里稍微松了口气。经过三个月的辅导，离中考越来越近了。嘉玲让女儿大量练习做题，掌握做题的技巧，并告诉女儿，会的我们一定要做对，最后的两个大题，会多少做多少，不会就放弃。就这样给孩子减压，让她有一种放松的心情去迎接中考。中考结束以后，女儿的精神状态很好，但我心里很忐忑。中考成绩终于出来了，让我很吃惊。数学满分120分，她竟然考了90多分，这是她上初中以来的最好成绩。理化满分100分，她考了70多分。就这样，女儿顺利地考上了幼儿师范"3+2"专科班。从此孩子变得更加开朗，还有自信，又找回了童年的自己。

关于报考幼儿师范，在当时也是一个艰难的选择。根据女儿的学习状况，上高中困难很大，我女儿可能不适应。而上幼儿师范，学习环境宽松，我女儿自律性很强，我相信她会在这样的环境里不断地提升自己，更加自信。我把上高中和上幼儿师范的利弊讲给女儿听，最终我们选择了幼儿师范。当时很多人不看好，因为在编幼儿教师多年不招聘了。也许是命运吧！实践证明，我们的选择非常正确，别人夸我很明智，很有眼光，但当时也没多想，只是觉得适合孩子就可以了，这大概就是以孩子为中心吧！

上了幼儿师范，孩子非常积极上进，还竞选班干部，当上了英语课代表。琴棋书画，她都努力去学习。看到孩子的进步，特别是孩子愉快的心情，我感到非常欣慰。不知不觉三年过去了，我开始帮孩子谋划未来，目标是考上在编幼儿教师。这大概是天意吧！女儿毕业前一年，国家特别重视幼儿教育，要求新增大批幼儿园，招聘在编幼儿教师。要实现这一目标，在最后两年内一定要拿下本科学历，还要做好考在编幼儿教师的准备工作。女儿非常同意我们的想法，积极主动地报上了自考，还买了很多考在编幼儿教师的书籍，经常加班加点学习。在专科毕业以后，女儿又顺利地拿到了本科学历，可惜的一点是学位英语差5分没过，没有拿到学位证书。在实习期间，她报上了在编考试辅导班，经过三个月的专业辅导，在毕业的当年，她以第一名的好成绩考上了在编幼儿教师，成为我们全家的骄傲。这让我女儿体验到了幸福是奋斗出来的，同时也学会了坚强与坚持。她坚信，只要心中有梦想，脚下就会有力量。这是人生最宝贵的财富。

由于女儿的认真、刻苦和努力，上班以后，她在工作上积极进取，大胆创新，得到了领导和家长的好评。由于工作需要，女儿被调到小学工作。我告诉女儿，小学对教师的素养要求更高，你要不断地提升自我。现在女儿已经取得了职高教师资格证，正在考取学位证书，同时还在学习心理咨询师的课程，努力把自己打造成一名合格的小学教师。在女儿的学习历程中，我们走了不少弯路，但这也是人生宝贵的经历，应感谢在女儿的成长过程中教导过她的每一位老师。如今嘉玲早已研究生毕业，考进了北京友谊医院工作，并成为科研骨干，经常出国学习深造，女儿仍和她的玲玲姐保持着良好的关系。我想她在玲玲姐身上学到的不仅是知识，更是对人生的一种态度，也感谢她自己的努力与坚守。作为家长，我感到骄傲的是，我有一位善良的女儿，她性格温柔，内心坚韧，懂得感恩，待人诚恳。在家庭里，她已有一个可爱的儿子，是一位贤妻良母，婆婆公公都很喜欢她，夸她孝顺、懂事、朴实、素质高，全家人其乐融融。我相信女儿不但能把自己的学生培养好，也能把自己的儿子教育好，不要再像妈妈这样。女儿告诉我："今天我才真正明白，我确实是最幸福的，因为我从小就不缺营养，爸爸给我的是物质的营养，妈妈给我的是精神的营养。我生活在一个令人羡慕的家庭环境里。我们家非常和谐美满，生活在我们家里的老人和孩子都是幸福的。我老公也经常给我说，加入我们的队伍太幸运了。我们也要像爸爸妈妈一样，把我们良好的家风发扬光大，世代传承。"

作为家长，我在女儿的成长过程中付出了心血，感受颇多，虽然谈不上有什么经验，却有一些感悟与大家分享。

第一，创建和谐的大家庭。

我认为，父母给孩子的最大财富，莫过于给孩子一个温馨的大家庭。家庭是孩子成长的摇篮，是孩子发芽、开花、结果所汲取营养的源泉，也是孩子前进的不竭动力。在这样的家庭氛围中，孩子学会了孝顺、感恩、宽容、理解，学会了与他人相处，同时也学会了忍耐与坚守。总之，学会了做人。因此，家长是孩子的第一任老师。

第二，学会放手。

于丹老师说，世界上只有一种爱是以分离为目的的，那就是父母对孩子的爱。孩子出生以后，先从身体上与母亲分离；随着孩子的成长，孩子从精神到物质都要求独立，脱离父母的呵护。这是孩子成长的需要，也是孩子长大的表现。父母的过度保护，会阻碍孩子的成长。因此，学会放手非常重要。特别是到了初中阶段，孩子进入了青春期，自我意识增强，首先在精神层面上要求自我主张，这会让家长很不适应，若不及时调整，亲子关系就会出现问题，更加强化孩子的逆反心理。这一时期，无论家长还是老师，都要学会放手，让孩子大胆地在前面走，家长在后面鼓励、加油，必要时给予指导。这时孩子会觉得很自由、很快乐，因为满足了他成长的需求，他也会很尊重家长的建议，有助于形成良好的亲子关系，更有利于孩子的健康成长。

第三，静待花开。

每一个孩子都是一朵鲜花，但花期不同，有早有晚，不可能各种花同时开放。孩子无论处在哪个时期，家长都要有耐心，去欣赏他、滋润他、尊重他，等待开花、结果，而且要有足够的信心。相信自己的孩子，没有开花，是因为营养不足，花期稍晚而已。即使孩子永远不开花，含苞待放不也是一种美吗？

第四，学高为师，身正为范。

家长要用自己的成长去推动孩子的成长。要培养什么样的孩子，家长首先要做什么样的人。家长对孩子的影响，如影随形，并不是家长所能控制的。因此，家长的榜样力量不容小视。

【点评】

作者用自己的亲身经历，结合30年的教学生涯，分析了家庭教育对孩子成长的重要作用。播下一粒小小的种子，我们期待它能够生根、发芽、开花、结果，虽然花期不同，依然初心不改。小小心愿，大爱无疆，想必为人父母者亦心有戚戚焉。

（贾传军）

树立榜样，让父母成为孩子心中的学习典范

孙德美

近年来，随着人们对家庭教育的关注，越来越多的家长开始把家庭教育放在了教育的首位。对于孩子来说，家庭教育非常重要，因为成就孩子的，不是学校而是父母。哲学家卢梭指出："对一个人的教育，在他一生下来就开始了。他虽然还不会说，不会听，但已经在学习了，经验先于教学。父母指引的航向，往往会在相当程度上决定着孩子生命的航船驶向何方。"我既是教育工作者，又是两个孩子的妈妈。我始终用一颗童心来贴近孩子，和孩子保持共同的爱好，时刻注意自己的言行举止，用良好的习惯影响孩子，与孩子一起成长，一起快乐生活！

一、陪伴是对孩子最好的爱

大女儿今年12岁了，学习成绩优异，从小就养成了良好的学习习惯、生活习惯，钢琴考过七级，葫芦丝考过九级，书法考过五级，获得的省市级奖项及荣誉数不胜数。这些成绩的取得，既离不开孩子的刻苦努力，更离不开家长对孩子的陪伴。记得从3岁起，孩子就学习电子琴。那时孩子太小，不会识五线谱，更不会记作业，是我每周三节课自始至终陪读，培养孩子良好的听课习惯，是我每天不厌其烦地陪伴练习，奠定孩子扎实的基本功。每一次孩子登台演出，每一次孩子捧得奖状，那既是对孩子的鼓励，也是对我无数日夜陪伴的回报。

反观今天，有些父母总是以工作忙、应酬多为借口，忽略对孩子的陪

伴。你在看电视，却让孩子做作业；你在玩手机，却让孩子去读书；你在打牌，却让孩子去睡觉。这种缺乏陪伴、自由发展式的教育方式，很难培养出孩子的好习惯。陪伴孩子是一种沟通，是在家长与孩子之间架起心灵的桥梁，是孩子成长过程中的依靠，更是对孩子的静等花开。

二、身教重于言传

父母自身的行为对孩子有重大的影响。不要以为只有当我们同孩子谈话、教导孩子的时候，才是在教育孩子。其实在我们生活中的每一瞬间，甚至我们怎样穿衣，怎样与别人说话，怎样对待他人，怎样笑……所有这一切，对孩子都有很大的教育意义。我的二女儿今年3岁了。有一次，因为我有事，没让她去游乐场玩，结果孩子生气了，冲着我大声嚷嚷。我认真反思之所以孩子用这种态度来解决问题，是因为前几天当大女儿的作业出现问题时，我对她用了同样的语气。当时我心里咯噔一下，无话可说。父母的一言一行无不影响着幼儿的性格发展。如果父母处理事情冷静沉着，那么子女同样会如此。父母的语言对孩子影响最深，一些父母在家里不讲究语言文明，夫妻之间经常出言不逊，话语粗俗，甚至满口污言秽语，对孩子骂声不绝，这些粗野的语言像细菌一样污染着家庭的精神环境，毒害着孩子纯洁的心灵。孩子处在这样的家庭环境下，就会模仿成人的语言，再说孩子的词汇量缺乏，听到这样新鲜有趣的词，很快就能掌握，之后在适当的时机就会运用，那样将影响到孩子的人际交往，因为其他人不喜欢跟说脏话的孩子玩。

三、注重孩子的习惯养成

在家庭教育中，家长朋友们也可以尝试这种方式：给孩子设置一些有激励性的措施，促进孩子在生活和学习上进步。我的大宝周洲当初是个学习没有自律性的孩子，平时给孩子泛泛地讲大道理，她也听不进去。于是，我与孩子进行诗词比赛，看谁一周背得多，谁就是优胜者，就可以向对方提出一个要求或条件。我背《沁园春·雪》的时候，她背《沁园春·长沙》。我说出："问苍茫大地，谁主沉浮？"孩子则说出："江山如此多娇，引无数英雄竞折腰。"我们母女俩就在彼此比赛背诵的过程中，感受古诗词文化。我有了很大的进步，孩子成长更快，从此爱上了诗词文化。

孩子不爱阅读，我就采取措施：如果阅读半小时并且能复述文章，就能集一个赞；每天练钢琴半小时，也能集一个赞；若一周能够集十个赞，可以在周六晚上看两个小时的电视或电影。为了能看到自己梦寐以求的电影或电视，孩子精心规划，时间安排得满满当当，效率很高，一做完作业，就抓紧时间练钢琴，或者阅读文章。通过两周的训练，孩子自律性强了，学习效率高了。

父母艰辛，孩子就学会珍惜；

父母勤奋，孩子就明白了努力；

父母冷静，孩子就学会观察；

父母认真，孩子就学会方法；

父母尽责，孩子就明白做人要担当；

父母宽容，孩子眼里计较的事就少了；

父母开怀，孩子眼里快乐的事就多了；

父母仁爱，孩子的心一定是宽广、善良、充满阳光的。

【点评】

在家庭教育中，孙老师抓住了三件法宝——陪伴、身教、习惯。这的确是家庭教育的精髓所在，是关注、引领、促进孩子健康成长的关键。家庭教育不必做得惊天动地，但家长必须要与孩子同行，做孩子美好心灵的守护者，做孩子不断提升的促进者。孙老师的做法在细微处流露着浓浓的关爱，滋润心灵悄无声息，促进成长潜移默化，值得借鉴。

（韩树军）

父母好好学习，孩子天天向上

——写给既是老师又是父母的我们

焦玉华

在我们的一生中，每一个人会遇见很多位老师；在我们的一生中，每一个人应该也会做父母，但并非所有人都会做老师。而作为老师的我很庆幸，既是父母也是老师，所以对于孩子的教育问题有着双重身份，更有着最直接的体验或者发言权。今天就让我站在老师的角度谈谈如何做父母，同样也是给做父母的自己提出更为具体的要求。

一、父母要给孩子做好榜样

有经验的老师总会作出这样的判断：一个学生的在校表现，如开朗乐观、积极向上、讲礼貌、有涵养或者少言寡语、做事拖拖拉拉等等，或多或少都有其父母的影子。"孩子是父母的影子"，此言不虚，也在警醒着天下的父母要做孩子的好榜样。

你发现一个孩子爱给同学开门，为同学拿东西，帮老师发作业……表现得特别有教养。当你和他的家长近距离接触的时候，你会发现，人家爸爸也是彬彬有礼，妈妈也是淑女风范，孩子与父母会有一些关联。我们经常把这种情况叫作"影子"现象，也就是有什么样的父母，就有什么样的孩子。这是在通常情况下，个例除外。

所有孩子从一出生开始，接触最多的最亲近的就是爸爸妈妈，那么在潜移默化的过程当中，他一定会受到家庭的影响。当然这里面也有基因的问题，像动作表情啊，说话方式啊，待人接物啊，行为举止啊，还有思维方式，就是遇到问题怎么去考虑问题，都会受到父母的影响。

比如说个性特征，有的家长不是很善于表达，孩子则少言寡语，这是一种。还有的家长缺乏耐心，和别人说话说不了几句话就急，喜欢指责对方哪个地方有问题，则他的孩子往往也脾气暴躁，不善于接受别人的建议，无法与别人深入沟通，对于某个问题的根源在哪里、怎么解决，也缺少耐心去探究。

在生活中，有的家长成熟稳重，经常和孩子交流，对孩子也很尊重、很温和，你会发现，他的孩子对老师和同学也是非常温和、不急不躁的，该干什么就干什么。有的家长，你在接触的过程当中发现他有口头语，语言不是很文明，则他的孩子也会流露出来，自然不自然地出现语言不文明的现象。还有，比如说一对夫妻为了孩子的事一起到学校来了，他们的言行举止表现出那种相敬如宾的家庭关系，你会发现孩子也有绅士风度，或者传统观念上的淑女风范。这些东西都会从孩子的身上看到父母的样子，父母的言行举止会影响到孩子。

所以说，做父母的还真的要非常注意自己的言行举止。你想要什么样的孩子，希望孩子成为什么样的人，你就得先做个什么样的人。

一些父母慢慢地意识到了，孩子还真的不是成为我们希望他成为的样子，慢慢地你就会发现，他会成为我们的样子，所以说教育的王道，就是执着地栽培自己。对于这一切，孩子都能看到，也都能听到。不用你告诉他，他就知道你是热爱生活的，你是待人礼貌的，你是积极热情的，你不是冷漠的……他都能看到，他也会去那样做。人最初的学习方式就是模仿。所以说，做好自己，孩子就会成为我们的样子。

所以，教育的本质真的不是你去给他讲多少道理，你怎么去给他说教，你怎么去教育他，甚至根本也不是我们想象的怎么去控制他，让他成为什么样子，教育就是这样的一种影响，这样的一种引导，这样的一种榜样。

二、父母要给孩子正向的思维引导

父母还可以引导孩子的就是思维方式。比如看到半杯水，有的人觉得，我还有半杯水呢，真好（不是没有水了）。有的人呢，就看到上边空了，哎呀，我只剩半杯水了。一个乐观，一个悲观。所以，不同的看问题的角度和思维方式也会影响孩子。

我在和学生打交道的过程当中就发现，有一些孩子总是先看到反面的东西，而不看好的这一面，比如看到哪个同学学习好，他就说这个人与人交往不行，总是看人家的不足之处。其实这就是一种思维方式，往往也是从父母那里学来的。有一些家长在和老师打交道的过程当中，也是光看老师的不足，而人无完人，都有自己的短板。这种思维方式也会影响到孩子。所以，我以前在开家长会或者与家长交流的过程当中也是经常说，只要是有孩子参与的活动，或者是与孩子进行交流，家长都要注意自己的言行，一定要小心，别起了反作用。

当你总是看到空了一半的半杯水的时候，你就忽略了对孩子的接纳：孩子要是再怎么样就好了。有的家长担心孩子会怎么样，总是看到那个不足的点，实际上等于给孩子指明了一个方向，导致孩子朝着那个不足的方面发展。以前有个老师说过，当孩子考试的时候，你总是叮嘱他别紧张、别紧张，你说上几次之后，他就真的紧张了。

有一个特别好玩的例子，比如有人对你说，你现在注意了，你在脑子里啊，千万不要想那个粉红色的大象。你想到的是什么？肯定是粉红色的大象。所以人家说，担心是最坏的诅咒。你老是告诉孩子一些他不好的地方，你老是看到他不好的地方，由于存在吸引力法则，而孩子对父母是无限忠诚的，孩子就会觉得：我爸我妈都认为我是那样的，我要不成为那样的，我对不起我爸我妈。他要配合你。

父母和孩子之间的第一种呼应就是"影子的影响"。这个影响就是，有什么样的爸爸妈妈，就有什么样的孩子；有什么样的孩子，他的背后就有什么样的爸爸妈妈。我还发现了一种现象，就是走向与愿望相对的一面。我自己想了想，可以叫作"镜子的法则"。

三、接纳孩子，才有可能激发孩子的内在动力

有的家长经常说，我的孩子不愿说话。那么，你有没有给孩子一个表达的空间，给他一个这样的氛围？如果在家里，我们对于孩子有很多的说教，其实孩子感受到的往往是无效沟通。因为在沟通方面很重要的一个因素是"听"。如果孩子没有习惯让爸爸妈妈听到他说的话，他也不愿意跟你有这种沟通的互动，所以你就只能是一个人的独角戏。如果你能够少说，注意去听孩子讲的话，允许孩子表达自己的想法，那么孩子自然就会愿意去表达。

这里还反映出家长是否能够接纳孩子。如果接纳了，你就允许孩子说。如果你老觉得孩子话这么少，他就是不说，你越强化，孩子越不说。所以说，父母也是孩子的一面镜子。孩子会通过父母看到什么呢？如果他从父母的眼神当中看到的，还有从语言当中听到的，始终是自己不如别人家的孩子，始终是自己的缺点和不足，这时候他感受到的就是自卑、消极、沮丧，会认为"我就不行，我就这样"。他也就会走向对立面。如果你接受他，哪怕出现一些问题，你也能够接受，只要共同去寻找问题的根源在哪里，然后去改变就是了。在共同发现问题和解决问题的过程当中，孩子也就学会了怎么对待问题，出现问题的时候怎么做。这就是一种思维方式的影响。

四、对孩子适当示弱，永远支持孩子

在家庭里，父母对孩子示弱是一种智慧。在亲子管理当中，有的时候父母能够适当地示弱，这其实是给孩子一个更大的成长的支点。

很多智慧的父母都会示弱。比如，对于一个男孩，在他还小的时候，如果妈妈就对他说："哎呀，你是男子汉，是我们家的顶梁柱，妈妈得依靠你了。你是男人，你得有担当。"哎哟，这个男孩就可带劲了，即使他还不理解什么叫担当，他也知道，妈妈都依靠我，我就必须得站直喽。他同时又知道，不管自己发生什么样的事情，妈妈都会无条件地爱和支持自己。这样他就可以拥有力量，而不是说自己要硬撑着。

有些家长做得特别好，他们了解孩子，知道孩子什么时候是心虚的，需要给以力量。他们也知道当孩子自卑或者受伤的时候给以安慰。孩子总是能感觉到父母对自己的这种支持，不管是哪一方面，父母支持的都对。对于这些聪明智慧的家长，我一直在向他们学习。

总之，作为当老师的父母，我们需要更多地站在老师的角度来衡量或者考量自己做父母的成功或者不足之处；同样，作为当父母的老师，需要更多地站在父母的角度来衡量或者考量自己做老师的成功或者不足之处。相信自己，加油，一定能做更好的父母、更好的老师！

【点评】

作者以教师和父母的双重身份，对于如何教育孩子向家长们提供了许多有益的建议，例如给孩子做好榜样，给孩子正向的思维引导，激发孩子的内在动力，对孩子适当示弱，永远支持孩子等，值得借鉴。

（贾传军）

以身作则，传承良好家风

——浅谈孩子行为习惯的培养

王　欣

看到"家风"这个题目，我首先联想起古代名臣大儒家中"诗礼传家"的牌匾、中世纪欧洲古堡里面"荣耀即吾命"的勋章，虽然高大上，但是要是跟自己这样的平凡普通的家庭联系起来，总是有些牵强，觉得离我们的生活很遥远。而且，也不记得父母对我常说过什么深刻睿智的话语而让我铭记在心，一时心里竟有些茫然。想了好久，才忽然想通了，家风哪有那么复杂？家风，就是父母的行为对我的熏陶，就是父母在我身上留下的印记。

小时候，在我睡觉前，父亲常拿着一本书躺在旁边，读着书陪我入睡。当时家里没有书橱，他的书装了满满一个大箱子，有专业书籍、马列著作，也有许多小说。那时候我就觉得，父亲看了那么多书，所以懂得那么多事情，真是了不起。从小学起，我就从箱子里挑自己感兴趣的书看，父亲发现了，没有怪我不务正业，还给我买了不少书。就这样，我养成了爱读书的习惯。现在，我也当了父亲，也给儿子买了很多书，我们俩的书各自摆满了一个书橱。只要在家，我每天晚上都会在睡前给儿子读故事。渐渐地，儿子也成了小书迷。爱读书，也算是我们家的家风吧。

母亲对我从小就要求比较严格，所以小时候我觉得母亲是个很凶的人。可是，让我奇怪的是，她的人缘却非常好，不论亲戚还是邻里之间，都喜欢和她打交道。随着年龄慢慢变大，我懂得了是她的待人真诚、乐于助人，赢得了大家的好感。虽然母亲并没有时常给我讲过什么处世之道，但是在潜移默化中，我学会了乐于助人、与人为善，这是让我受益一生的财富。现在，儿子慢慢长大了，我也期望他成为一个善良、快乐、乐于助人的人。每当看到有募捐、义卖之类的活动，我会主动引导他去关注，给他解释这类活动的意义，鼓励、支持他拿出自己的零花钱来帮助别人，让他体会帮助别人给自己带来的快乐。

这样一总结，我发现自己在父母身上真的得到了很多，没有刻意去发现、去学习，在不知不觉中就形成了习惯。所以，我认为，家风就是一个家庭长期积淀下来的价值观念和行为习惯，能够通过日常生活影响孩子的心灵、塑造孩子的人格，是一种无言而有效的教育。良好的家风可以说是每个家庭自己的传家宝，未必绚丽夺目，但是弥足珍贵，值得我们每个人去精心地守护和传承。

【点评】

家庭是人生的第一个课堂。我们一向重视家庭在个人成长过程中的作用，家长应该担负起教育后代的责任。家长，特别是父母对子女的影响很大，往往可以影响一个人的一生。中国古代流传下来的孟母三迁、岳母刺字、画荻教子等讲的就是这样的故事。唯有"千千万万个家庭的家风好，子女教育得好"，整个社会风气才有好的基础。良好的家风弥足珍贵，值得我们每个人去精心地守护和传承。

（贾传军）

以身作则，身正为范

房立强

我在少年时读《苏轼传》，读到苏轼的父亲苏洵在少年时不喜读书，27岁始发愤读书，后来父子三人都高中皇榜，在唐宋八大家中，"三苏"独占其三。当时我还大惑不解，及至结婚生子，有了两个儿子，方才体会到当初苏老泉的心境！孩子是父母的一面镜子，父母是孩子的第一任老师，也是终身的老师，而我本身又是一名教师，所以我的所作所为必然很大程度上决定孩子以后的人生观。

英国的教育思想家洛克很早就提到过：家庭教育一定要慎重又慎重，不可以掉以轻心！他说："教育上的错误和配错了药一样，第一次弄错了，决不能指望用第二次和第三次去补救，它们的影响是终生清洗不掉的。"虽然可能说得有一点夸张，但是家长在教育自己的孩子中起到的重要作用是不容置疑的。

一、对教育孩子要保持耐心

孩子的成长是循序渐进的，每一点进步都需要一定的时间。家长要耐心地期待孩子的进步，不要试图超越自然规律而对孩子的成长抱着焦急的心态。我记得大儿子房易成刚开始认识数字时，我就教给他1+1=2，当然不是一本正经地教，而是开玩笑似的，主要是渗透。整整一年，孩子对1+1这件事情不理解。到了3岁的时候，他忽然就明白了。对于孩子的成长，有时候确实不能揠苗助长，3岁不明白的事情也许4岁就忽然懂了。教育孩子真的需要耐心和等待!

二、莫打扰孩子做自己喜欢的事情

很多家长都把孩子的一些行为看成是在胡闹,如果不加阻止,就是对孩子的纵容。而事实上,当孩子淘气的时候,当他玩耍的时候,也是他最聚精会神的时刻!他把所有的注意力都放在了自己渴望知道的东西上,如果家长在这个时候干涉孩子,孩子专注的情绪会被打扰,这对孩子的大脑发育是很不利的。孩子正是在专注的行为里培养自己对事物的判断能力。儿子经常在玩玩具、画画的时候错过吃饭的时间,或者到了吃饭的时间还没有完成手头的事情,这时候就要有技巧地引导孩子合理分配时间,培养时间观念。随着年龄慢慢变大,孩子自然就学会了如何处理比较复杂的事情。

三、家长要以身作则

如果想让孩子安心学习,首先做家长的就不要老是抱着手机或盯着电视;如果想让孩子认真,家长就必须要有原则;如果想让孩子勤奋读书,家长最好也要勤于读书……总之,打铁先要自身硬,要求孩子做到的,自己先要做到。为了养成孩子的读书习惯,我的家里没有安装电视,取而代之的是黑板墙和书架;我回到家以后基本上不看手机,只要有空余时间就拿起书。耳濡目染,儿子也越来越喜欢看书,在幼儿园阶段自己就可以独立阅读《安徒生童话》一类的故事书了。

四、引导孩子改正错误

孩子在成长过程中肯定会犯错误。当孩子犯了错误时,一般我是既予以惩罚,又给孩子讲道理,让他明白错误的原因,再让孩子学会补救,而不是做无意义的处罚。因为当错误已经形成时,再加上另一个错误也不会是正确,只有补救才是最好的教育。

家长该认错也要认错。如果家长犯了错误,最忌讳的就是碍于自己作为家长的权威而不肯轻易承认错误,让错误一再重复。在我们家,犯了错就认错,并采取补救措施,无论是谁,都一视同仁。

五、家长要言而有信

家长要言而有信，尤其是对孩子说过的话。曾子，又叫曾参，春秋时期鲁国人，是孔子的弟子。一天，曾参的妻子要到街上去，儿子拉住她的衣襟又哭又闹，非要跟着妈妈一起去。曾参的妻子被孩子纠缠得没有办法，就对孩子说："你留在家里吧，等妈妈回来杀猪给你吃！"孩子被哄回家里去了。曾参的妻子从街上回来，只见曾参用绳子把猪捆在地上，旁边还放着一把雪亮的尖刀，正准备杀猪呢！她一看这阵势，急了，赶忙制止丈夫说："刚才是和孩子说着玩的，哪是真的要杀猪呢！"曾参却认真地对妻子说："孩子是不能欺骗的。孩子还小，不懂事，只会模仿父母的行为，听从父母的教训。今天你说话不算数，骗了孩子，实质上就是在教孩子说假话。再说，母亲骗了孩子，孩子就会觉得母亲的话不可靠，以后再对他进行教育，他就不会轻易相信了。这样做，对家庭教育是不利的。"我在上学时还不懂这篇文章，为人父以后方才明白其中的意义！孩子的眼睛是雪亮的，你答应他的事情他是记得的，如果兑现不了，一是失去信任，二是潜移默化，他也会变成不讲诚信的人。且不论诚信是做人的根本，就目前社会来说，失信的成本越来越高。即使智育再好，如果孩子没有诚信，单这一条，就是教育的失败！

六、多与孩子沟通

孩子发怒或者调皮捣蛋往往都是有极其隐秘的心理原因的。当他表现出烦躁、故意顶撞家长或者说粗话等不良行为的时候，许多父母往往并没有注意到他的这种行为背后所隐藏的深层心理意义，而只是厉声批评孩子，这种批评就不能对症下药。一般来说，当发现孩子有不正常行为的时候，最好的办法是蹲下身子和孩子沟通，问一下孩子原因，这时候要有耐心，取得孩子的信任。

在家庭教育中，家庭成员教育孩子的意见要尽量一致，即使不一致也不要当着孩子的面爆发冲突，在教育孩子上要求同存异，彼此尊重，树立家庭成员在孩子心目中的威信。

孩子是涌动着无限活力的生命体，是教育的起点和归宿。面对孩子，祖国的未来，我们要做一个学习型家长，促使孩子的思想道德、文化科学、劳动技能、身心素质得到全面和谐的发展。希望我们的孩子在我们的精心呵护下，逐渐成长为参天大树，成为国家的栋梁之材！

【点评】

家庭是孩子的第一所学校，父母则是孩子的第一任老师，父母的言谈举止将时时刻刻影响着孩子。父母养育子女的过程，就是对孩子进行启蒙教育的过程。望子成龙、望女成凤是所有父母的心愿。如果家长对孩子要求不严，做事不注意影响，就会错误地引导孩子，致使孩子受到不良的影响。因此，以身作则在家庭教育中的作用显而易见。

（贾传军）

那眼眸里的一汪春水

——让孩子抢先一步树立信心

董文华

人之初，并未有多少差异，一切变化自成长中发展而来。孩子的成长始于启蒙，而父母是启蒙的第一任老师，所以父母的重要性便不言而喻。"种瓜得瓜，种豆得豆"，对孩子的教育亦是如此。父母如何教育、如何影响，孩子这颗种子就更趋向于如何发育、如何成长。言传身教、潜移默化的巨大影响也使得家长需要不断学习。家庭教育是一门学问，也是一项技能，交流分享实践经验是做好家庭教育的有效途径，所以，我想在此跟大家分享几点关于家庭教育的经验体会。

一、尊重孩子眼中的"大事"

由于孩子和家长的思想价值观存在差异，因此，很多孩子眼中的大事，到了家长眼里就成了微不足道的小事。很多时候会发生这样的事情：孩子拿着在学校得到的五角星、小红花来向家长献宝，家长只是淡淡一笑，不予评论或敷衍了事。这样的举动可能就会令孩子失落，甚至对自己失望，本该积累起来的自信也会消失。孩子会想："爸爸妈妈没有表扬我，看来那些事情做不做得到都不重要。"久而久之，孩子就会变得轻视学校的纪律规范。我的女儿在小学三年级的时候，语文老师让学习写诗，她写了一首诗《有颜色的小雨》："……绵绵细雨在春天里，悄悄地溜出来。溜到桃园，她就披上粉红的外衣；溜到梨园，她就穿上朦胧的雪样的裙子……"当时，我感觉比较有趣，就让她认真地抄写，寄给青岛一家少儿杂志《花蕾》，编辑还真的发表了孩子的作品。孩子的眼眸里就有了一汪春水，热爱语文的种子悄悄地在心里萌动。从小学、初中直到高中，女儿的语文水平一直很高。从青葱岁月到豆蔻年华，再到风华正茂，语文总是孩子的骄傲。每当孩子的作文被评优，或在校刊上发表，或在班级之间交流时，老师的鼓励、同学的赞美都给孩子带来更大的激励，我们家长也会读到女儿眼里的那一汪春水碧波荡漾，灵光闪动，仿佛能听到那汪春水叮咚跃动的声音……《有颜色的小雨》让孩子抢先一步获得自信。

二、不当"局外人"，学做"合格家长"

有些父母觉得跟孩子交流有困难，好像说了孩子也不听，既然不听，又何必再说，于是对孩子不管不问。有些父母觉得自己说的话孩子听不懂，对孩子起不到教育效果，于是对孩子听之任之。有些父母不和孩子聊天，不带孩子逛街，不对孩子表达关心的话语，把孩子当"附件"摆在一边，认为只供他吃穿就行了。孩子出了什么事情，家长则推给老师，说一句"老师，我们说的他听不懂，他说的我们听不懂，您帮我们管教管教"，便迫不及待地当起了"局外人"，这是极不负责的表现。孩子的内心世界丰富多彩，父母要积极地影响与教育孩子，了解其内心世界。而了解孩子的第一要诀是呵护其自尊，维护其权利，成为其信赖和尊敬的朋友。我的孩子在长清第一初级中学上英语AB班，班主任征求孩子的意见，让孩子自己选择A班或B班。A班是英语功底比较好的学生。孩子虽然想选A班，但又有些担心，便来询问我的意见。我问：你觉得你比其他同学英语差吗？孩子低着头，默不作声。我说：还记得在小学的时候，你不是跟着美国的老师学过两个学期的外语吗？孩子在乡下小学读书时，我担心孩子英语跟不上，就处处留心，不做"局外人"。那年孩子上三年级，济南商业频道在每天下午五点半有个少儿学英语节目，还配套10本英语课本，价格是108元。当时我们的工资不高，生活还很拮据，108元是一笔不小的支出。我没有犹豫，托亲戚从济南买来，陪女儿一起学英语。咿咿呀呀，孩子认真地跟着电视上的美国老师学了两个假期。虽然只是跟着读，也没有考试，但我愿意给孩子自信的勇气。我坚定地看着女儿，目光闪亮。女儿最终选择了A班，开课第一天回来就兴奋地告诉我说："学英语时，同桌问了一个单词confidence，我扫了一眼，就背上来了！"我又读到女儿眼里的那一汪春水，仿佛又听到那汪春水叮咚跃动的声音。那汪春水，我在女儿考入长清一中与北师大联合创办的"爆破英语"班时见过；那汪春水，我在女儿去往美国读书参加托福考试时见过。

三、不当"驯兽师"，学做"镜子"

孩子只有认识自己才能战胜自己，但开始往往只能依据他人的反馈来认识自己，这时父母的"反馈"作用即镜子的作用就很重要了。对家长来说，不做"驯兽师"，学做"镜子"，才能帮助孩子提高自我意识，让孩子不惧父母的"权威"，更好地和父母沟通。好的亲子关系胜过许多教育。父母什么时候与孩子关系好，对孩子的教育就容易成功；什么时候与孩子关系不好，对孩子的教育就容易失败。而建立良好的亲子关系，其关键在于"定位"。俗话说："染于苍则苍，染于黄则黄。"父母在日常生活中与孩子接触，就是对孩子进行无声的教育。所以，家长要随时检点自己的言行，不该说的话不说，不该做的事不做，要言行一致，不能说一套做一套，否则孩子会感到茫然，不知该如何做。家长要处处以身作则，做孩子的良师益友，为孩子树立良好榜样，使自己真正能够胜任第一任老师这一光荣职位。

父母要想教育好自己的子女，就要鼓励孩子勤于思考，大胆实践，不要墨守成规。任何发明创造都不是靠因循守旧、墨守成规得来的。如果比尔·盖茨墨守成规，就不会有今天的微软公司；如果李安墨守成规，就不会有今天的导演成就。要鼓励孩子多动脑思考，敢于质疑，大胆实践。

女儿在高中时，物理学习也有压力。在准备一次省里举行的物理竞赛时，她跟着在省实验中学读书的哥哥提前学了几章选修的物理课程。在竞赛时，有个问题考查的就是选修部分的知识点。结果那次物理竞赛孩子脱颖而出，进入决赛。这些证书也在孩子高三参加自主招生考试时显出了分量，使孩子得以参加多所优秀大学的自主招生考试并最终通过。家长在年复一年的柴米油盐中，在鸡零狗碎的日常生活中，在工资房贷的无助挣扎中，不要让自己眼里那汪春水一步步失去光彩。家长只有坚强而不失智慧地面对生活中那些没完没了的琐碎和艰辛，才会让孩子在一次次面对困难时心无旁骛，全心全意地去追求探索、拥抱生活，让生活充满光彩。

如何教好孩子，得从父母自身做起。"让孩子赢在起跑线上"，这是所有父母毕生努力的目标。只有父母不断地学习，不断地努力，无论在品德上还是在学识上都为孩子树立良好的榜样，孩子才会茁壮成长。

愿家长的爱，成为孩子眼眸里一汪永不褪色的春水。

【点评】

本文作者的女儿殷兰君，初中毕业于长清第一初级中学，现在美国北卡罗来纳州立大学攻读纤维高分子科学博士学位。法国诗人马迪金给父母说过："如果您能在我想要时，让我自己寻找自己的路，而不是为我选择您认为我该走的路；如果您能用您的爱感受我的人生，而不是破坏我自由呼吸的空间，那么我将长大、学习和改变。"作者把自己培养女儿的点滴真实地再现，没有华丽的语言，而是朴实地表达了自己与女儿一起成长的感悟，值得分享。祝愿家长与孩子一起快乐成长。

（刘玉东）

后记

　　长清区第一初级中学"家校共育、走进班级、重温课堂、陪伴成长"项目自2011年至今已坚持做了8年，得到学生家长的广泛欢迎和大力支持，也在社会上产生了很大的影响。8年来，学校领导、老师及学生家长们全心投入，精心实践，积极总结"家校共育"创新实践的教育成果，涌现出诸多优秀的教育实践案例。为更好地总结"家校共育"项目的研究成果，推动学校的持续发展，学校成立了以王守松校长为主编的编委会，精心遴选"家校共育"创新实践研究论文近60篇，由此编订成《做更好的父母》一书。本书所编选的"家校共育专题探究"优秀案例内容涉及"学生习惯培养""与孩子交流沟通""陪伴孩子成长""青春期教育""榜样是最好的教诲"五个方面。这是学校在家庭教育领域辛勤耕耘的结果，是我们积极探索、不断总结的成果，是学校强化家校合作、赢得社会关注与支持的结果，更是我们扬帆远航的动力。相信每一位家长朋友在认真阅读后，一定会在家庭教育方面得到诸多有益的启发，对于您的家庭教育困惑，一定会从书中找到科学的解决方案。

　　本书的编写工作历时一年多的时间，得到了学校的大力支持和全校老师的积极响应与支持。本书由骨干老师执笔精心撰写点评意见，并经数次修改完善，最终定稿。在此过程中，正是有王守松校长的全面指导，贾传军、王明山、潘正林、韩树军、范继梅、王玲、李振宁、李玲等老师的辛苦付出，以及山东教育出版社的大力支持，本书才能够以更好的内容和更高的质量，呈现在大家面前。在此一并表示最诚挚的感谢。

251

金秋十月，硕果飘香，踏着三十年风雨无阻的脚步，长清区第一初级中学全体师生越来越感受到家校共育之乐。在社会各界的支持下，在学生与家长的期待下，长清区第一初级中学在特色强校的大路上必将砥砺前行，家校携手共同为我们的学生创造更加美好的未来。

编　者

2019年11月